Friedrich von Müller

Erinnerungen aus den Kriegszeiten von 1806-1813

EHV
HISTORY

Friedrich von Müller

Erinnerungen aus den Kriegszeiten von 1806-1813

ISBN/EAN: 9783955643959

Auflage: 1

Erscheinungsjahr: 2013

Erscheinungsort: Bremen, Deutschland

EHV
HISTORY

Erinnerungen

aus den Kriegszeiten
von 1806 bis 1813

Von

Friedrich von Müller

~

Vorwort

Mit Ausnahme der zahlreichen Freunde in und außer Deutschland, welche seit geraumer Zeit dem Erscheinen dieser Erinnerungen entgegensehen, werden die meisten Leser, die aus Bekanntschaft mit dem Namen des Verfassers nach dem Buche greifen, den Kanzler von Müller als den Mitherausgeber von Goethes nachgelassenen Schriften, als den Verfasser der Aufsätze über Goethes ethische Eigentümlichkeit, Goethes praktische Wirksamkeit, überhaupt den Pfleger des Gedächtnisses und Nachruhms unseres großen Dichters in der Vorstellung haben. Wünschte nach Goethes Hingang ein entfernter Verehrer desselben irgendeinen Aufschluß oder Vorschub aus Weimar, so wandte er sich an den Kanzler Müller; besuchte ein solcher die Wohnstätte, die Reliquien Goethes, so war der Kanzler Müller sein Wirt und sein Führer; feierte man auswärts des Dichters Andenken, so fand sich von Weimar kaum jemand anderer als Müller, er aber gewiß mit einer frohen Begeisterung ein, die sich lebhaft auszudrücken und mitzuteilen wußte. Ihm waren Goethes vormalige Freunde, die er nahe und ferne aufsuchte, ihm die Schutzbefohlenen Goethes vermacht, welchen er unablässig herzliche Aufmerksamkeit und wenn es die Umstände erforderten, Vertretung und Fürsprache widmete. Und wie noch bei Leben Goethes manche von seinen Privatangelegenheiten und Verbindungen mit Auswärtigen der freundschaftlichen Dienstfertigkeit von Müllers anvertraut waren, so behielt derselbe nachher, sozusagen, ein freiwilliges Konsulat für Weimars Beziehungen zur schönen Literatur, für die Aufnahme und Empfehlung junger Dichter, die einzelnen nützlich geworden, für die gastliche Feier von Dichterbesuchen, wie Immermanns, Rückerts, Andersens, Auerbachs, und Fortsetzung der Verhältnisse zu Literaten und Künstlern im Auslande.

Es ist vornehmlich in dieser Eigenschaft, daß von Müller jenseit seinem engern Wirkungskreise dem jetzigen Geschlecht bekannt geworden, und wer von diesen von einer Herausgabe seiner Denkwürdigkeiten hörte, hat gewiß zuerst an Aufzeichnungen aus Goethes Leben und Umgangskreise gedacht und wird vielleicht verwundert sein, die Erlebnisse eines Diplomaten in den Tagen Napoleons zu finden.

Allerdings lag die Zusammenstellung und Ausführung seiner Erinnerungen aus Goethes Umgang ihm selbst mehr am Herzen als die Abfassung der vorliegenden, die er ihnen nur, als der Zeit nach seinen näheren Beziehungen zu Goethe vorangehend, und einer allgemeineren geschichtlichen Bedeutung verknüpft, vorausschicken wollte. Wie er aber schon in diesen nicht versäumt hat, an den geeigneten Stellen Erlebnisse und Berührungen Goethes neu mitzuteilen, so war es seine Absicht, in ihrer Fortsetzung Beiträge zum Lebensbilde des Dichters, Darstellungen von dessen seltenem Verhältnis zu seinem Fürsten und Freunde, und manches aus vertrauten Gesprächen Bewahrte zu einem Ganzen zu verbinden. Ungeachtet der vielen Geschäfte seines Amtes, auch seines Anteils an der Landesvertretung, wozu noch die Zeitaufwände kamen, die er als Maurer, als Vormund, und in hundert Verhältnissen der Freundschaft, des Wohlwollens, weitverbreiteter Bekanntschaft auf sich nahm, ließ ihn doch das Vertrauen in die langerprobte Unermüdlichkeit seiner Natur an der Ausführung dieses Lieblingsvorhabens auch dann noch nicht zweifeln, als bereits die Gewohnheit dieser Geschäfts- und Lebensrüstigkeit mit allmählich häufiger und bedenklicher werdenden Blutwallungen in Konflikt kam. Die hier vorliegende Schrift blieb, schon ausgeführt, mehrere Jahre der Hoffnung wegen liegen, daß, jene Fortsetzung ihr bald zuzugesellen, eine bessere Muße und wiederkehrende Ge-

fundheit geftatten follten. Aber Kuren, die feine mannig=
faltige Tätigkeit immer wieder unterbrach; Reifen, die wohl
feinen Geift erfrifchten, in der gemütlichen Bewegung aber
dem Körper zu wenig Ruhe ließen, entfernten vorübergehend
das Gefühl des Übels, ohne es zu heben.

Eine vorgängige und verwandte Befchäftigung mit dem
Andenken feines Heros gab ihm die Bearbeitung des Brief=
wechfels zwifchen Goethe und dem Grafen Reinhardt, den
er zufammenftellte und mit einer Lebensgefchichte und Charak=
teriftik des Grafen, der auch fein Freund gewefen, einleitete.
Da aber feine Vollmacht hierzu und die mit dem Verleger
ausgemachte Dreiteilung des Ertrags wohl von Graf Rein=
hardt dem Sohne, nicht aber von den Erben Goethes aner=
kannt wurde, mußte das lang aufgehaltene Buch endlich ohne
feinen Namen und ohne feine Einleitung erfcheinen. Diefer
zweite Beweis von der Mündigkeit der Erben Goethes
fchmerzte ihn weniger als Jahre zuvor der erfte, durch welchen
fein Plan, daß Goethes Haus mit den Sammlungen vom
deutfchen Bunde gekauft, zu einem Nationaldenkmal geweiht
würde, als er ihn mit dem Aufgebot all feines unabläffigen
Eifers und feiner vielen günftigen Verbindungen erreicht
hatte, vereitelt ward. Glücklicher ging ihm die Bemühung
um Herders Ehrenftandbild vonftatten, für deffen Zuftande=
kommen von Müller bei weitem am meiften getan hat; da
er nicht nur den erften Gedanken in den Logen aufs wärmfte
verbreitete, fondern durch Briefe, Reifen und umfichtige
Anftrengung fowohl die bald entftandenen Kollifionen freund=
lich vermittelte, als auch die Sammlungen nach allen Seiten
in Schwung fetzte. Die Vollendung aber des Denkmals follte
er nicht mehr fehen.

Sehr leidend und vom Staatsdienft, in dem er beinahe
fünfzig Jahre geftanden, zurückgetreten, fand ihn fchon das

Jahrhundertfest von Goethes Geburt, dessen Begängnis er
nur im Geiste teilen konnte. Der beste Teil seiner Feier des
Tags war der Empfang eines Handschreibens seiner Fürstin,
welches den Ausdruck des reinen Gefühls von der Bedeutung
des Festes an ihn richtete. Am Abend konnte er sich, um die
Beleuchtung der Stadt und des Goetheschen Hauses zu sehen,
eine Ausfahrt nicht versagen, die ihm vielleicht nachteilig
war. Wohl hatte er im vorausliegenden Jahr öfter manche
Papiere hervorgenommen und sich vorlesen lassen, die für
seine Denkschrift über Goethe gesammelt waren. Aber wäre
auch sein Physisches weniger angegriffen gewesen, diese Zeit
war für eine solche Arbeit nicht gemacht.

Schon der Sturz der Orleans hatte ihn, der seit so vielen
Jahren seine verehrende Anhänglichkeit an die edle Herzogin
Helene mit dauerndem Wohlwollen erwidert sah, auch 1841
in Paris bei der ganzen königlichen Familie auszeichnende
Aufnahme und Zutrauen gefunden, schmerzlich erschüttert.
Und als der Sturm sich über Deutschland verbreitete, konnten
einander entgegengesetzte Spannungen einem Manne nicht
erspart bleiben, der von jeher ein aufrichtiger Freund des
Vaterlandes und bei freisinniger Denkart monarchisch gesinnt,
sowohl mit politisch Tätigen verschiedener deutscher Staaten
als mit hohen Personen in nahegehenden Beziehungen stand.
Mehr als die Unruhen in nächster Nähe, deren Beschwichti=
gung er erwartete, und die er einmal, als ihn selbst die zwar
unerfüllt gebliebene Drohung des Fenstereinwerfens traf,
recht heiter belächelte, kränkte ihn der Zustand Berlins und
insbesondere eine Zeitlang Besorgnis für die in ihrem Ge=
mahl verletzte Tochter seines Fürsten, die von ihm so innig
verehrte Frau Prinzessin von Preußen. Aber auch die da=
mals, wenn immer unter Gefahren und häßlichen Störungen,
dem Gesamtvaterland erscheinenden Hoffnungen nahmen

feine Gedanken und Empfindungen in Anspruch, um so leb=
hafter, als an der Spitze der Frankfurter Versammlung, von
der eine nicht bloß äußere oder scheinbare Beruhigung der
Zeitbedürfnisse sich erwarten ließ, seines so langerprobten
Freundes trefflicher Sohn, Heinrich von Gagern stand, ein
Mann, ihm in jedem Sinne teuer, und allen gerechten Deut=
schen nach allen Enttäuschungen ein unvergeßlich teurer
Name. Auf ähnliche Weise aber enthielten all die für das
große Vaterland und in seinen engeren Teilen so rasch und
mannigfaltig gedrängten Aufregungen und Kämpfe für ihn
noch Anfechtungen persönlicher Art. Hier war die Gegend
einer befreundeten Familie mit Gewalt bedroht, dort rang ein
werter Bekannter mit hochwachsenden Schwierigkeiten. Andere
an anderen Orten, von welchen er Gutes und das Beste ge=
dacht, zeigten sich gleichzeitig in einer Haltungslosigkeit oder
Zweideutigkeit, die allen guten Glauben Lügen strafte. Und
wenn ihn heute, einer besondern Sorge zur Beruhigung, die
Erscheinung teurer Handzüge oder einer verehrten Gestalt freu=
dig rührte, kam morgen, kam vielleicht in der nächsten Stunde
eine das sittliche, das Vaterlandsgefühl angreifende Nachricht,
Spannung auf Spannung zwischen verhallenden Worten ed=
ler Männer, die an der gleichen Beschränktheit und Kernlosig=
keit der einander ablösenden Parteien zu Spott wurden. We=
der eine Sammlung, um sich in vergangene Stunden und die
ruhige Dichtergestalt Goethes zu vertiefen, noch eine Erholung
leidender Nerven konnten solche Tage verstatten. Und so en=
digte den Widerspruch eines an lebendigen Anteil nach allen
Seiten und Offenheit für alles Edle gewohnten Gemütes mit
immer gehemmteren Kräften und Sinnen ein Krampfanfall,
dem ein friedliches Einschlummern folgte, am 21. Oktober 1849.
Friedrich von Müller schied im einundsiebzigsten Jahre;
von seinen Brüdern war vor sechs Jahren der jüngste, Ge=

heimer Regierungsrat Müller zu Jena, ihm vorangegangen,
der zweite, weimarischer Major a. D., folgte nach wenigen
Monaten ihm nach. Nun sollte auch von Müllers einziger
Sohn, Geheimer Kammerrat in Weimar, den Vater nicht viel
um ein Jahr überleben. Dessen elfjähriger Sohn, der Mutter
früh beraubt, ist nun der einzige Sproß des Hauses und die
einzige Sorge seiner Großmutter, der Lebensgefährtin von
Müllers durch 45 Jahre und treusten Pflegerin seiner letzten
Leiden. So nahe Folge der Trauerfälle erklärt, daß die vorliegenden Erinnerungen nicht früher veröffentlicht werden
konnten und daß sich nicht mit Sicherheit versprechen, wohl
aber hoffen läßt, es werde sich ein Teil der weiter beabsichtig-
ten aus hinterlassenen Aufzeichnungen zusammenstellen lassen.
Auch wem die letzteren willkommener gewesen wären, wird diese
hier nicht leer an Interesse finden, die ein in sich gerundetes
Ganze machen. Nicht bloß geben sie dem Angehörigen Weimars authentische Aufschlüsse über vormalige Zustände des
Heimatstaats und Beiträge zur Regierungsgeschichte des ver-
ehrungswürdigen Großherzogs Karl August, sondern sie enthalten in besonderer Perspektive ein merkwürdiges Stück unserer Gesamtgeschichte und Erfahrungen deutscher Pathologie
in den Unterbindungen, deren Wiederherstellung eben jetzt so
empfohlen wird.

Die näheren Freunde des Hingeschiedenen werden gern
in seiner eigenen ungesucht lebendigen Darstellung wenigstens
einen Teil seiner Lebens- und Amtsgeschichte vergegenwärtigt
sehen, die allerdings in ihrer ganzen Dauer und längeren
Wirksamkeit nicht der Vergessenheit anheimzufallen verdient.
Denn er trat früh in die öffentliche Tätigkeit und zeigte sich
für verschiedene Aufgaben der Regierung, deren Glied er
wurde, gewandt und ausdauernd. Den 13. April 1779 in
Franken auf dem Stammgute der von Egloffsteinschen Reichs-

ritterschaft, Kunreuth, geboren, wo sein Vater der Verwal=
tung vorstand, in der Engelhardschen Anstalt zu Bayreuth
und auf den Hochschulen Erlangen und Göttingen gebildet,
kam er im Winter 1801 nach Weimar, dem Herzog durch
eine in Göttingen gemachte Übungsarbeit empfohlen, die
einen Prozeß im Weimarischen betroffen hatte. Als Assessor
bei der Regierung schon nach einem halben Jahre förmlich
angestellt, wurde er vom Herzog mit manchen außerordent=
lichen Aufträgen vermittelnder und ordnender Natur betraut.
Nach drei Jahren Regierungsrat und schon (1804) durch
Vermählung mit der Begleiterin seines Lebens noch fester
an die neue Heimat geknüpft, rief ihn unter anderem nach
dem Ableben des Herzogs Friedrich von Braunschweig=Öls
im folgenden Jahr, die Ordnung des Erbschaftsanfalles der
Herzogin Amalie nach Schlesien. Wie dann im Herbst 1806
bei der über das Vaterland hereinflutenden Kriegsnot sein
freiwilliger Diensteifer und seine mutige Hingebung es waren,
die den 27jährigen Mann in eine diplomatische Rolle
schwangen, welche sich durch die ganze Kriegsperiode an ver=
schiedenen Orten und Zeitpunkten erneuerte, das erzählt die
nachstehende Denkschrift. Schon in den Zwischenzeiten aber
dieser letztern Aufgaben nahm er für das Innere des Staats
erheblichen Anteil an der Ordnung der Verwaltung und
Rechtspflege. 1810 und 11 arbeitete er am Sportelgesetz
(dessen umfassendere Neugestaltung 1833 von ihm durchge=
führt wurde), an einer bessern Kriminalordnung und an der
Hebung des Gemeindewesens durch Abfassung freisinniger
Städteordnungen, die er persönlich mit erwärmender Rede
einführte. 1815, wo die lange von ihm betriebene Trennung
von Rechtspflege und Verwaltung zur Ausführung kam, trat
er als Kanzler an die Spitze der Landesjustiz. 1816 brachte
er das gemeinschaftliche Oberappellationsgericht für die her=

zoglich sächsischen und fürstlich reußischen Staaten zustande, bei dessen Installierung im Januar 1817 ihn der Großherzog Karl August durch das Komturkreuz seines Hausordens auszeichnete. Viele Sorgfalt wandte von Müller auch auf die Witwengesetze, die 1821 erlassen wurden. Der Landtag, in den er 1835 eintrat, wählte ihn seit 1841 wiederholt zum Vorstande. Der jetzt regierende Fürst ernannte ihn 1843 zum wirklichen Geheimen Rat mit dem Prädikat Exzellenz und Großkreuz des Falkenordens. Sei es im staatlich-praktischen Sinne, sei es im geistigen der Bildung und Literatur, im gemütlichen der Geselligkeit und Freundschaft, überall war es das Verbindende und durch Verbindung Menschenleben Erhöhende, worauf Müllers Herzensbedürfnis und entschlossene Tätigkeit, seine aufopfernde Dienstfertigkeit, seine warme Begeisterung und Pietät gerichtet blieb.

Weimar, im Mai 1851.

A. Schöll.

Erster Abschnitt
Oktober und November 1806

Bei dem Ausbruch des unglücklichen Krieges zwischen
Preußen und Frankreich im Oktober 1806 wurde dem
Herzog Carl August von Sachsen Weimar=Eisenach,
der schon seit einer Reihe von Jahren in preußischen Kriegs=
diensten stand, die Anführung der preußischen Avantgarde
übertragen, die über den Thüringer Wald gegen Franken vor=
rücken sollte. Schon war sie über Meiningen hinaus vor=
gedrungen, als am 12. Oktober der Befehl eintraf, so schnell
als möglich gegen Weimar zurückzugehen.

Der Herzog traf demgemäß mit seinem Korps am 13. Ok=
tober zu Ilmenau und am 14. abends zu Arnstadt ein, wo
er in der Nacht zum 15. den unglücklichen Ausgang der
Schlachten von Jena und Auerstedt erfuhr und hierauf so=
gleich wieder aufbrach, um die Anhöhen hinter Erfurt zu ge=
winnen.

Am 15. Oktober nachmittags zog Kaiser Napoleon in
Weimar ein, höchst aufgebracht gegen Fürst und Land und sehr
willens, es dem letztern schwer entgelten zu lassen, daß der
Herzog nicht nur gegen ihn als preußischer Heerführer zum
Kampfe ausgezogen war, sondern selbst seine eigenen Trup=
pen als Kontingent zur preußischen Armee gestellt hatte.

Schon am Abend des 14. Oktober hatte ein Teil der
siegreichen französischen Armee die Stadt Weimar überströmt
und bei Einbruch der Nacht zu plündern angefangen. Es ent=
stand Feuersbrunst unfern des Residenzschlosses; eine halbe
Straße brannte ab. Den ganzen andern Tag und die folgende
Nacht dauerte die Plünderung fort, gar bald gebrach es an
Lebensmitteln, und selbst im Schlosse empfand die regierende
Herzogin und ihr Hofstaat den drückendsten Mangel, da alle

Vorräte für das kaiserliche Hauptquartier aufgebraucht wor=
den waren. Der Kaiser hatte die Herzogin, die ihn in be=
scheidener Würde oben an der Schloßtreppe empfing, auffal=
lend kalt behandelt und war sogleich, ohne ihr Rede zu stehen,
in seine Zimmer geeilt. Gleichwohl und wie schwer es ihr
auch fiel, entschloß sich die Fürstin am 16. Oktober vormit=
tags eine Audienz zu verlangen, die ihr alsbald gewährt
wurde. Unerschüttert durch Napoleons Vorwürfe und Dro=
hungen führte sie mit Würde und Nachdruck die Verteidigung
ihres Gemahls, schilderte lebhaft ihre und des Landes ver=
zweiflungsvolle Lage und drang auf Einstellung der Plünde=
rung. Ihr standhaftes Ausharren in Weimar, mitten unter
den Schrecknissen der nahen Schlacht, ihre ernste großartige
Haltung und die ruhige Gediegenheit ihrer Worte imponier=
ten dem Kaiser und gewannen ihm endlich die Versicherung
ab, daß, wenn der Herzog binnen 24 Stunden die preußische
Armee verlassen, nach Weimar heimkehren und sein Kontin=
gent zurückrufen würde, ihm verziehen und seine Souverä=
nität nicht vernichtet werden solle, was außerdem unwider=
ruflich beschlossen sei.

Wie war es aber möglich, diese Bedingungen zu erfüllen,
da man weder wußte, wo der Herzog sich dermalen befinde,
noch irgendein sicheres Mittel zu Gebote stand, ihm Nach=
richt zuzubringen!

Da traf plötzlich der Oberstleutnant und Flügeladjutant
des Königs von Preußen Graf Dönhof als Parlamentär in
Weimar ein und der Geheimrat und Oberhofmeister von
Wolzogen benutzte sein Erscheinen, um ihm einige flüchtige
Zeilen an des Königs Majestät mitzugeben, die des Kaisers
Forderungen bezüglich auf den Herzog berichteten und den
König beschworen, ihn seiner Dienste zu entbinden und das
weimarische Kontingent zurückzusenden.

Kurz nachher ließ Napoleon sich bei der Herzogin zu einem Gegenbesuch anmelden. Er begab sich zu ihr unter feierlichem Vortritt seines ganzen Gefolges und begann sogleich nach den ersten Höflichkeitsbezeigungen über die allgemeine Lage der politischen Verhältnisse und über die ihm unwillkürlich — wie er versicherte — aufgedrungene Notwendigkeit seines jetzigen Kriegszugs zu sprechen: „Croyez moi, Madame — sagte er unter anderm — il y a une providence, qui dirige tout et dont je ne suis que l'instrument." Dann auf die Schwester der Herzogin, auf die verwitwete Frau Markgräfin von Baden übergehend, sprach er seine hohe Achtung für diese Fürstin lebhaft aus und verließ endlich die Herzogin unter den verbindlichsten Äußerungen, jedoch ohne auf die traurigen weimarischen Zustände des Augenblicks näher einzugehen. Der General Rapp hat mir nachmals erzählt, Napoleon habe, als er auf sein Zimmer zurückgekommen, gesagt: „Voilà une femme à laquelle pas même nos deux cents canons ont pu faire peur."

Am 17. Oktober morgens verließ der Kaiser Weimar, und nur mit Mühe konnte von ihm erlangt werden, daß er die Frist zur Rückkehr des Herzogs noch auf drei Tage ausdehnte.

Zwei treue herzogliche Diener: der Oberforstmeister von Stein und der Forstjunker und Leutnant von Seebach erboten sich, auf gut Glück zu Aufsuchung des Herzogs gegen den Harz hin auszureiten, sie wurden in verschiedenen Richtungen abgesendet, ihr Unternehmen blieb jedoch ohne Erfolg.

Inmitten so angst- und qualvollen Zustandes gereichte es zu einiger Beruhigung, daß der Kaiser bei seiner Abreise von Weimar den Adjutant — Kommandant Denzel -- als Platzkommandanten zurückließ, einen der deutschen Sprache und Sitte völlig kundigen Mann, dessen eifrige Bemühungen

für Wiederherstellung der Ordnung und Minderung des all=
gemeinen Elendes, das eine dreitägige Plünderung herbeige=
führt hatte, höchlich gerühmt werden müssen. Er sah es gern,
wenn Mitglieder der Landesbehörden anregend und beirätig
in seinem Bureau verweilten, und so geschah es, daß ich —
damals einer der jüngsten Regierungsräte — am 17. Oktober
abends gerade gegenwärtig war, als ein kleiner, schwärzlicher
Mann im schlichten, blauen Oberrocke sich aus der bunten
Menge hervordrängte, die den Schreibtisch des Kommandan=
ten umlagerte, und mit freundlicher Stimme um ein Ein=
quartierungsbillett auf das Goethesche Haus „pour Monsieur
Dénon" bat.

„Comment, serait ce pour le célèbre Dénon? Est-il
donc ici?" rief ich alsbald mit Lebhaftigkeit aus. Er war
es selbst, wie ich sofort entdeckte, und unsere Bekanntschaft
knüpfte sich um so schneller, als jener unwillkürliche Ausruf
mir wohl zu einiger Empfehlung bei ihm dienen mochte. Es
läßt sich leicht denken, daß Denon bei Goethe die will=
kommenste Aufnahme fand. Er erzählte, wie er dem kaiser=
lichen Hauptquartier überall nachzufolgen angewiesen sei,
um nach Maßgabe der Ereignisse Zeichnungen zu Denkmün=
zen aufzunehmen und sein Urteil über eroberte Kunstschätze
und deren Auswahl abzugeben. So wolle er denn auch am
nächsten Tage nach Erfurt reisen, um den dortigen französi=
schen Gouverneur, General Clarke, seinen Freund und Gön=
ner, zu besuchen und eine Skizze zu einer Medaille in bezug
auf die Eroberung von Erfurt zu entwerfen.

Mir war aus meiner akademischen Zeit in Erlangen eine
sehr vorteilhafte Meinung von dem General Clarke geblieben;
ich erinnerte mich, daß man in Franken in den Jahren 1796
und 1797 seine Humanität und Rechtlichkeit höchlich gerühmt
hatte, als ein Mitglied des Kreistages zu Nürnberg, der Ge=

heimrat von Zwanziger, mit ihm zu unterhandeln beauf=
tragt war. Ich äußerte daher den Wunsch, ihn persönlich
kennen zu lernen, um vielleicht von ihm Rat und Förberung
in unseren Bedrängnissen zu erlangen. Sofort trug Denon
mir aufs freundlichste an, ihn nach Erfurt zu begleiten;
ich säumte nicht, so erwünschten Vorschlag höhern Orts zu
melden, und er wurde um so lieber genehmigt, als man durch
mich in Erfurt auch noch einige Nebenzwecke zu erreichen
hoffte. Die Herzogin Louise gab mir einige verbindliche
Zeilen für den General Clarke mit; Denon hatte ihr per=
sönlich aufgewartet und möglichste Unterstützung meines Auf=
trags zugesichert. So fuhren wir denn am 18. Oktober des
Nachmittags von Weimar ab, gerade als ein dreimaliges
Gewehrabfeuern der in der Stadt einquartierten französischen
Truppen das feierliche militärische Begräbnis des preußischen
Generalleutnants Grafen von Schmettau verkündete, der an
seinen in der Auerstedter Schlacht erhaltenen Wunden hier
verstorben war.

Wir trafen zu Erfurt den General Clarke noch an der
Mittagstafel, und bei der überaus verbindlichen Aufnahme,
die meinem Begleiter widerfuhr und sich auch auf mich er=
streckte, fand ich mich mitten in dieser mir gänzlich fremden
Welt gar bald in eine zwanglose, ja fast behagliche Lage ver=
setzt, indem die stattliche Gestalt und würdige Haltung des
Generals und seine feine, anmutige Benehmungsweise not=
wendig Zutrauen und Sicherheit einflößten. Es war ein
Abgesandter des Herzogs von Gotha, Baron von Forster,
mit an der Tafel, und die großen Begebenheiten der letzten
Tage gaben reichen Stoff zur Unterhaltung. Der General
Clarke, der in der Schlacht von Jena immer zu Pferde dicht
um den Kaiser gewesen war, erzählte mit dem heitersten Hu=
mor von der Welt eine Menge interessanter Anekdoten, die

sich mitten im heftigsten Kampfgewühle zugetragen hatten
und die erstaunlichste Ruhe und Gleichmütigkeit Napoleons
während so großen Glücksspiels aufs anschaulichste darstell=
ten. Mir — erst vor wenig Stunden dem Anblick all des
Elends, das diese Schlacht über uns gebracht, entflohen —
ward ganz sonderbar zumute, so furchtbare Ereignisse, deren
Erinnerung noch zentnerschwer auf meiner Brust lastete, schon
als ein glücklich Überstandenes, Geschichtliches, mit unbe=
fangener Geistesfreiheit, ja mit Witz und Laune betrachtet
und behandelt zu sehen, und der reichlich besetzte Nachttisch
des Generals mit dem perlenden Champagner machte einen
gar wunderlichen Kontrast mit dem Zustande des Mangels
und der Entbehrung — den ich im herzoglichen Schlosse zu
Weimar in diesen Tagen mit erlebt hatte.

Nach aufgehobener Tafel trug ich mein Anliegen dem
General Clarke vor und fand wohlwollende Teilnahme an
unseren Bedrängnissen. Er versicherte mich, daß der Herzog
mit seinem Korps unangefochten die Richtung über Mühl=
hausen gegen Göttingen genommen habe, und daß er es für
sehr schwierig halte, ihm so schnell sichere Nachricht zuzu=
bringen, als zur Erfüllung der Intention des Kaisers Na=
poleon notwendig scheine. Überdies könne er nach jener Ge=
gend hin keinen Paß bewilligen. Die Herzogin möge doch
lieber unverzüglich jemanden in das noch zu Naumburg be=
findliche kaiserliche Hauptquartier abordnen; für den Fall,
daß mich selbst diese Sendung träfe, wolle er mir einen Paß
ausfertigen und mir raten, auf ein Handschreiben der Her=
zogin an den Kaiser anzutragen, worin um Verlängerung
der Frist zur Rückkehr des Herzogs in seinen Staat gebeten
würde. Bei der hohen Achtung, welche die Persönlichkeit der
Herzogin bereits dem Kaiser abgewonnen, lasse sich gewiß
hiervon das Günstigste hoffen.

19. Oktober.

Sogleich am andern Morgen fertigte er mir den verspro=
chenen Paß aus, ermutigte mich nochmals zu dem angeratenen
Unternehmen und entließ mich mit den Zusicherungen, alles,
was seine Stellung als Gouverneur von Erfurt nur irgend
gestatte, zur Erleichterung des weimarischen Landes beitragen
zu wollen.

Ich hatte in dem herzoglichen Geleitshause zu Erfurt
übernachtet und war höchlich verwundert, daselbst die Kam=
merfrau der Prinzessin Caroline von Weimar, nachheriger
Erbgroßherzogin von Mecklenburg=Schwerin, anzutreffen,
die am Morgen der Schlacht von Jena ihrer mit der Her=
zogin Mutter Amalia nach Göttingen fliehenden Gebieterin
gefolgt war. Durch einen unglücklichen Zufall mußte der
Wagen, worin die Kammerfrau sich befand, unterwegs dicht
vor Erfurt zurückbleiben, und als sie endlich in die Stadt
kam, war bei schon entstandener allgemeiner Verwirrung und
gänzlichem Mangel an Postpferden jede Möglichkeit des wei=
tern Fortkommens abgeschnitten. Nach Übergabe der Stadt
an die Franzosen hatte sie in steter Furcht geschwebt, der Pre=
tiosen und Effekten der Prinzessin, die sie sämtlich bei sich
hatte, beraubt zu werden, und sich daher in strengster Ver=
borgenheit gehalten.

Unter Begünstigung des Generals Clarke gelang es mir,
ihr alsbaldige Heimkehr nach Weimar zu vermitteln, wohin
dann auch ich gegen Mittag mit Herrn Denon schon um
vieles beruhigter zurückfuhr.

Ich eilte unverzüglich aufs Schloß und erzählte der Her=
zogin mit Lebhaftigkeit alles, was ich zu Erfurt gesehen und
gehört.

In trüben Tagen wird auch der kleinste Lichtstrahl freu=
dig aufgenommen, und so brachte die aus meinen Nachrichten

hervorgehende Wahrscheinlichkeit, daß es mit dem Herzog und seinem Korps besser stehe, als man gedacht, sowie meine Schilderungen der freundlichen Gesinnungen des Generals Clarke, einige Erheiterung in die traurige Stimmung des Hofes. Von einer Absendung an den Kaiser schien jedoch die Herzogin sich wenig Erfolg zu versprechen, denn sie hatte bereits in der Nacht vorher den Baron von Spiegel mit einem Handschreiben an den Kaiser nach Naumburg gesendet, auf welches die verheißene Antwort ausblieb.

20. Oktober.

Des andern Morgens aber eröffnete mir Denon, daß er nach Naumburg abzureisen beschlossen habe, und drang wiederholt in mich, daß ich die gute Gelegenheit, mit ihm ins kaiserliche Hauptquartier zu gelangen, doch ja nicht un= genützt lassen möge, da er mir insbesondere durch seinen ver= trauten Gönner, den Ministerstaatssekretär Maret, gar sehr förderlich sein zu können hoffe. Seine Gründe leuchteten mir sehr ein, der Ausflug nach Erfurt hatte mich ermutigt, und so besann ich mich nicht lange, die beiden Geheimräte von Voigt und von Wolzogen mit Denons Vorschlage und mei= ner Bereitwilligkeit ihn auszuführen bekannt zu machen. Mein Erbieten wurde der Herzogin unverzüglich vorgetragen und genehmigt. Sie versah mich mit einem eigenhändigen Briefe an den Kaiser, das Ministerium fertigte mir schnell eine offene Legitimation aus, und schon um vier Uhr nach= mittags saß ich im Wagen, um Herrn Denon nachzueilen, der unterdessen vorausgereist war. Ich glaubte nur auf vier= undzwanzig Stunden wegzureisen, und ein alter siebzigjäh= riger Postillon, der sich nebst zwei abgetriebenen Pferden aus der Plünderung und Zerstörung der ganzen Postanstalt ge= rettet hatte, sollte mich bis Naumburg und zurück bringen,

da an einen Pferdewechsel auf der Station Auerstedt nicht
mehr zu denken war. Mein Weg führte mich bei schon ein=
brechender Nacht mitten durch das Schlachtfeld von Auerstedt,
das noch deutlich durch unbegrabene Leichname, tote Pferde
und umhergestreutes Heergerät jeder Gattung gräßlich ge=
nug bezeichnet war. In Naumburg angekommen, gelang es
mir bald, Denons Quartier auszukundschaften, und ich er=
fuhr von ihm, daß der Kaiser schon am Morgen nach Halle
abgereist sei und daß ich ebenfalls dahin steuern müsse. Bei
Denon traf ich einen französischen Offizier vom General=
stabe, Kapitän Lefebre, der eine Mission vom General Clarke
nach Leipzig und je nach Umständen weiter ins Hauptquar=
tier hatte. Auf Denons Vorschlag erklärte er sich gern be=
reit, einen Platz in meinem Wagen anzunehmen und mir
über die Hindernisse, die mein Fortkommen ohne Zweifel
finden würde, hinwegzuhelfen. Einen treuern, wohlwollen=
dern Freund in der Not habe ich nicht leicht angetroffen, und
es ist unsäglich, wie viele Fördernis und wie viele wesentliche
Dienstleistungen ich diesem wackern Manne in der Folge noch
zu verdanken hatte.

Da ich mich der Gefahr nicht aussetzen konnte, aus Man=
gel an Postpferden unterwegs liegen zu bleiben, so beschloß
ich, meinen alten weimarischen Postillon für die ganze Reise
bei mir zu behalten, und fuhr am nächsten Morgen gleich=
zeitig mit Denon nach Merseburg ab. [1]

21. Oktober.

Wir vernahmen daselbst, daß der Kaiser bereits wieder
von Halle weg, nach Dessau sei und von dort nach Witten=

---

[1] Lefebre besuchte mich später in Jena im Frühjahr 1813 als
Oberst eines Kürassierregiments, mit dem er zur großen Armee mar=
schierte. Leider habe ich später nichts mehr von seinem Schicksale er=
fahren können.

berg ziehen werde. Dies bestimmte uns, die Richtung eben=
falls dahin, jedoch über Leipzig, zu nehmen, wo Denon und
mein Begleiter Geschäfte hatten. Erst spät am Abend er=
reichten wir Leipzig und eilten sogleich aufs Rathaus, um
uns Quartierbillette zu verschaffen. Zu meiner nicht geringen
Freude fand ich einen guten Bekannten, den ältesten Sohn
des Bankiers Frege, an der Spitze des Einquartierungs=
bureaus, das sich, um der allgemeinen Verwirrung beim
übergroßen Andrang durchmarschierender Truppen abzuhel=
fen, aus den angesehensten Kaufleuten und Honoratioren der
Stadt gebildet hatte. Wir wurden sogleich auf das beste
untergebracht, und ein zufälliger Blick auf das Datum unsers
Quartierbilletts erinnerte meinen Reisegefährten Lefebre, daß
heute gerade der Jahrestag der weltberühmten Seeschlacht von
Trafalgar sei, die er auf einem französischen Kriegsschiffe
von 80 Kanonen mitgemacht hatte und von deren schauder=
haften Schrecknissen er mir ein so lebendiges Gemälde ent=
warf, daß, im Vergleich damit, unsere Erlebnisse nach der
Schlacht von Jena gewaltig zurücktraten.

22. Oktober.

Am folgenden Tage, während Denon und Lefebre ihren
Geschäften nachgingen, kaufte ich ein drittes Pferd vor meinen
Wagen, um nicht in den schlechten Wegen nach Wittenberg
steckenzubleiben.

Zwar befand sich meine Kasse, die bloß auf einen Aus=
flug nach Naumburg berechnet war, bereits erschöpft, aber
Bankier Frege verstärkte sie bereitwilligst durch ein Dar=
lehen, und ich sah mich dadurch in den Stand gesetzt, auch
noch einige andere Bedürfnisse zu meiner weitern Reise an=
zuschaffen. Wir kamen an diesem Tage nicht weiter als bis
Eulenburg, wo wir, da alles von Soldaten überfüllt war,

am Ende noch froh sein mußten, in der Unterstube eines
schlechten Wirtshauses ein Strohlager zu finden. Mich er=
baute die gute Laune und heitere Resignation, mit der sich
Denon in diese Entbehrungen fügte; wie es denn überhaupt
ein Grundzug der bedeutendsten Männer unter den Franzosen
jener Epoche war, mit größter Leichtigkeit alles zu genießen,
wie alles zu entbehren, je nachdem die Umstände es mit sich
brachten. Ein fürchterlicher Sturm wütete in dieser Nacht,
jeden Augenblick drohten die heftigsten Windstöße uns das
Haus über den Kopf zu stürzen, und die Luft schien wie von
einem wilden Heere zischender und heulender Spukgeister er=
füllt. Wir konnten nicht einen Augenblick schlafen und De=
non erzählte, wie er einst mit Lucian Bonaparte einen ähn=
lichen Sturm zur See erlebt habe, der diesen entschiedenen
Freidenker plötzlich zum Gebet angetrieben habe.

23. Oktober.

Mit Anbruch des Tages abgereist, trafen wir unterwegs
auf eine Menge entwurzelter Bäume, abgedeckter Dächer und
andere Zerstörungen des nächtlichen Orkans und kurz vor
Wittenberg auf ein kursächsisches Kavallerieregiment, das
gestern hatte absitzen und seine stattlichen Pferde an unbe=
rittene französische Dragoner überlassen müssen. Der tiefste
Schmerz über solche Schmach war auf den Gesichtern der
braven Krieger zu lesen.

Wir fanden den Kaiser nicht mehr zu Wittenberg, er war
etwa vor einer Stunde abgereist und ein Teil seines Gefolges
eben im Begriff, ihm nachzueilen.

Mit Freuden gewahrte ich darunter den General Rapp,
der schon zu Weimar, trotz seiner rauhen Außenseite, sich mir
geneigt und wohlwollend gezeigt hatte. Ich sprach ihn so=
gleich und erfuhr, daß der Kaiser in vollem Marsche nach)

Berlin sei, da sich nirgends einiger Widerstand mehr zeige, und daß sein Hauptquartier diese Nacht in Kroppstedt, drei Stunden hinter Wittenberg, sein werde. Zugleich erzählte er mir, daß man einen Brief des Königs von Preußen an den Geheimrat von Wolzogen zu Weimar aufgefangen, den er selbst dem Kaiser habe übersetzen müssen und worin der König erkläre, daß er den Herzog von Weimar von allen Pflichten gegen Preußen loszähle und zur Rückkehr in sein Land angelegentlichst auffordere. Es ist leicht zu denken, wie sehr diese wichtige Nachricht meine Hoffnungen belebte. Der General Rapp riet mir, unverzüglich nach Kroppstedt abzureisen, um, wo irgend möglich, noch heute Audienz zu erlangen, da der Kaiser ohne Zweifel schon morgen mit dem frühesten aufbrechen werde. Aber es war schwer, diesem Rate zu folgen, da meine Pferde höchst ermattet waren und nicht einmal Futter für sie aufzutreiben stand, überdies wollte auch Denon in Wittenberg übernachten. Ich entschloß mich gleichwohl, mein Heil zu versuchen, Denon gab mir einige Zeilen zur Empfehlung an den Minister Maret mit und mein guter alter Postillon bot alle Kräfte auf, sein müdes Dreigespann noch einmal in Bewegung zu bringen. Ich darf nicht vergessen, daß ich zu Wittenberg auch den alten ehr= würdigen Fürsten Franz von Dessau traf, den langjäh= rigen treuen Freund unsers Herzogs, der den Kaiser bis hier= her begleitet hatte. Erst vor zwei Monaten war ich ihm im Bade zu Schandau vorgestellt worden, wohin mich der Her= zog von Weimar von Dresden aus mitgenommen hatte, und ich war damals so glücklich gewesen, mit beiden vortrefflichen Fürsten erst auf der Festung Königstein und dann in Schan= dau einige höchst genußreiche Tage zuzubringen.

Nun, da ich erfüllt von Sorge und Kummer um das Schicksal meines Herzogs den Fürsten von Dessau unter so

traurig veränderten Umständen wiedersah, ward sein Anblick
mir dennoch überaus wohltätig; denn sein fester hoher Sinn
und alles, was er mir von des Kaisers persönlich gutem und
achtungsvollem Benehmen gegen ihn mitzuteilen die Gnade
hatte, ermutigte mich ebensosehr, als seine lebhafte Teil=
nahme an unserm Unglück mein Gemüt erfrischte.

Es war schon Nacht, als ich mit meinem treuen Reise=
gefährten Lefebre unter dem heftigsten Regen im Haupt=
quartiere zu Kroppstedt anlangte. Eine Unzahl von Wagen,
Munitionskarren und Kriegsfuhrwerk jeder Art war in die=
sem kleinen Dorfe zusammengedrängt und sperrte gänzlich
die mitten durchlaufende Heerstraße. Rings um das Dorf
biwakierten die Truppen. Alle Häuser waren geplündert
und entweder von den Einwohnern ganz verlassen oder bis
zum Dach mit Soldaten angefüllt. An ein Unterkommen
für uns war nicht zu denken, wir mußten unsere Kutsche mit=
ten unter jener Wagenburg zurücklassen und bei dichter Fin=
sternis und gräßlichstem Schmutze umhertappen, bis wir
auf einen Offizier stießen, der uns einigen Bescheid geben
konnte.

Da erfuhren wir denn, daß der Kaiser mit seinem Ge=
folge das eine ziemliche Strecke seitwärts gelegene Schloß
des Gutsbesitzers eingenommen habe, der ganze Generalstab
des Majorgenerals Prinzen von Neufchatel aber sich in der
Wohnung des Schulmeisters befinde.

Kapitän Lefebre nahm mit mir Abrede, daß ich ihn da
aufsuchen solle, sobald ich vom Kaiser entlassen sein würde,
und so machte ich mich unverzüglich auf den Weg. Nicht
ohne viele Mühe gelangte ich durch die ausgestellten Wachen
hindurch zu dem zwischen Teichen und Gräben, gleichsam auf
einer Insel liegenden Schlosse. Ich trat in einen langen
Korridor zur ebenen Erde ein, der nur sparsam von einigen

Lampen erhellt war, die links und rechts an den Wänden hin
die großen Bärenmützen der schlafend auf der Erde hinge=
streckten kaiserlichen Gardisten gewahren ließen. Leise schlich
ich mich hindurch und war ungefähr in die Mitte des Korri=
dors gekommen, als ich in einem besser erhellten Seitenraume
rechts mehrere Offiziere in gestickten Uniformen auf einem
Strohlager erblickte und von einem kaiserlichen Bedienten
angehalten wurde. Er belehrte mich, daß ich dicht vor dem
kaiserlichen Schlafzimmer stehe, daß der Kaiser schon zu Bett
sei und daß ich wohl tun würde, mich schnell wieder zu ent=
fernen, wenn ich nicht bei dem mindesten Geräusch Gefahr
laufen wollte, als verdächtig arretiert zu werden. Ich er=
widerte, daß ich Depeschen an den Minister Maret habe und
diesen durchaus noch sprechen müsse, worauf jener keinen An=
stand nahm, mich vor die Tür seines Zimmers am äußersten
Ende des Korridors zu führen.

Der Minister war eben im Begriff ins Bett zu steigen
und schon gänzlich entkleidet; doch war er freundlich genug,
mich noch anzunehmen, wo ich ihm denn meinen Empfeh=
lungsbrief von Denon überreichte und mein Anliegen vor=
trug. Er sagte mir, der Kaiser werde schon vor Anbruch des
Tages nach Potsdam aufbrechen, und er müsse mir raten,
ihm dorthin zu folgen; denn es würde sehr schwer halten,
noch vor der Abreise hier Audienz zu bekommen. Dabei be=
stätigte er mir, was ich bereits von dem General Rapp über
ein eingelangtes Schreiben des Königs von Preußen an den
Baron von Wolzogen vernommen hatte, mit dem Zusatze,
der Kaiser sei mit dem Inhalt dieses Schreibens sehr zufrie=
den und habe sogleich befohlen, es dem Baron Wolzogen
zuzuschicken. Mein Rückzug durch den langen Korridor und
die bunten Reihen der schlafenden Krieger ging glücklich von=
statten, aber wie groß war meine Verlegenheit, als ich beim

Heraustreten in den Garten mich von der dichtesten Finster=
nis umhüllt, und, da ich mich durchaus nicht zu orientieren
vermochte, zwischen Hecken, Gräben und Teichen labyrinthisch
eingeschlossen fand. Nach langem Umherirren gelang es mir
endlich auf einen Wachtposten zu stoßen, der mich zurechtwies,
und so erreichte ich höchst ermüdet das Dorf und jene Wagen=
burg wieder, bei der ich meinen Wagen verlassen hatte.

Mein getreuer Postillon hielt glücklicherweise noch auf
derselben Stelle; Kapitän Lefebre war kurz vorher bei ihm
gewesen, um nach mir zu fragen, und hatte bestellt, daß ich
nur geradezu in die Schulmeisterwohnung gehen sollte, wo
ich ihn finden würde.

Dort führte man mich eine dunkle Treppe hinauf in eine
Oberstube, auf deren nackten Dielen der ganze Generalstab des
Prinzen von Neufchatel schlafend umherlag. Eine halb=
erloschene Lampe erhellte dürftig die kahlen Wände, und Le=
febres Beispiele folgend, legte ich mich mitten unter jene
schlafenden Unbekannten nieder, mein Portefeuille zum Kopf=
kissen nehmend.

Trotz der wunderlichen Bilder, die meine Phantasie durch=
kreuzten, ließ mich doch die Ermüdung bald einschlafen; es
dauerte jedoch nicht lange, so erweckte mich ein Geflüster dicht
neben mir.

Zwei Offiziere, wahrscheinlich Polen, erzählten sich von
geheimen Anstiftungen und Umtrieben in Polen, die, schon
lange weit umher verzweigt, jetzt auf den ersten Wink Na=
poleons zur offenen Empörung gegen Preußen auszubrechen
auf dem Punkt seien. Der eine dieser Offiziere war erst ganz
kürzlich von einer Mission dahin zurückgekommen und wußte
die interessantesten Persönlichkeiten anzugeben. Ich erschrak
nicht wenig bei dem Gedanken an die Unannehmlichkeiten,
die mir bevorstanden, wenn entdeckt würde, daß ich, als ein

fremder unberufener Schlafgenosse jene wichtigen Geheim=
nisse erlauscht hätte.

Doch bald wurde es um mich her lauter und sämtliche
Offiziere verließen einer nach dem andern im Dunkeln das
Zimmer, ohne mich im geringsten zu bemerken. Ich erhob
mich nun ebenfalls vom Lager und eilte ins Schloß.

24. Oktober.

Es mochte etwa vier Uhr morgens sein, aber schon war
der Kaiser abgereist. Minister Maret ebenfalls. Auf dem
Hofe stand der Obermarschall, General Duroc, im lebhaf=
ten Wortwechsel begriffen mit dem Besitzer von Kroppstedt,
einem Herrn von Leipziger, der in die bittersten Klagen über
den ungeheuren Schaden ausbrach, den die während der
ganzen Nacht fortgesetzte Plünderung und die Wegnahme all
seines Viehes ihm gebracht, allein ziemlich unfreundlich ab=
gefertigt wurde.

Wie ungünstig auch der Moment war, mußte ich doch
den Obermarschall ansprechen; er beschied mich nach Potsdam,
wenn ich anders, setzte er hinzu, durch die Truppenkolonnen
und Artillerieparks, die alle in vollem Marsche dahin seien,
durchzukommen mir getraue.

Als ich zu meinem Reisegefährten zurückkam, fand ich ihn
beschäftigt, unsern unglücklichen Hauswirt, den Schulmeister,
zu trösten, der, je heller es wurde, immer neue Greuel der
Verwüstung und Plünderung entdeckte, welche in dieser Nacht
nicht einmal die Kirche und die Grabstätten verschont hatte.
An ein Frühstück für uns schien nicht zu denken und doch
hungerte uns über alle Maßen. Endlich ward im Keller noch
ein Rest von Kartoffeln aufgefunden, die uns gleich den köst=
lichsten Leckerbissen mundeten. Als ich dem ehrlichen Schul=
meister einen blanken preußischen Taler dafür in die Hand

drückte, vergoß er Freudentränen, höchlich verwundert, daß
in dieser wilden, schonungslosen Zeit noch irgend jemand
ans Bezahlen denke. Meinem Postillon war es gelungen, sich
von Artilleriefuhrknechten etwas Hafer zu verschaffen, und so
konnten wir mit notdürftig erfrischten Rossen unsere Fahrt
nach Potsdam antreten.

General Duroc hatte richtig prophezeit; unsägliche
Schwierigkeiten waren zu überwinden, um neben den end=
losen Menschen= und Wagenkolonnen im tiefen Sande fort=
zukommen.

Eine halbe Welt schien auf dem Marsche; Fußvolk und
Reiterei von jeder Waffengattung, Munition und Bagage,
alles bunt durcheinander, alles frisch und fröhlich, meist
scherzend und singend, berauscht von Siegesfreude und der
Hoffnung, bald in Berlin zu sein. Die Karabiniers in ihren
blauen Kolletts, mit blanken Brustharnischen und blutroten
Helmbüschen, stachen besonders schön hervor.

In Treuenbriezen hielten wir eine Stunde an und der
Kommandant verschaffte uns Futter für die Pferde. Auch
hier, wie in allen Dörfern, durch die wir kamen, war alles
rein ausgeplündert. Spät am Abend erreichten wir Pots=
dam und wurden bei einer guten, alten Witwe einquartiert,
die ganz froh war, so sanftmütige Gäste zugeteilt zu erhalten.

Sonnabend, 25. Oktober.

Am andern Morgen gegen neun Uhr betrat ich, nicht ohne
Herzklopfen, das königliche Schloß, das ich im vorigen Früh=
jahr in fröhlichster Behaglichkeit zum erstenmal besehen hatte.
Derselbe alte Kastellan, der mich damals in die ehrwürdigen
Gemächer Friedrichs des Großen geführt hatte, wies mich
auch diesmal zurecht, als ich nach dem diensttuenden Adju=
tanten des Kaisers Napoleon fragte. Er brachte mich in

den salon de service zu dem General Mouton[1], einem
ernsten, ziemlich starken Manne, schwarz von Haar und Augen,
einsilbig und bestimmt, ja fast finster in seinem Wesen, doch
bei alledem keineswegs unfreundlich. Dieser versprach mir,
mich dem Kaiser zu melden, sobald es irgend tunlich sein
würde; einstweilen möge ich nur hier im Saal bleiben. Mar=
schälle, Generäle und Ordonnanzoffiziere kamen und gingen
ab und zu in lebhafter Regsamkeit. Ich fand hier den Grafen
Ferdinand Waldner (Bruder einer mir befreundeten Hof=
dame zu Weimar) als Adjutanten des Marschalls Bessieres,
der die Kavallerie der kaiserlichen Garde kommandierte. Der
Marschall, ein langer, stattlicher Mann, schon etwas ältlich,
stach mit seinen schwarzen gepuderten Haaren und langem
Zopfe gewaltig gegen die übrigen Heerführer ab, auch war
in seinem ganzen Benehmen etwas Altfranzösisches und die
feinste Sitte bemerklich.

Mir ward auf einmal sehr unwohl; die große Spannung,
in der ich seit meiner Abreise von Weimar gelebt, war durch
die ungeduldige Erwartung der kaiserlichen Audienz bis zum
heftigsten Brustkrampf gesteigert. Ich suchte durch ein an=
stoßendes Zimmer in die frische Luft zu kommen. Es war
die Garderobe des Kaisers; der bekannte Leibmameluck Ru=
stan mochte meinen Zustand auf meinem Gesichte lesen und
sogleich beeilte er sich, mir eau de Cologne und Orangen=
wasser aus der kaiserlichen Reiseapotheke hilfreich zuzubringen.
Nach etwa einer Viertelstunde konnte ich wieder in den Salon
zurückkehren und wenig Minuten darauf ließ der Kaiser mich
durch den General Mouton in sein Kabinett rufen.

„Sie kommen von Weimar? Was macht die Herzogin?"
redete er mich mit der ruhigsten Miene von der Welt an, die

---

[1] nachmaligem Marschall Graf Lobau.

Hände auf den Rücken geschlagen und mit einer Freundlich=
keit im Tone, die mir sogleich Mut und Zuversicht einflößte.
„Wir haben in der Tat der Herzogin viel Lärm und Unruhe
in ihrem Schlosse gemacht; das tat mir sehr leid, aber im
Kriege geht es nicht anders.“

Ich überreichte ihm das Schreiben der Herzogin, indem
ich versicherte, daß es nur von ihm abhängen würde, sie voll=
kommen zu beruhigen; insbesondere durch günstige Beschluß=
fassung über Verlängerung der Frist zur Rückkehr des Her=
zogs, von dem wir noch immer keine Kunde hätten und nicht
einmal sicher sein könnten, daß einer der mehrern ausgeschick=
ten Kuriere ihn getroffen.

„Wie steht es mit der Ruhe und Ordnung in Weimar?
Ist sie wieder hergestellt? Tut der Kommandant, den ich dort
gelassen, seine Schuldigkeit?“

Ich rühmte die Mannszucht und das wohlwollende Be=
nehmen desselben und drückte zugleich unser lebhaftes Be=
dauern aus, daß wir, wie ich hier gehört, ihn verlieren sollten,
da die Etappenstraße künftig von Erfurt aus über Buttelstedt
gehen würde. „Ein Kommandant“, setzte ich hinzu, „sei
uns doch in Weimar zu Aufrechterhaltung guter Ordnung
höchst nötig, und zwar ein solcher, der deutsch spräche.“

„Wie steht es mit dem Herzog von Weimar? Kehrt er
in sein Land zurück?“ fragte der Kaiser.

Ich setzte hierauf näher auseinander, in welchen Rich=
tungen und mit welchen Instruktionen unsere Kuriere nach
ihm ausgesandt worden und wie groß unsere Verzweiflung
sei, daß wir noch immer keine Nachricht von ihm hätten, ja
nicht einmal eine sichere Spur von der Gegend, in welcher er
sich befinden möge. Inzwischen hoffe man stündlich, welche
zu erlangen, und sobald man in Weimar das Geringste er=
fahre, würde man es ganz gewiß mir schleunigst mitteilen.

„Nun wohl," sagte der Kaiser, „so bleiben Sie denn im
Hauptquartier, bis Ihnen Kunde zukommt, und hinterbringen
Sie mir dann solche unverzüglich. Wo ist die Großfürstin
von Rußland, Ihre Erbprinzessin?"

„Ich weiß es nicht, Sire," erwiderte ich, „aber ich hoffe
es in Berlin, wo sie durchgereist sein muß, zu erfahren, wenn
anders Ew. Majestät zu erlauben geruhen, daß ich mich da=
hin begebe."

„Das mögen Sie immerhin," versetzte der Kaiser, „und
Ihre Erbprinzessin würde auch sehr wohl tun, sofort nach
Weimar zurückzukehren."

Ich nahm hier Gelegenheit, um Pässe zur Rückreise der
Herzogin Mutter und des Erbprinzen nach Weimar zu bitten,
welche mir sofort bewilligt wurden.

Der Kaiser kam nun nochmals auf seine Anwesenheit in
Weimar zurück. „Ihre Herzogin", sagte er, „hat sich sehr
standhaft bewiesen, sie hat meine ganze Achtung gewonnen.
Ich begreife, daß unsere rasche Ankunft in Weimar sie in
große Bedrängnis setzte. Der Krieg ist ein häßliches Hand=
werk, ein barbarisches, vandalisches; aber was kann ich da=
für? Man zwingt mich dazu wider meinen Willen."

Nun nahm ich Gelegenheit, die traurige Lage unseres
Landes zu schildern und nochmals hervorzuheben, wie not
es uns tue, einen braven Kommandanten und namentlich
Herrn Denzel, in Weimar zu behalten.

Der Kaiser schien sich nicht gleich auf ihn zu besinnen
und rief den Prinzen von Neufchatel, der in einem an=
stoßenden Kabinett war, herbei, um Auskunft zu geben. Die=
ser versicherte, Denzel sei nach Lützen bestimmt, wir würden
aber nach Weimar einen andern wackern Mann als Komman=
danten erhalten. Da ich mich aber nicht dabei beruhigte,
sondern wiederholt um Denzels Beibehaltung zu bitten

wagte, so sagte der Kaiser lächelnd zu dem Prinzen: „Nun, sehen Sie zu, wie Sie es einrichten; ich wünsche allerdings, die Herzogin von Weimar zufrieden zu stellen; jedenfalls muß man den Weimaranern einen Kommandanten geben, der gute Ordnung hält und die deutsche Sprache versteht."

Hiermit endigte sich meine erste Audienz. Als ich in den salon de service zurückkam, lud der Obermarschall Duroc mich ein, an seiner Tafel mit zu speisen. Die Marschälle Lannes, Davoust und Bessières, der General Rapp, der Minister Maret und viele andere Generäle waren von der Gesellschaft. Herr Maret hatte die Güte, mich aufs freund= lichste zu begrüßen und an seine Seite zu nehmen. Die Unter= haltung war sehr lebhaft und heiter, die neuesten Kriegs= begebenheiten lieferten reichlichen Stoff. Der General Bel= liard, Chef des Generalstabs des Großherzogs von Berg, erzählte viel Interessantes aus Magdeburg, wo er vorgestern als Parlamentär gewesen, und man konnte aus seinen Äuße= rungen wohl schließen, daß diese Festung sich nicht lange halten würde.

Sodann ward die erst diesen Morgen überraschend schnell erfolgte Übergabe der Festung Spandau besprochen und mancher Witz auf Kosten des preußischen Generals gemacht, der darin kommandiert hatte.

General Rapp führte mich dem Grafen von Frohberg, königlich bayerischem Oberforstmeister, zu, der dem Kaiser von Bamberg aus als guide gefolgt war. Ich erinnerte mich, ihn schon in Weimar gesehen und mit seiner Schwester Me= lanie, einer geist= und talentvollen Dame und großen Ver= ehrerin des Herzogs von Weimar, vor einigen Jahren bei der Familie von Stein zu Völkershausen viele vergnügte Tage verlebt zu haben. Es ist dieselbe Madame de Mont= joie, welche später viele Jahre zu Paris als Hofdame der

Mad. Adelaide, Schwester des Königs Louis Philipp, lebte. Als ich sie im Jahre 1841 zu Neuilly wiedersah, bewahrte sie noch eine lebhafte Erinnerung jener Zeiten.

So wurde ich denn mit dem kaiserlichen Gefolge immer bekannter und dadurch um vieles unbefangener. Man riet mir, nachmittags den Prinzen von Neuschatel um die Aus= fertigung der mir verheißenen Pässe zu bitten, aber erst gegen Abend gelang es mir, bei ihm vorgelassen zu werden.

Es ist schwer, den wunderlichen Eindruck wiederzugeben, den die originelle Weise, wie in seinem Bureau die Geschäfte verhandelt wurden, auf mich machte. Eine Menge junger Adjutanten, meist in Husarenuniformen, bewegte sich behag= lich hin und her, so lustig und wohlgemut, als sei von ernsten Zwecken gar nicht die Rede. Gegen sie stach die kleine, ge= drängte Figur, das strenge, fast mürrische Gesicht des schon ältlichen Prinzen, dessen ganzer Kopf etwas Antikes, Bronze= artiges hatte, auffallend ab. Er rief bald diesem, bald jenem eine lakonische Frage zu, oder erteilte ihm mit kurzen, raschen Worten einen Auftrag zu einer augenblicklichen Mission. Mit Blitzesschnelle schickte man sich zu dessen Befolgung an und verschwand, nicht selten mit einer humoristischen Äußerung, so schnell, als wäre man nie dagewesen. Jede Order, wie kurz und präzis und mit wie trockner, fast verdrießlicher Miene sie auch erteilt wurde, hatte doch einen Zusatz von gemütlicher Laune und individuellem Wohlwollen. Der Prinz ging mit der größten Leichtigkeit von einem Gegenstande zum andern über, doch hatte er immer das Ansehn zerstreut zu sein. Seine Entschließungen und Anordnungen schienen, wie Funken eines Feuersteins, immer erst durch äußern Anschlag geweckt werden zu müssen, aber dann auch augenblicklich mit größter Sicher= heit hervorzuspringen. Dabei trug mitten in der größten Ge= schäftigkeit sein Äußeres immer das Gepräge der tiefsten Ruhe.

Schon eine ganze Weile war ich auf diese Weise Zeuge man=
nigfacher Expeditionen gewesen, als er nun erst auf mich zu=
kam, um mein Anliegen zu vernehmen. „Der Kaiser", war
seine Antwort, „hat mir noch nichts von den Pässen gesagt,
die Sie verlangen; schreiben Sie mir darüber bis morgen
früh, so kann ich seine Befehle einholen. Was Ihren Kom=
mandanten in Weimar betrifft, so sprechen Sie mit dem Gene=
ral Hastrel, dem Chef meines Generalstabs, der insbeson=
dere die Kommandantenlisten führt, er wird sehen, was sich
für Sie tun läßt."

Ich eilte in mein Quartier, um mein Memoire an den
Majorgeneral aufzusetzen, und suchte sodann den General
Hastrel auf. Dieser würdige Mann, der mit einem schlichten
Äußern das menschenfreundlichste Herz verband, sagte mir ganz
aufrichtig, daß über Herrn Denzel bereits anderweit dis=
poniert sei und daß alle meine Bemühungen, ihn in Weimar
zu erhalten, vergebens sein würden. Alles, was er für mich
tun könne, bestehe darin, daß er Denzel noch einige Tage
länger bei uns lassen wolle, bis sich ein recht passender Offi=
zier an seine Stelle finden würde; denn derjenige, der jetzt
nach Weimar bestimmt gewesen, spreche kein Wort Deutsch
und würde uns schwerlich sehr zusagen.

Noch am selbigen Abend erfuhr ich von dem Grafen Froh=
berg, daß ein Abgesandter des Herzogs von Braunschweig
zu Wittenberg gewesen, aber von dem Kaiser aufs schlechteste
behandelt worden sei. Napoleon habe ihm geradezu gesagt,
daß er einen preußischen General Braunschweig, aber keinen
Herzog von Braunschweig mehr anerkenne. Jener Abgesandte,
Oberkammerherr von Münchhausen, sei in größter Verzweif=
lung abgereist, und ich dürfe mir daher um so mehr Glück
wünschen, daß der Kaiser mich so freundlich aufgenommen.
Herr von Münchhausen habe auch erzählt, daß der Herzog

von Weimar am 20. Oktober mit seinem Korps durch Braun=
schweig gezogen sei und seine Richtung gegen Stendal ge=
nommen zu haben scheine.

Sonntag, 26. Oktober.

Am andern Morgen hielt der Kaiser Revue über seine
Garde, die im Garten dicht hinter dem Schlosse aufmarschiert
war. Nach Beendigung dieser Revue gelang es mir, den
Prinzen von Neufchatel wieder zu sprechen; aber statt der
gehofften Beschlußfassung auf mein Memoire kündigte er mir
an, das Hauptquartier werde soeben nach Charlottenburg ver=
legt und ich möge mich dort, von Berlin aus, morgen melden.
Ich fuhr also mit Kapitän Lesebre alsbald nach Berlin ab.
Eine Totenstille herrschte in dieser Stadt, die ein Teil des
Armeekorps des Marschall Davoust besetzt hatte. Alle Ein=
wohner waren in größter Spannung, niemand wagte sich
aus den Häusern. Ich nahm meine Wohnung in der Stadt
Rom, wo ich schon voriges Frühjahr gewohnt hatte.

Am andern Morgen fuhr ich zeitig nach Charlottenburg,
wo soeben der Marquis de Lucchesini und der General
Zastrow mit Friedensvorschlägen des Königs von Preußen
angekommen waren. Der Prinz von Neufchatel wohnte im
Erdgeschoß in den Zimmern des Königs, die Adjutanten
zeigten mir eine Menge kleiner, militärischer Puppen, die in
den Uniformen der verschiedenen Regimenter der preußischen
Armee auf den Wandtischen aufgestellt waren, und unter=
ließen nicht, spöttische Witzeleien darüber anzubringen. Als
der Prinz von Neufchatel endlich erschien, sagte er mir: „der
Kaiser habe noch immer keinen Befehl zur Ausfertigung
der mir versprochenen Pässe erteilt, und er könne ihn auch
jetzt nicht daran erinnern." In meiner Verzweiflung hier=
über nahm ich mir vor, dem Kaiser selbst aufzupassen, wenn

er, wie es hieß, ausreiten würde. Ich ging die Treppe hin=
auf und kam in einen langen Saal, in welchem einige Be=
dienten einen kleinen Tisch zum Frühstück für den Erbgroß=
herzog von Baden bereiteten und in welchem ich einen jungen
preußischen Husarenoffizier sehr trübsinnig in einer Fenster=
vertiefung stehen sah. Dieser gab sich mir als Prinz von Hessen=
Philippsthal zu erkennen und erzählte, daß er erst gestern
abend, einige Meilen von hier, gefangen und jetzt hierher ge=
bracht worden sei. Indem trat der Erbgroßherzog von Baden
mit seinem Adjutanten, dem Hauptmann, nachherigen baden=
schen General, von Grollmann, herein. Ich benutzte diesen
günstigen Zufall, mich diesem Prinzen vorzustellen, der sehr
erfreut schien, durch mich gute Kunde von dem Befinden
seiner Frau Tante, der Herzogin von Weimar, zu erhalten,
und sich aufs freundlichste ins Gespräch mit mir einließ,
auch den Prinzen von Philippsthal und mich sofort zu seinem
Frühstück einlud. Auf einmal entstand großer Lärm im
Schloßhof, die reitenden Grenadiere und Chasseurs der Garde
in ihren glänzenden Uniformen zogen in Parade auf, eine
Menge reichgeschmückter Reitpferde und darunter der kleine,
arabische Schimmel des Kaisers, wurden vorgeführt, und
man verkündete, daß Napoleon feierlich in Berlin ein=
ziehen wolle. Ich eilte in den Hof hinab und suchte mich
durch das Gedränge hindurchzuarbeiten, als ich plötzlich auf
Herrn von Rauch, Major im preußischen Generalstab, stieß,
den ich voriges Frühjahr zu Berlin in einer fröhlichen Ge=
sellschaft im Tiergarten hatte kennen lernen. Er war jetzt
mit dem General Zastrow vor wenig Stunden aus dem
Hauptquartier des Königs hier angekommen und teilte mir
aufs freundschaftlichste die für mich höchst interessante Nach=
richt mit, daß der König vor einigen Tagen einen Feldjäger
auf Umwegen an den Herzog von Weimar geschickt habe, der

ihm die Entlassung aus dem preußischen Dienst und den be=
stimmten Befehl überbringe, das Kommando seines Korps
sofort an den nachältesten General zu übergeben. Man kann
leicht denken, wie sehr mich diese Nachricht, mitten in dem
Wirrwar des Augenblicks, erfreute. Herr von Rauch sagte
mir ferner, daß die Friedensunterhandlungen schon sehr weit
vorgerückt seien und ein Waffenstillstand sich jede Stunde er=
warten ließe.

Während wir sprachen, kam der General Zastrow aus
der Audienz vom Kaiser zurück und einen Moment darauf
sahen wir Napoleon sich zu Pferde schwingen, und von allen
seinen Adjutanten und vielen anderen Offizieren umgeben,
an der Spitze seiner Gardekavallerie den Triumphzug nach
Berlin beginnen.

Nicht ohne Rührung schied ich von Herrn von Rauch[1]
und warf mich eilig in meinen Wagen, um durch die heran=
nahenden Truppenmassen nicht von der Straße nach Berlin
abgeschnitten zu werden. So dicht an den kaiserlichen Prunk=
zug angeschlossen, mochten meine abgemagerten Pferde, mein
alter, eingeschrumpfter Postillon und meine staubige Kalesche
wohl grell genug dagegen abstechen; daher denn auch ein
paar auf= und absprengende Husaren der Garde sich zum
öftern bemühten, mein Fuhrwerk aus der Reihe hinauszu=
drängen und es selbst an flachen Säbelhieben auf meinen
Postillon nicht fehlen ließen. Doch dieser behauptete sich
tapfer in der einmal gewonnenen Richtung, während es mir
jedesmal gelang, durch einige kecke Phrasen aus dem Wagen
heraus die Angreifenden wieder zu beschwichtigen. So zog
ich denn im eigentlichsten Sinne mit Napoleon zugleich in
Berlin ein. Es war das schönste Wetter von der Welt; der

---

[1] Nachmals General der Infanterie und Kriegsminister.

unabsehliche Raum vom Brandenburger Tor bis zum Schlosse auf beiden Seiten der Linden mit allen Waffengattungen angefüllt, von tausendfachem Widerstrahle der Gewehre, Adler, Helme, Küraffe durchblitzt, vom stolzen Siegesmarsch der Trompeten, Trommeln und Janitscharenmusik durchbraust, gab allerdings ein höchst imposantes Schauspiel.

Ich begab mich sogleich auf das Schloß, erkundete die Einteilung der Wohnungen und traf noch vor abends den General Rapp auf seinem Zimmer. Er gab mir zu verstehen, daß die Spannung, in der sich der Kaiser hinsichtlich der Richtung und der Operationen des vom Herzog von Weimar angeführten Armeekorps befinde, wohl an dem Verzug schuld sein möge, den die Ausfertigung der mir versprochenen Pässe erlitt, und riet mir daher, sobald ich etwas Zuverläffiges erfahren könnte, es sogleich dem Kaiser zu hinterbringen.

28. Oktober.

Des andern Morgens suchte ich den mecklenburg-schwerinschen Gesandten, Oberhofmeister von Lützow, auf, den ich im letzten Frühjahr in Berlin kennen gelernt hatte und dem weimarischen Hofe sehr ergeben wußte. Dieser rechtschaffene und wohlwollende Mann bewies mir sofort die lebhafteste Teilnahme und ein Vertrauen, das mich ungemein ermunterte. Er hatte unsere Erbprinzessin, die Großfürstin Marie, auf ihrer Flucht durch Berlin gesprochen und von ihr eine ansehnliche Summe, ich glaube 6000 Taler, anvertraut erhalten, um darüber nach Umständen im Interesse des weimarischen Hofes zu verfügen. So waren denn die Geldbedürfnisse meines sich verlängernden Aufenthaltes gedeckt und die Möglichkeit begründet, bei der zu hoffenden Hierherkunft des Erbprinzen und des Herzogs ihnen jede Geldverlegenheit zu ersparen.

Sodann teilte Herr von Lützow mir noch mit, daß unsere
Erbprinzeſſin von hier aus den Weg nach Schleswig und nicht,
wie verlauten wollte, nach Stettin oder Danzig eingeſchlagen
und daß ſie den entſchiedenen Wunſch geäußert habe, bald
nach Weimar zurückkehren zu können.

Am Abend deſſelben Tages ſuchte ich meinen Freund,
den Kapitän Lefebre auf, der jetzt im Bureau des Stadt=
kommandanten, General Hulin, arbeitete. Er ſtellte mich
ſogleich dem General vor, einem langen, baumſtarken, ſchon
bejahrten Manne, der ein höchſt kriegeriſches impoſantes An=
ſehn hatte. Nach der Idee, die ich mir von ihm aus ſeiner
Mitwirkung bei der Hinrichtung des Herzogs von Enghien
gebildet hatte, war ich nicht wenig verwundert, ihn überaus
mild und freundlich gegen mich zu finden. Er verſtattete mir
freien Eintritt in ſein Bureau zu jeder Stunde, um mich bei
den daſelbſt unaufhörlich eintreffenden preußiſchen Offizieren
nach dem Herzog von Weimar und ſeinem Korps zu erkun=
digen und vielleicht dadurch meinem Zwecke näher zu kommen.
Zugleich bewilligte er mir die Erlaubnis, Eſtaffetten nach
Weimar abſenden zu dürfen, was mir von großer Wichtig=
keit war, da ich von dorther weder die geringſte Kunde bis
jetzt erhalten, noch auch gewiß ſein konnte, daß meine Mel=
dungen dahin richtig eingetroffen ſeien. Schon im Heraus=
treten vom General begegnete ich einem preußiſchen Offizier,
deſſen Uniform mich ſchließen ließ, daß er zum Armeekorps
meines Fürſten gehört habe.

Und ſo war es auch. Er hatte den Herzog von Weimar
am 20. Oktober zu Braunſchweig verlaſſen und erzählte, daß
ſich derſelbe über Stendal mit dem Fürſten Hohenlohe habe
vereinigen oder im Notfall nach Harburg ziehen wollen.
Dieſer Offizier hatte auch auf ſeiner Reiſe zum Hohenloheſchen
Korps, auf welcher er zuletzt gefangen wurde, jenen Feldjäger

getroffen, der vom König von Preußen an den Herzog mit
der Aufforderung, das Kommando niederzulegen und in sein
Land zurückzukehren, abgeschickt worden war; er bezweifelte
aber, daß dieser Feldjäger den Herzog getroffen haben könne,
weil der Weg zu ihm schon abgeschnitten gewesen. Dieser
letztere Umstand schien mir vorzüglich wichtig genug, um dem
Kaiser hinterbracht zu werden, auch gedachte ich bei dessen
Meldung den Kaiser an die mir versprochenen Pässe zu er=
innern.

29. Oktober.

Ich ging daher des andern Morgens auf das Schloß und
ließ mich dreist beim Kaiser melden. Während ich im Vor=
zimmer wartete, machte ich die Bekanntschaft des Oberkam=
merherrn, Grafen von Bose und des Obristen und General=
adjutanten von Bronikowsky aus Dresden, die der Kur=
fürst an Napoleon abgesendet hatte. Graf Bose, ein langer,
stattlicher Mann, von feierlichen, etwas breiten Formen, schien
sehr erfreut, durch mich einiges nähere über das Schicksal der
weimarischen Herrschaften zu hören, um die der Kurfürst,
wie er mich versicherte, sehr bekümmert sei.

Auch die zwölf Männer, die der Kaiser aus den geach=
tetsten Bürgern Berlins zu Repräsentanten der ganzen Stadt
und zu einem Comité administratif hatte erwählen lassen,
harrten im Vorzimmer auf Audienz. Zelter, damals noch
Maurermeister, der Freund unsres Goethe, war darunter.
Sein schlichtes, besonnenes Wesen, seine ruhige, feste Haltung
mitten in diesem Wirbel von Bedrängnissen und Nöten, waren
ganz dieselben wie in glücklicheren Tagen und erbauten mich
wahrhaft.

Nach einigen Stunden wurde ich in das Kabinett des
Kaisers geführt. Er hörte ganz freundlich meine Erzählungen

der Nachrichten an, die ich von dem preußischen Offizier ver=
nommen und aus denen ich den Schluß zu ziehen bemüht
war, daß der Herzog von Weimar weder das Schreiben des
Königs von Preußen, noch unsere Meldungen von Weimar
aus empfangen haben könne.

„Der Herzog", antwortete er, „ist vom Marschall Soult
dergestalt umstellt, daß er weder über die Elbe kommen, noch
sonst entrinnen kann. Ich erwarte jeden Augenblick die Nach=
richt von seiner Gefangennehmung und werde sie Ihnen mit=
teilen lassen, damit Sie alsdann zu ihm reisen können."

Eine solche Eröffnung war natürlich nicht sehr geeignet
mich zu beruhigen.

„Diese Gefangenschaft", sagte ich, „würde das unglück=
lichste Ereignis für uns sein; denn sie würde dem Herzog das
Verdienst entziehen, freiwillig aus den Reihen der Feinde
Eurer Majestät getreten zu sein. Und doch, wie konnte er mit
Ehren von einem ihm anvertrauten Korps entfliehen, wenn
er weder das Schreiben des Königs von Preußen, noch unsere
weimarischen Meldungen über Eurer Majestät Willensmei=
nung empfangen hat? Sie sind zu gerecht, Sire, und zu
großmütig, um ihm und der Herzogin und unserm unglück=
lichen Lande jenen so grausamen Zufall entgelten zu lassen."

„Ich kann nichts dafür," erwiderte der Kaiser. „Wie die
Sachen jetzt stehen, muß man vor allem die Gefangenschaft
des Herzogs abwarten. Dann wollen wir weiter sehen."

Ich brachte nun die mir versprochenen Pässe für den Erb=
prinzen und für die Herzogin Mutter in Anregung.

„Sprechen Sie darüber mit Berthier," versetzte Napo=
leon, indem er hinaus in das Vorzimmer eilte und sich von
da mit seinem ganzen Gefolge zu der Kurprinzessin von Hessen,
Schwester des Königs von Preußen, begab, die in einem
hintern Flügel des Schlosses, voll Vertrauen auf die Neu=

tralität ihres Schwiegervaters wohnen geblieben war und
ganz kurz darauf die gewaltsame Vertreibung des Kurfürsten
erfahren mußte. So war es mir nun nur allzu klar, daß
die nahe Hoffnung auf des Herzogs Gefangenschaft den Kaiser
in seinen günstigen Gesinnungen schwankend gemacht hatte.
Welche düstern Besorgnisse mußten sich mir aufdringen!

Ich eilte, den Grafen Bose in seinem Quartier aufzu=
suchen, noch ehe er abreiste. Er hatte die Güte, einen Brief
von mir nach Weimar zur schnellen und sichern Besorgung
mitzunehmen, in welchem ich meine Verlegenheit meldete,
auf schleunige Hierherreise des Geheimrats von Wolzogen
antrug, so wie auf die des Erbprinzen, falls er vielleicht sich
indessen schon in Weimar eingefunden haben sollte, und jeden=
falls um neue Instruktionen bat. Bei dem Graf Bose traf ich
den General Dombrowsky, denselben, der sich schon unter
Coszinsko einen Namen erworben hatte und in der Folge
in Polen eine so bedeutende Rolle spielte. Er war eben aus
Neapel gekommen, auf Napoleons Einladung, der sich seiner
bei der schon vorbereiteten Insurrektion in Polen zu bedienen
gedachte. In seinem gestickten Hofrocke und nach der jovialen
und gemütlichen Weise seines Benehmens hätte ich ihn eher
für einen Hofmann, als für einen so tapfern Krieger und
enthusiastischen Patrioten gehalten. Er erzählte höchst inter=
essante Einzelheiten über den Zustand der Dinge in Neapel,
über die Annehmlichkeit des dortigen Klimas und über die
Leichtigkeit, dort Krieg zu führen, da die unerschöpfliche Frucht=
barkeit des Bodens, fast ohne alle Bearbeitung, immer reichen
Überfluß an Lebensmitteln gewähre. Die Freundlichkeit seiner
Unterhaltung, seine und der beiden biedern Sachsen herzliche
Teilnahme an meinem Kummer, heiterten mich ungemein
auf, und noch oft habe ich in der Folge, zu Posen und War=
schau, mich tätiger Beweise seines Wohlwollens erfreut.

Als ich in meinen Gasthof zurückkam, traf ich den Bankier
Frege von Leipzig, der soeben mit den Herren Dufour=
Feronce, Gruner und Blümner angekommen war, um als
Deputierte das Interesse dieser wichtigen Handelsstadt bei
dem Kaiser zu vertreten. Mit ihnen waren als Abgeordnete
der Akademie der Astronom Himburg und der berühmte Rechts=
gelehrte, Hofgerichtsassessor und Professor Erhard eingetrof=
fen. Durch Frege wurde ich schnell mit diesen wackern
Männern näher bekannt; gemeinsames Bedrängnis schloß uns
vertraulich aneinander. Sie waren verlegen, wie und wo sie
sich anmelden sollten, um recht bald zur Audienz zu gelangen.

30. Oktober.

Ich führte sie am andern Morgen zum General Rapp,
der sich ihrer aufs tätigste annahm und ihnen schon am
zweiten Tage die gewünschte Audienz verschaffte. Auch nach=
her hatte ich noch oft Gelegenheit, ihnen förderlich zu sein, und
sie sind mir stets dankbar zugetan geblieben. Der General Rapp
zeigte mir einen ganzen Korb Briefe, teils aus Leipzig, teils
dahin gerichtet, die man auf verschiedenen Posten aufgefangen
hatte. „Ich habe sie", sagte er, „auf Befehl des Kaisers in
politischer Hinsicht durchsuchen müssen, nun aber möchte ich
sie gern in treue Hände bringen, da viele wichtige Wechsel
und kaufmännische Anweisungen darunter sind, deren Ver=
lust großen Nachteil bringen könnte." Ich schlug ihm vor,
sie dem Bankier Frege anzuvertrauen, der als ein ebenso
redlicher als verständiger Mann gewiß am besten damit ge=
bahren würde. Dies geschah und Frege ward dadurch in
den Stand gesetzt, nicht nur eine große Anzahl dritter Per=
sonen durch Übermachung der sie treffenden Briefe ungemein
zu verbinden, sondern er fand auch für sein eigenes Haus
reichliche Ausbeute.

Herr Denon, der sich mehrere Tage zu Potsdam ver=
weilt und dort gleich eine Menge Kunstsachen für die Pariser
Museen ausgesucht hatte, war inzwischen ebenfalls in Berlin
angekommen und fuhr fort, sich meiner freundlichst anzu=
nehmen.

31. Oktober.

Er brachte mich zu dem Minister, Staatssekretär Maret,
von dem ich erfuhr, daß der Kaiser den jungen Mounier,
Auditeur des Staatsrates, als Intendanten nach Weimar
gesandt habe, bis unsere politischen Verhältnisse sich mehr
aufgeklärt haben würden. Insofern die liebenswürdige Per=
sönlichkeit dieses jungen Mannes und seine Anhänglichkeit
an Weimar aus früheren Zeiten her[1] uns ein Gegengewicht
gegen die unerschwinglichen Anforderungen des Herrn Vil=
lain zu Naumburg, dem die Generalintendanz über sämt=
liche herzogliche und fürstliche Lande in Thüringen übertragen
war, hoffen ließ, konnte diese Ernennung allerdings sehr er=
wünscht scheinen; auf der andern Seite aber fand ich durch
sie meine Besorgnis bestätigt, daß die Anerkennung der po=
litischen Existenz des weimarischen Hauses noch keineswegs
für so ausgemacht zu halten sei, als ich mir früher nach mei=
ner ersten Audienz in Potsdam geschmeichelt hatte.

Die am 28. Oktober zu Prenzlau erfolgte Kapitulation
des Fürsten von Hohenlohe war nunmehr zu Berlin be=

---

[1] Er war daselbst in dem Institute zu Belvedere erzogen worden,
das sein Vater, der berühmte Präsident der Nationalversammlung,
während seiner Emigration für junge Engländer errichtet hatte.
Mounier der Sohn wurde in der Folge Kabinettssekretär Napo=
leons und starb als Pair von Frankreich im Jahre 1844 allgemein
wegen seines edlen Charakters und ausgezeichneten Geschäftstalentes
hochgeachtet und beklagt.

kaunt geworden und hatte, wie ein furchtbarer Donnerschlag, alle Gemüter betäubt. Schon kamen ganze Scharen gefan= gener preußischer Offiziere bei dem Kommandanten, General Hulin an, unter denen ich viele gute Bekannte, teils von meinem Aufenthalte in Schlesien her, teils aus dem Lager um Weimar vor der Schlacht bei Jena, fand, aber keiner konnte mir sichere Kunde über den Herzog von Weimar und sein Korps erteilen.

Auch der Prinz August von Preußen war unter den Gefangenen und hatte die Erlaubnis erhalten, auf sein Ehren= wort in Berlin zu bleiben.

1. November.

Ich verfiel auf den Gedanken, nicht nur ihm, sondern auch seiner Frau Mutter, der Prinzessin Ferdinand, Groß= tante unserer Erbprinzessin, aufzuwarten, um vielleicht so= wohl über letztere, als über den Herzog von Weimar nähere Kunde zu bekommen. Prinz August konnte mir nur schwan= kende Vermutungen mitteilen; die Prinzessin Ferdinand aber, die mich überhaupt sehr gnädig aufnahm, erzählte mir, mit lebhafter Teilnahme an unseren weimarischen Schicksalen, daß unsere Erbprinzessin=Großfürstin noch ganz kurz vor ihrer Abreise von Berlin nach Schleswig bei ihr gewesen und mit Tränen in den Augen versichert habe, wie sie nichts sehn= licher wünsche, als nur recht bald nach Weimar zurückkehren zu können. Sie hielt es daher für ausgemacht, daß, wenn ich die nötigen Pässe vom Kaiser auswirken könnte, diese Rückkehr alsobald statthaben würde. Die ausgezeichnete Ach= tung, die der Kaiser ihrem Gemahl, dem Prinzen Ferdinand, erwiesen, der verbindliche Besuch, den er ihr selbst gemacht, die Vergünstigung, die er ihrem Sohne, dem Prinzen August, widerfahren lassen, alles dieses hatte die Prinzessin Ferdi=

nand sehr für Napoleon eingenommen und an seine Ge=
neigtheit zu einem baldigen Frieden glauben machen. So
schmeichelte sie sich denn auch, daß eine schleunige Zurückkunft
der Großfürstin nach Weimar unseren Angelegenheiten gar
sehr förderlich sein, ja, vielleicht der erste Schritt zu einer
friedlichen Ausgleichung mit Rußland werden würde. Ich
ging mit Lebhaftigkeit auf diese Vorstellungsweise ein und
stieg dadurch nicht wenig in ihrer Gunst. Mitten unter den
Tränen, die meine Erzählungen über die näheren Umstände
vom Tode ihres Sohnes, des Prinzen Louis Ferdinand,
bei Saalfeld und des Generals Schmettau zu Weimar ihr
entlockten, überließ sie sich doch den täuschendsten Hoffnungen
auf einen baldigen und glücklichen Frieden.

Am 1. November traf der General Clarke von Erfurt
ein, den der Kaiser zum Generalgouverneur von Berlin und
den preußischen Provinzen am rechten Ufer der Elbe ernannt
hatte. Er erzählte mir, daß er kurz vor seiner Abreise Pässe
nach Weimar für den Erbprinzen übermacht habe, der zu
Hamburg sein solle; weiter aber wußte er mir keine Auf=
klärung zu geben. Meine Unruhe stieg aufs höchste, denn
noch immer hatte ich keine Zeile Nachricht von Weimar.

2. November.

Am 2. November abends langte der Kammerjunker von
Kettenburg aus Schwerin bei Herrn von Lützow ein, von
dem ich erfuhr, daß unsere Frau Erbprinzessin=Großfürstin
vor kurzem in Wismar gewesen, dort den Erbprinzen von
Schwerin gesprochen und sich in Lübeck mit ihrem Gemahl
habe vereinigen wollen, um nach Weimar zurückzukehren.
Er erzählte ferner, daß der Herzog von Weimar vor drei
Tagen sein preußisches Armeekorps verlassen und in Güstrow

angekommen sei, wo er 2000 Taler aufgenommen habe, um
weiterzureisen. Wohin aber? ob nach Hamburg oder Wei=
mar? konnte er mir nicht angeben.

3. November.

Ich eilte mit dieser Nachricht zum General Rapp, ließ
sie dem Kaiser hinterbringen und aufs dringendste um die
versprochenen Pässe bitten. Allein während dem war der
Prinz von Benevent, Minister der auswärtigen Angelegen=
heiten, in Berlin eingetroffen, die politischen Geschäfte nah=
men nun einen regelmäßigen Gang und es schien vor allen
Dingen nötig, Audienz bei ihm zu suchen. Dies war keine
leichte Aufgabe, denn der Prinz wollte durchaus für nieman=
den sichtbar sein und nahm nicht einmal die Gesandten der
mit Frankreich verbündeten Höfe an. Indes interessierten
sich General Rapp und Obermarschall Duroc, der erst jetzt
von seiner Sendung ins preußische Hauptquartier zurückge=
kommen war, aufs tätigste für mein Anliegen und rieten mir,
am nächsten Vormittag, den vierten November im Vorzim=
mer des Kaisers den Augenblick wahrzunehmen, wo der Mi=
nister aus dem Kabinett des Kaisers herauskommen würde.
Ich fand mich um 10 Uhr des Morgens ein und harrte in
höchster Spannung fünf tödliche Stunden, die Blicke unver=
rückt auf die Tür des kaiserlichen Kabinetts geheftet. Was
meine Qual noch vermehrte, war, daß Rapp und Duroc
während dem, wie es ihre Geschäfte mit sich brachten, ab=
und zugingen, und daß es mithin sich leicht treffen konnte,
daß keiner von beiden zugegen sei, wenn der Prinz endlich
herauskäme. Ich hatte soviel von dem kalten einsilbigen
Wesen dieses Staatsmannes, von seinem scharfen, schneidenden
Ton, von seiner ganzen wunderbaren Sinnesart gehört, daß
das Bild, welches ich mir von ihm zusammensetzte, nichts

weniger als beruhigend war. Endlich öffnete sich das Kabi=
nett und ein ältlicher, ziemlich starker Mann, mittlerer Länge,
im gestickten, altfranzösischen Hofrocke und weiß gepuderten
Haaren, hinkte gravitätisch heraus. Sein bleiches Gesicht,
fast ohne alle Regung oder hervorstechenden Zug, schien wie
ein dichter Vorhang vor die Seele gezogen, die kleinen grau=
lichen Augen verrieten nicht den geringsten Ausdruck, nur
um den feinen Mund zog sich ein leises, ernst=ironisches Lächeln.
Der General Rapp stellte mich alsobald ihm vor und be=
wirkte, daß er mich in einer Stunde zu sich in sein Hotel
unter den Linden beschied.

In gespanntester Stimmung fand ich mich ein und die
Unterredung begann damit, daß er mich zu einer gedrängten
Übersicht unserer politischen Stellung unmittelbar vor der
Schlacht bei Jena und aller unserer Schritte und Begebnisse
seitdem aufforderte. Es kam mir vor, als ob die etwa viertel=
stündige Darstellung unserer Angelegenheiten, die ich hierauf
gab, ihm nicht mißfallen habe. Er hörte mir in ruhigster
Aufmerksamkeit zu, während er – um sich das Stehen zu
erleichtern – das eine Knie auf einen Stuhl setzte und diesen
hin= und herschob. Als ich ausgeredet hatte, sagte er mir
mit feierlichem Ernst und mit fast unbewegten Lippen:

„Der Kaiser ist durch das ganze Benehmen des Herzogs
von Weimar beim Ausbruche des jetzigen Krieges, ganz be=
sonders aber durch die Stellung eines Kontingents zur preu=
ßischen Armee und Übernahme eines Kommandos bei derselben
tief verletzt worden (grièvement blessé), so daß er sich kaum
hat entschließen können, die daraus abfließenden schlimmen
Folgen in bezug auf die fernere politische Existenz des Her=
zogtums Weimar zurückzuhalten. Wenn es dennoch geschehen,
so ist dies lediglich der hohen Achtung zuzuschreiben, welche
einesteils die Herzogin von Weimar durch ihr standhaft edles

Betragen dem Kaiser eingeflößt hat, und welche andernteils Se. Majestät dem großherzoglich badenschen Hause, namentlich der Frau Markgräfin von Baden, widmet. Wenn Se. Majestät Sich für das Schicksal von Weimar zu interessieren und es zu begünstigen geneigt sind — was jedoch zu keinem bestimmten Entschluß noch gereift ist —, so hat man es lediglich jenen beiden Rücksichten und keinen andern in der Welt zu verdanken. Der Kaiser hat mir dieses mehrmalen wiederholt, indem er mit mir über Ihre Mission, mein Herr! und über Ihre verschiedenen Anträge gesprochen, und ich bin ausdrücklich beauftragt, Ihnen hiervon offizielle Eröffnung zu tun." Ich erwiderte, „daß es mir zweifach beruhigend sei, zu vernehmen, wie der Kaiser dem erhabenen Charakter der Herzogin Gerechtigkeit widerfahren lasse und wie seine geneigten Gesinnungen gegen das großherzoglich badensche Haus zu einem neuen Stützpunkt seines Wohlwollens gegen uns zu werden versprächen. Das Benehmen unsers Herzogs sei kein freiwilliges, willkürliches gewesen, die Gesetze der Ehre hätten es ihm vorgezeichnet und ich sei überzeugt, daß Se. Majestät auch ihm ihre Achtung, zumal bei näherer Kenntnis seines Charakters, nicht würde versagen können. Es richte mich überhaupt die zuversichtliche Hoffnung auf, daß ein Land, für welches Se. Majestät sich einmal gnädigst zu interessieren geruht hätten, schon dadurch für gesichert in seiner politischen Existenz zu achten wäre."

„Ich bin noch nicht berechtigt, die Absichten Sr. Majestät zu enthüllen," antwortete hierauf der Minister, „aber ich werde mich sehr freuen, wenn ich sie als mild und beruhigend ankünden darf."

„Wegen der Pässe, die Sie wünschen, will ich noch diesen Abend mit dem Kaiser sprechen."

Hiermit endigte sich diese Unterredung, in deren Ver-

lauf der Prinz von Benevent seine sehr ernste und feierliche
Haltung doch immerhin mit einiger Freundlichkeit und einem
gewissen behaglichen Wohlwollen gepaart hatte, das meiner=
seits weder Befangenheit noch Verlegenheit aufkommen ließ.
Noch nie war ich in dem Fall gewesen, französisch in so ge=
messener, streng gebundener Rede sprechen zu müssen, allein
ich befand mich in einer Art Exaltation, die über die Schwie=
rigkeit dessen, was man unternimmt, nicht zu klarem Bewußt=
sein kommen läßt.

Noch in derselben Nacht traf der Kammerjunker Baron
von Spiegel (jetziger Oberhofmarschall) als Kurier von Wei=
mar bei mir ein und brachte mir die ersten Nachrichten von
Weimar seit meiner Abreise. Und welche frohen, welche
interessanten Nachrichten! Herr von Spiegel, der am 19. Ok=
tober von Weimar auf gut Glück abgeschickt worden war,
den Herzog aufzusuchen und ihm die Äußerungen des Kaisers
über seine Rückkehr zu hinterbringen, hatte unsern Fürsten
endlich, nach langem und gefährlichem Umherirren am 25.
in Wolfenbüttel getroffen, hatte ihn über Königsluttern nach
Stendal und dann bei seinem mitten unter den Angriffen
der Franzosen glücklich bewerkstelligten Übergang über die
Elbe bis Havelberg begleitet und war von da am 27. mit
einem Schreiben des Herzogs an die Herzogin nach Weimar
zurückgesendet worden. Dieses Schreiben fertigte mir jetzt
die Herzogin mit einem eigenhändigen Briefe von ihr an
den Kaiser zu, um beides unverzüglich zu übergeben. Das
Schreiben des Herzogs ist in jeder Hinsicht zu merkwürdig,
als daß ich es nicht seinem ganzen Inhalte nach hier ein=
rücken sollte.

„A. S. A. S. Madame
la Duchesse regnante
de Weimar.

Havelberg, 27. Oct. 1806.

Monsieur de Spiegel m'a atteint avant-hier. Un déta-
chement des corps, que je commandais, avait pris la route
de Hameln, il a suivi celle-là, croyant m'y trouver et c'est
cet incident-là et plusieurs autres qui l'ont induit en erreur
et ont été la cause de ce qu'il ma trouvé si tard.

J'ai expédié le capitaine de Bose, au service de Saxe,
au roi de Prusse, pour supplier Sa Majesté, de renvoyer
toute suite mon bataillon à Weimar et j'ai adressé mes
voeux au roi, pour qu'il décidât, si avec honneur je pouvais
quitter Son service à présent, ou non.

J'attends journellement la réponse. Vous savez, que je
n'ai eu dans le dernier temps aucune influence à Berlin, que
l'on ne m'y aimait point et que j'aurais quitté le service
Prussien cet été, si les loix de l'honneur ne m'avaient pas
forcé de suivre l'armée à cette guerre-ci.

Il y a vingt ans que j'y sers. Je ne pouvais m'en déta-
cher sans un blâme et la persuasion d'avoir fait son devoir
et une réputation pure c'est la seule consolation véritable,
qui ne nous quitte jamais, si le malheur nous dérobe les
agrémens de l'existence.

Il m'est connu, que l'empereur honore le soldat, qui fait
son métier avec zèle; il ne pourra donc jamais me mépriser.
Sa volonté suprême décidera du sort de ma famille et de
mon pays.

Il est à espérer que la haute clémence de sa Majesté
Impériale inspirera à ce monarque-vainqueur des sentimens
équitables par rapport à Notre Saxe. Elle est dans Ses
mains.

Je désire qu'il s'adoucisse et que Sa Majesté Impériale m'accorde Son estime.

Par rapport à ce que Vous avez fait pour Weimar, avec quelle constance et avec quel courage Vous avez supporté les adversités, il n'y a qu'une voix là-dessus: Votre propre conscience seule peut Vous en récompenser complètement. Vous Vous êtes faite une réputation digne des temps passés! Que la providence Vous bénisse et Vous fasse jouir du fruit de Vos bonnes actions!

Je n'écris à personne qu'à Vous. Dites tout cela verbalement à Voigt et à Wolzogen. Je fais passer Mr. de Spiegel par Hambourg pour y intimer à mon fils ainé, de s'en retourner auprès de Vous; je crois qu'il doit être dans cette ville.

Il y a déjà quelques jours que j'ai écrit à Hinzenstern, de s'en retourner à Weimar avec Bernard.

Adieu, ma bonne amie. Que Vous soyez heureuse, comme Vous le méritez.

C. A. Duc de Weimar."

Es war also gewiß, daß der Herzog, als er den Baron von Spiegel abfertigte, das Schreiben des Königs von Preußen, worin ihn dieser von allen Verpflichtungen gegen ihn losgab und zur Niederlegung des Kommandos aufforderte, noch nicht erhalten hatte. Nichtsdestoweniger hatte er durch Absendung eines Offiziers an den König einen unzweideutigen Beweis gegeben, wie er sich von der preußischen Sache zu trennen und dem Willen des Kaisers nachzukommen bereit sei, sobald nur die Ehre es verstatte. Daß der Herzog sich wirklich von der Armee entfernt habe, ging freilich daraus noch nicht hervor, und auch zu Weimar wußte man nichts davon; aber die Aussage des Herrn von Kettenburg, daß

der Herzog zu Güstrow angekommen, füllte diese Lücke glück=
licherweise aus, und es ließ sich mit Zuversicht annehmen,
daß das Schreiben des Königs kurz nach Baron Spiegels
Abreise dem Herzog zugekommen sein und seinen Abgang von
der Armee zur Folge gehabt haben müsse Und so konnte die
Gesinnung, die der Brief des Herzogs an seine Gemahlin
ausdrückte, dem Kaiser in um so günstigerem Lichte dar=
gestellt werden, als sie noch eine freiwillige, nicht schon
durch das Entlassungsschreiben des Königs eine unwillkür=
liche war. Unter solchen Betrachtungen, wie unter wechsel=
seitigen Erzählungen unserer bestandenen Abenteuer, verfloß
die Nacht.

5. November.

Sogleich am Morgen wurde Herrn von Lützow trauliche
Mitteilung gemacht, Rat gepflogen und sodann aufs Schloß
zum General Rapp geeilt.

Wir wurden zum Warten in das Vorzimmer beschieden.
Nach einer Weile fand der Erbgroßherzog von Baden sich da=
selbst ein. Erfreut über das, was ich ihm von Weimar und
von den auf seine Frau Mutter bezüglichen Äußerungen des
Prinzen von Benevent erzählen konnte, lud er mich für
den nächsten Tag zu sich ein. Auch der Prinz Emil von
Hessen=Darmstadt erschien im Vorzimmer, der als ein
damals blutjunger Herr von sechzehn Jahren soeben ange=
kommen war, dem Kaiser zum erstenmal vorgestellt werden
und dann die Kampagne mitmachen sollte. Sein Begleiter,
der Obrist von Morranville, war mit unserm Kammer=
herrn von Pappenheim sehr wohl bekannt, und so knüpfte
sich um so leichter vertrauliche Unterredung an. Jene beiden
Prinzen wurden nach einigen Stunden, einer nach dem an=
dern, zum Kaiser eingeführt und bald darauf wieder entlassen;

aber meine Stunde wollte noch immer nicht schlagen. Der Oberkammerherr Graf Bose aus Dresden, der eben von da wieder angelangt war, sollte nun erst noch sein Kreditiv über= geben; er richtete mir viel Freundliches von dem Kurfürsten an die weimarischen Herrschaften aus. Deputationen aus allen Orten und Enden waren auf diesen Vormittag zur Au= dienz bestellt. Zum erstenmal erblickte ich jetzt den General= intendanten der Armee, Daru, einen kleinen untersetzten Mann von rabenschwarzen Haaren und Augen und der frische= sten Gesichtsfarbe, der, sein inhaltreiches Portefeuille unter dem Arm, raschen Schritts und feurig schroffen Blickes durch die Reihen der Wartenden hindurcheilte.

Um meine Verzweiflung voll zu machen, langte auch noch ein Ordonnanzoffizier, der Graf Turenne, mit wichtigen Depeschen an, den Napoleon vor einigen Tagen mit einer geheimen Sendung beauftragt hatte. Schwerlich aber wäre in irgend einem andern kaiserlichen oder königlichen Vor= zimmer so ungezwungene und lebhafte Unterhaltung vergönnt gewesen.

Der General Dombrowsky, die kaiserlichen General= adjutanten Rapp, Mouton, Bertrand und der Obermar= schall Duroc gingen ab und zu, sprachen über die Neuig= keiten des Tags bald mit humoristischer Laune, bald mit latonischem Ernste, so daß ich mich wohl aufs interessanteste unterhalten finden mochte, hätte nur die innere Ungeduld mich nicht verzehrt.

Endlich kam der ersehnte Moment; ich wurde in das kai= serliche Kabinett gerufen, in dessen Mitte Napoleon in der schlichten grünen Chasseuruniform, den Hut unter dem Arm, in ziemlich trotziger Stellung stand, etwas weiter zurück der Prinz von Benevent.

Halte ich bei meinen beiden früheren Audienzen mich des

freundlichsten Empfangs zu erfreuen gehabt, so wurde ich jetzt
durch die Heftigkeit überrascht, mit welcher der Kaiser mir
die bittersten Vorwürfe über das Benehmen des Herzogs,
meines Herrn, entgegenrief. Ich beeilte mich, das Schreiben
der Herzogin zu übergeben und zu bemerken, daß der ange=
fügte Originalbrief des Herzogs an seine Gemahlin (von
welchem ich alsbald eine Kopie dem Prinzen von Benevent
zustellte) wohl ein besseres Licht über jenes Benehmen ver=
breiten möchte. Der Kaiser überblickte diese Papiere nur
äußerst flüchtig und fuhr fort, mir die Stellung eines wei=
marischen Truppenkontingents an Preußen und die vom
Herzog persönlich übernommenen Kriegsdienste mit Unge=
stüm vorzuwerfen.

Vergebens machte ich alles dasjenige geltend, was zur
Entschuldigung dieser Verhältnisse dienen konnte, und bat
wiederholt aufs dringendste, den Inhalt des Schreibens der
Herzogin und seine Beilage näher zu würdigen.

„Mein Herr Rat!“ — sagte der Kaiser zu mir — „ich
bin zu alt, um auf Worte zu bauen, ich halte mich an Tat=
sachen. Weiß Ihr Herzog wohl, daß ich ihn billig der Re=
gierung entsetzen sollte? Wenn ich gleichwohl dies bis jetzt
noch nicht getan, so liegt die Ursache bloß in meinem Wohl=
wollen für die Frau Herzogin und darin, daß ich, gastlich in
ihrem Schlosse aufgenommen, einer Fürstin, die schon so viel
gelitten, gern noch größern Schmerz ersparen wollte. Sie,
mein Herr! bemühen sich zwar, Ihren Herzog zu entschul=
digen; das ist Ihre Pflicht und Sie tun ganz recht daran;
aber auch mir ist es Pflicht, Fürsten, die so gegen mich han=
deln, wie der Ihrige, ohne weiteres abzusetzen. Wenn man
nicht mehr als ein paar hundert Mann aufstellen kann, so
muß man sich ruhig verhalten; nicht einmal der Herzog von
Braunschweig, der Verbissenste meiner Feinde, hat ein Trup=

penkontingent an Preußen gestellt" (hier sah er den Prinzen
von Benevent fragend an); „der Herzog von Gotha hat es
sich nicht im Traume einfallen lassen, aber ich weiß schon,
man hat dem Ehrgeiz Ihres Herzogs durch ein Kommando
geschmeichelt und so das Netz um sein Haupt gesponnen. Es
ist fürwahr jetzt die beste Zeit, seine Staaten im Nu zu ver=
lieren. Sie sehen, wie ich's mit dem Herzog von Braun=
schweig gemacht habe. Ich will diese Welfen in die Sümpfe
Italiens zurückjagen, aus denen sie hervorgegangen. Wie
diesen Hut" — hier warf er ihn zornig zur Erde — „will ich
sie zertreten und vernichten, daß ihrer in Deutschland nie
mehr gedacht werde. Und große Lust habe ich, es mit Ihrem
Fürsten ebenso zu machen!"

„Beim Himmel! wenn man nicht wenigstens hundert=
tausend Mann und eine gute Anzahl Kanonen hat, soll man
sich nicht unterstehen, mir den Krieg machen zu wollen. Und
diese Preußen hatten wohl soviel und mehr: was hat es ihnen
geholfen? Ich habe sie zerstreut, wie Spreu im Winde, ich
habe sie niedergeschmettert und sie werden fürwahr sich nicht
mehr aufrichten. Und was will ich denn? Führe ich den
Krieg nur zur Lust? Hat man nicht durch höhnische Her=
ausforderung mich dazu gezwungen?"

„Wäre Ihr Herzog klug gewesen, so hätte er sich ganz
ruhig halten, sich an den Rheinbund anschließen sollen; ich
hätte ihn, wohl gar mit Vorteil, darin aufgenommen, und
es würde jetzt ganz anders mit ihm stehen."

„Sire," fiel ich ein, als er einen Augenblick zu toben
aufhörte, „wie hätte der Herzog von Weimar sich an den
Rheinbund anschließen können, zu welchem ihm auch nicht
die leiseste Aufforderung zukam, dessen Abschluß ihm erst
kund wurde, als die preußischen Armeen schon ganz Sachsen
in kriegerischer Haltung überzogen? Von Friedrichs des

Zweiten, seines Großoheims, Zeiten her war das politische Verhältnis unsers kleinen Staates eng an Preußens Politik angeknüpft, wie es geographische Lage, Religions= und Fa= milienverwandtschaft und die ganze Natur des preußischen Übergewichts in Norddeutschland mit sich brachten; schon lange war der Herzog preußischer General gewesen, ehe die leiseste Spannung zwischen Preußen und Frankreich, die man ja immer für natürliche Alliierte hielt, bemerklich wurde; jetzt wo sie, überraschend hervorgetreten, plötzlich zu unseligem Krieg ausbrach, wie konnte da der Herzog früherm Bündnis und seiner ritterlichen Ehre untreu werden? Und hätte nicht Preußen in solcher Krisis ihn und sein Land alsobald feind= lich behandeln müssen?"

„Ei was" — rief der Kaiser noch immer höchst zornig — „die nahe Verwandtschaft Rußlands mit Weimar hätte es wohl nicht dazu kommen lassen; in dieser Verwandtschaft mußte der Herzog, wenn ihn nicht eigene Leidenschaft gegen mich verblendete, die sicherste Schutzwehr gegen alle Gefahr und gegen alle Übel finden, die ihm von Preußen her irgend drohen konnten. Aber nein, sein Ehrgeiz überwog, er wollte eine Rolle spielen, nun mag er dafür büßen, da er seine Fa= milie und sein Land ins größte Elend gestürzt hat."

„Wohlan," entgegnete ich im leidenschaftlichsten Eifer, „Eure Majestät können gerade daraus abnehmen, welch ein guter und edler Fürst unser Herzog sein muß, daß noch jetzt, nachdem wir die unglücklichen Opfer dieser unvermeidlichen Verbindung mit Preußen geworden, wir dennoch alle, seine Untertanen und Diener, willig Blut und Leben daran setzen wollen, um nur unsern Fürsten und ihn uns zu erhalten!"

„Mit meinem Kopfe möchte ich dafür bürgen, daß Euer Majestät den Herzog Ihrer ganzen Achtung wert finden wer= den, sobald Sie ihn näher kennen lernen. Wohl hätten viel=

leicht auch wir in dem Rheinbunde eine sichere Stütze und
Garantie unserer politischen Existenz finden mögen, aber
gebieterische Pflichten hemmten die Freiheit jeder deßfallsigen
Äußerung."

„Kaum hatten die ersten preußischen Rüstungen begon=
nen, als der König in einem eigenhändigen Briefe den Her=
zog aufforderte, sich, gleich dem Kurfürsten von Sachsen, an
ihn anzuschließen. Wie konnte der Herzog, der wohl früher
die preußischen Kriegsdienste zu verlassen gewünscht hatte,
jetzt seinen Abschied fordern, ohne feig und treulos zu er=
scheinen? Und wie können Sie, Sire! der Sie die Ehren=
legion erschaffen haben, einen Fürsten darum verdammen,
daß er die Gesetze der Ehre unverbrüchlich befolgt hat? Eure
Majestät sehen doch, daß der Herzog der Partei, die er ein=
mal, wenn auch unwillkürlich, ergriff, treu zu bleiben weiß,
solange die Ehre es fordert; von einem solchen Fürsten kön=
nen auch Eure Majestät, wenn jene früheren Verbindungen
einmal gelöst sind, nur die treueste Ergebenheit und das
loyalste Benehmen erwarten."

„Nun gut" — versetzte Napoleon in milderem Tone —
„ich sehe wohl, daß Sie ein guter Advokat sind. Wo ist Ihr
Herzog in diesem Augenblick?"

„In Güstrow war er zuletzt," antwortete ich, „soviel ich
durch einen mecklenburgischen Edelmann, den Baron von
Kettenburg erfahren habe."

„Warum aber kommt er nicht hierher?" fiel der Kaiser ein.

„Weil er Euer Majestät Befehle und die nötigen Pässe
zu seiner Hieherreise erst abwarten muß," entgegnete ich.

Hierauf wendete sich der Kaiser zu dem Prinzen von
Benevent mit den Worten:

„Wohlan! so mögen denn die Pässe ausgefertigt werden,
die der Herr Rat hier verlangt, und zwar für alle Glieder

der herzoglichen Familie, auch für die Großfürstin=Erbprin=
zessin; man soll ihr überall unterwegs mit der Auszeichnung
begegnen, die ihr hoher Rang erheischt; aber" – hier sprach
er mich wieder mit feierlichem Nachdruck an – „aber machen
Sie es Ihrem Herzog recht einleuchtend (faites lui bien sentir),
daß er sein Land und seine politische Existenz einzig und
allein der hohen Achtung, ja der innigen Freundschaft ver=
dankt, die ich für seine Gemahlin, die Frau Herzogin, gefaßt
habe, und dann auch den freundschaftlichen Gesinnungen und
der Anhänglichkeit, die ich für ihre würdige Schwester, die
Frau Markgräfin, hege, sowie für das gesamte badensche
Haus. Dieses vortreffliche Schwesterpaar sollte allen Fürsten=
häusern in Europa zum Beispiel und zur Nacheiferung dienen,
und alles, was ich für Weimar noch irgend tun werde, wird
ganz allein aus Rücksicht für sie geschehen."

Hiermit endigte diese denkwürdige Audienz und in ziem=
licher Erschöpfung eilte ich ins Vorzimmer zurück, wo Herr
von Spiegel in peinlichster Unruhe meiner wartete. Ich
beschloß, den Hofbedienten, den ich bei mir hatte, als Kurier
nach Weimar zu senden, um schnell und sicher ausführliche
Meldung dahin zu bringen, und verwandte einen guten Teil
der Nacht zu Entwerfung meiner Berichte.

Als ich am andern Morgen zu dem Erbgroßherzog von
Baden kam, erzählte mir dieser, daß er gestern abend mit
dem Kaiser gespeist und von ihm viel Freundliches über unsere
Angelegenheiten und meine gestrige Audienz vernommen habe.
Er bezeigte mir seine lebhafte Freude über die günstige Wen=
dung unserer Angelegenheiten und beklagte nur, daß alle Ver=
wendungen, die er und seine Mutter für das Haus Braun=
schweig eifrigst versucht hätten, eines gleich glücklichen Er=
folges gänzlich ermangelten.

6. November.

Des Nachmittags wurde ich wieder aufs Schloß gerufen und empfing hier aus der Hand des Obermarschalls Duroc ein Antwortschreiben des Kaisers an die Herzogin, welches die Aufschrift hatte:

„A ma Cousine, la Grande-Duchesse
de Saxe-Weimar."

„Zu Weimar?" fragte ich, eine Verwechselung mit der Frau Großfürstin-Erbprinzessin oder sonst einen Irrtum be= sorgend.

„Allerdings zu Weimar," war die Antwort, und so fand ich denn reichlichen Anlaß, mich mannigfachen Kombinationen und Vermutungen über die gesteigerte Titulatur unserer ver= ehrten Fürstin hinzugeben. Man versicherte mir zugleich, daß die Ausfertigung der erforderlichen Pässe gemessenst an= befohlen sei und daß der Kaiser unsere Angelegenheiten für beendigt und die Souveränität des Herzogs von Weimar für anerkannt erklärt habe. Sowohl Duroc als die anwesenden Generaladjutanten beglückwünschten mich deshalb. General Rapp führte mich auf sein Zimmer, wo er mir erzählte, daß der Kaiser erst heute nach nochmaliger Besprechung mit dem Prinzen von Benevent sich definitiv zu unsern Gun= sten entschieden habe, und daß Se. Majestät mit der Art und Weise, wie ich meine Mission erfüllt, ganz zufrieden ge= schienen hätten.

Er fügte hinzu, wie sehr es ihn freue, seine Verehrung für das herzogliche Haus durch tätige Mitwirkung zur För= derung meiner Angelegenheiten haben darlegen zu können.

Und in der Tat hat dieser Mann noch oftmals in der Folge bewiesen, wie sehr ihm diese Versicherung vom Herzen gegangen.

Wer war nun froher als ich? Aus den trübſten Beſorg=
niſſen, aus quälender Ungewißheit ſah ich mich plötzlich in
beruhigende Gewißheit über das Schickſal des weimariſchen
Landes und meines hochverehrten Fürſtenhauſes verſetzt und
von manchem neuen Strahl von Hoffnung umleuchtet. Hef=
tige Kämpfe, drangvolle Stunden und Tage hatte ich be=
ſtanden und — dies ſagte mir mein Bewußtſein — mit Mut
und Treue beſtanden; in einer mir gänzlich neuen fremden
Welt hatte ein günſtiger Stern mich glücklich geleitet, und
noch günſtigere Erfolge glaubte ich von der baldigen perſön=
lichen Erſcheinung des Herzogs am kaiſerlichen Hofe und von
der Rückkehr unſerer Frau Erbprinzeſſin=Großfürſtin hoffen
zu dürfen.

Ich hatte nun nichts Eiligeres zu tun, als obige Vorgänge
— ſowohl nach Weimar, als an den Herzog — treulich zu
berichten. Den letzteren eiligſt aufzuſuchen, übernahm der
Baron von Spiegel, konnte ihn jedoch erſt nach mehrfachem
Umherirren in Schleswig treffen, wo damals die Frau Erb=
prinzeſſin=Großfürſtin ſich aufhielt. Ich meldete ihr gleich=
falls das Vorgegangene durch Herrn von Spiegel, bei Über=
ſendung der kaiſerlichen Päſſe.

In meiner Depeſche nach Weimar beantragte ich drin=
gend, daß der Erbprinz möglichſt bald mit dem Geheimrat
von Wolzogen nach Berlin kommen möge, um dem Kaiſer
aufzuwarten, je ungewiſſer es ſei, ob und wann der Herzog
ſelbſt eintreffen könnte. Man wollte jedoch in Weimar dieſen
meinen Antrag nicht genugſam motiviert finden, auch war
der Erbprinz von der Reiſe, die er kurz vor der Schlacht bei
Jena nach Niederſachſen unternommen, erſt vor wenig Tagen
zurückgekommen und von all der Sorge und Unruhe der letzten
traurigen Wochen noch äußerſt ergriffen.

Zu meinem großen Verdruß brachte jener Kurier, welcher

meine lebhafte Freude über das Ergebnis der letzten Audienz
bei dem Kaiser an mir bemerkt hatte und daraus allerlei
abenteuerliche Hoffnungen ableitete, zu Weimar die albernsten
Gerüchte von einer uns noch bevorstehenden Landesvergröße=
rung in Umlauf, die nun freilich mit einem gleichzeitig von
dem französischen Intendanten Villain zu Naumburg ein=
getroffenen Dekrete, nach welchem der Kaiser dem weimarischen
Lande 2,200,000 Fr. Kontribution auflegte und es als pays
conquis betrachtete, den grellsten Kontrast bildeten.

Ich erhielt Befehl, über dieses Ansinnen Aufklärung zu
verschaffen und die dringendsten Vorstellungen dagegen zu
machen. Man wies mich an den Generalintendanten der Ar=
mee, Daru, den schon der allgemeine Ruf als einen äußerst
strengen und harten Mann bezeichnete. Wie sehr fand ich
das bestätigt! Vergebens schilderte ich ihm mit den lebhaf=
testen Farben die Not und Erschöpfung unsers Landes, ver=
gebens die Unmöglichkeit, eine so große Kontribution aufzu=
bringen, zumal bei der durch die ausgestandene Plünderung
herbeigeführten Kreditlosigkeit. Die uns auferlegte Kontri=
bution, äußerte er, sei ja nur einem Jahresbetrag der Kameral=
und Steuerrevenuen des weimarischen Landes gleich und
weniger könne man prinzipmäßig gar nicht anfordern.
Nicht darauf, was wir leisten zu können glaubten, sondern
darauf, was der Kaiser von uns fordere, komme es an;
ihm sei es Pflicht, die Befehle des Kaisers pünktlich zu voll=
ziehen, ohne weder rechts noch links zu blicken. Und als ich
ihm insbesondere die Unerschwinglichkeit der von der Stadt
Jena verlangten großen Fleischlieferung für das dort errichtete
französische Lazarett vorstellte und hinzufügte, daß selbst die
dasigen Professoren dem empfindlichsten Mangel ausgesetzt
seien, erwiderte er: „Mais je ne vois donc pas du tout la
nécessité, que ces messieurs mangent de la viande."

So schied ich denn ohne den geringsten Trost von ihm. Die mir freundlicher gesinnten Franzosen Maret, Rapp, Denon, suchten mich durch Hinweisung auf die nahe Ankunft des Herzogs zu beruhigen; erst von dieser werde eine mildere Beschlußfassung des Kaisers hinsichtlich unserer Kontribution abhängen und ich möge daher nur alles aufbieten, um jene Hieherkunft zu beschleunigen. Aber die Tage verstrichen mir in qualvoller Erwartung, fast jeder derselben brachte mir neue Lamentationen von Weimar, und keiner die geringste Nachricht von meinem Fürsten.

Erst am 15. November meldete mir Herr von Spiegel aus Hamburg, daß er nach langem Umherirren den Herzog in Schleswig getroffen und daß derselbe nun ehestens von Hamburg aus in Berlin eintreffen wolle. Dasselbe verkündete mir am 19. November ein Brief des Hofmarschalls von Egloffstein (der den Herzog in die Kampagne begleitet hatte), aber ebenfalls ohne nähere Bestimmung des Tags. Mit jeder Stunde stieg meine Unruhe und kaum wußte ich das lange Ausbleiben des Herzogs, das den Franzosen mehr und mehr auffiel, genugsam zu entschuldigen.

Dazu kam, daß man jeden Augenblick die Abreise des Kaisers zu seiner inzwischen nach Polen vorgedrungenen Armee erwartete, und ich daher fürchten mußte, der Herzog werde ihn gar nicht mehr treffen. Am 20. abends langte infolge meiner erneuten dringenden Anträge unser Erbprinz in Berlin ein, aber nicht, wie ich gebeten und gehofft hatte, in Begleitung des Geheimrats von Wolzogen, sondern in der des Kammerherrn von Pappenheim. Der Prinz von Benevent und die Generäle Clarke und Rapp unterstützten meine Bemühungen, dem Erbprinzen sogleich Audienz zu verschaffen, auf das freundlichste, allein Napoleon war ge-

reizt durch das lange Ausbleiben des Herzogs und wollte
erst dessen Ankunft erwarten.

Endlich am späten Abend des 23. November erfolgte sie.
Vergebens würde ich die Empfindungen zu schildern versuchen,
die mich bei diesem so lang ersehnten Wiedersehen meines
geliebten Fürsten erfüllten. Der Herzog bezeugte mir also=
bald seine Zufriedenheit mit meinem bisherigen Verhalten
und lehnte aufs huldreichste jede Entschuldigung ab, die ich
ihm darüber machen wollte, daß ich, um bei den französischen
Behörden leichtern Zutritt zu erhalten und meiner Mission
mehr Ansehen zu verschaffen, mich eigenmächtig mit der wei=
marischen Hofuniform bekleidet hatte. Die halbe Nacht ver=
floß unter Erzählung und Schilderung alles dessen, was sich
zu Weimar in den ersten Tagen nach der Schlacht von Jena
zugetragen und was ich hier in Berlin erlebt und beobachtet
hatte. Voll freudiger Hoffnung eilte ich am andern Morgen
aufs Schloß, um die Ankunft des Herzogs zu melden, aber
die Bestimmung des Kaisers über die von mir im Namen
des Herzogs erbetene Audienz ließ sich den ganzen Tag über
vergebens erwarten und am nächstfolgenden Morgen mußten
wir zu nicht geringer Überraschung erfahren, daß er in der
Nacht noch — angeblich nach Küstrin — abgereist sei.

Der Prinz von Benevent und der Generalgouverneur
Clarke, die dem Herzog alsbald aufwarteten, suchten ihn
zwar auf alle Weise zu beruhigen, indem sie das Benehmen
des Kaisers als unwillkürlich durch die höhere Notwendig=
keit schneller Abreise geboten darstellten, auch zu seiner bal=
digen Wiederkehr Hoffnung machten. Es blieb jedoch kaum
möglich, zu verkennen, daß lediglich die Empfindlichkeit des
Kaisers über die verzögerte Hieherkunft des Herzogs die wahre
Ursache der versagten Audienz war. Ein ähnliches Mißge=
schick traf den Kurfürsten von Sachsen, der zwar schon unter=

wegs nach Berlin die Abreise des Kaisers erfahren, jedoch
gleichwohl seine Reise fortgesetzt hatte. Der Herzog sandte
mich sogleich zu ihm, um die Stunde zu vernehmen, in der
er ihm aufwarten könnte; ich ward von diesem ehrwürdigen
Fürsten aufs wohlwollendste empfangen und mußte ihm ge-
nauen Bericht über unsere Erlebnisse und jetzigen Verhältnisse abstatten. Beide Fürsten besuchten sich hierauf wechsel-
seitig und mögen wohl traulicher als je Empfindungen und
Ansichten über die neuesten großen Zeitereignisse ausgetauscht
haben.

Zweiter Abſchnitt
November 1806 bis Juli 1807

Berlin war um jene Zeit immer voll der falſcheſten, zum Teil abenteuerlichſten Gerüchte; bald ſollten die Frie=denspräliminarien mit Preußen bereits unterzeichnet ſein, bald die franzöſiſche Armee ungeheure Verluſte erlitten haben und Napoleon ſich in der mißlichſten Lage befinden. Der Haß gegen denſelben wurde durch die unwürdigen Aus=fälle in den Armeebulletins und im „Telegraphen" gegen den König und die allgeliebte Königin Louiſe, täglich geſteigert und es galt für Patriotismus, allen Nachrichten, die den Franzoſen nachteilig waren, alſobald Glauben zu ſchenken. Ich erinnere mich, daß mein Arzt, der wackre Dr. Böhme, eines Morgens mit der geheimnisvollen Eröffnung in mein Zimmer trat, daß in der letzten Nacht die Leiche Murats, des Großherzogs von Berg, angekommen und in tiefſter Stille in der Domkirche beigeſetzt worden ſei. Gleichzeitig habe er aus ſicherer Quelle vernommen, daß Napoleon gefährlich ver=wundet worden in kurzem hier durch nach Paris zurücktrans=portiert werden ſolle. Es hielt ſchwer, ihm einige Zweifel an dieſen Kunden beizubringen. Gleichwohl war dieſer Arzt übrigens ein ſehr verſtändiger, ruhiger und gemäßigter Mann, der mir bei meiner lebhaften Unruhe und Aufregung, die mir oft Bruſtkrämpfe zuzog, jederzeit wohlmeinend predigte: „vis tranquilla facit, quod violenta nequit".

Mitten unter dem Wirrwarr und den Bedrängniſſen jener Tage waren mir nicht ſelten zufällige Begegniſſe un=gemein wohltuend. So traf ich eines Abends ſpät am Ein=gang des Hotels des Prinzen von Benevent einen ältlichen Mann von würdigem Anſehen, der über den ſoeben vom Por=tier empfangenen Beſcheid, daß der Prinz durchaus nicht zu

sprechen sei, sich ganz verzweiflungsvoll geberdete. Ich redete
ihn an und erfuhr, daß er der Senator Rodde[1] von Lübeck
und soeben von dort angelangt sei, um über die Plünderung
Lübecks Beschwerde zu führen und um Linderung des dorti=
gen unbeschreiblichen Notstandes zu bitten. Als ich ihm Teil=
nahme bezeigte und ihn sofort zu einem Vertrauten des Prin=
zen von Beneveut führte, der ihm für den andern Morgen
Audienz zu verschaffen versprach, ward er so gerührt, daß er
Tränen des Dankes vergoß. Auch den kurz nachher einge=
troffenen Gesandten von Hamburg und Bremen, den Sena=
toren Doormann und Gröning, glückte es mir nützliche
und wohlwollende Bekanntschaften zu Förderung ihrer An=
liegen zu verschaffen, und sie haben mir stets in der Folge ein
dankbares Andenken bewahrt.

Eines Abends, als ich in der Stadt Rom einem ham=
burgischen Abgeordneten Soltau gegenüber saß, der zufällig
meinen Namen hörte, fragte er mich, ob ich etwa ein Sohn
des weimarischen Gesandten sei, der den hanseatischen Ge=
schäftsträgern so eifrige und nützliche Dienste geleistet habe?

Auch manchem gefangenen preußischen Offizier konnte
ich durch meine gute Bekanntschaft mit den Generalen Clarke
und Hulin bedeutende Erleichterung ihrer Lage verschaffen.

Der Verdruß, den der Herzog über die schnelle Abreise
des Kaisers empfand, war um so bitterer, als auch die Hoff=
nung eines nahen Friedens, mit der man sich immer noch
schmeichelte, mehr und mehr verschwand.

Ich hatte inzwischen bei einem Diner des Kommandan=
ten von Berlin, General Hulin, die Bekanntschaft des Erb=
prinzen von Hohenzollern-Hechingen und seines Begleiters,

---

[1] Er war der Gatte der berühmten gelehrten Tochter Schlözers
in Göttingen.

des Majors Baron Fischler von Treuenfels gemacht und
der letztere führte mich bei dem Staatsrat Labesnarbière
ein, dem Chef der ersten Division im auswärtigen Departe=
ment, der bei dem Prinzen von Benevent in großem An=
sehen stand. Einen auffallenderen Kontrast, als dieser Mann
mit allen übrigen französischen Hof= und Geschäftsmännern
bildete, kann man sich kaum denken. Von langer hagerer
Gestalt, schwarzen, ungeordneten Haaren und bleichem, läng=
lichem Gesicht, aus dem ein Paar große schwarze Augen hinter
einer mächtigen Brille lebhaft hervorblitzten, deutete schon
sein schlichter, ja nachlässiger Anzug an, wie wenig er sich
um Äußerlichkeiten bekümmere.

Er erschien niemals in den Abendzirkeln des Ministers,
sah es aber ganz gern, wenn man ihn in seinem kleinen Fa=
milienkreise, der aus einer unverheirateten Schwester und
einem jungen, ihm verwandten Arzte bestand, aufsuchte, wo
er dann mit Personen, die ihm gemütlich zusagten, aufs
zwanglofeste verkehrte. Übrigens lebte er so zurückgezogen
und wußte sich so unbemerkt zu machen, daß er sich rühmen
konnte, bis jetzt noch niemals dem Kaiser Napoleon nahe
gekommen zu sein, dessen Charakter er wenig schätzte.

„Je ne me soucie pas du tout de voir cet homme ou
   de parler avec lui,“
sagte er mir einstmals in Posen.

Er war voll scharfen Verstandes und ungemein belesen,
vorzüglich auch in italienischen und englischen Dichtern, oft
sarkastischen Humors, aber auch voll warmen Rechtsgefühls,
voll Wahrheitsliebe und Bonhommie, liebte mehr geistreich
zu plaudern, als eigentlich zu arbeiten und beurteilte mit
beißender Ironie die Persönlichkeiten und Vorkommenheiten
des Tages. Oft war man höchst überrascht über seine Frei=
mütigkeit und philosophischen Zynismus.

„Ich danke", pflegte er zu sagen, „die Unabhängigkeit
meiner Meinung der Zurückgezogenheit, in der ich lebe, und
meinem gänzlichen Verzicht auf äußern Glanz."

Baron Fischler, der ihn schon länger kannte, war sehr
gut bei ihm angeschrieben, und auch mir gelang es gar
bald, seiner Zuneigung, ja seines Vertrauens mich zu er=
freuen.

Wenn er mir öfters Stellen aus Molière, Ariost oder
Shakespeare rezitierte, so mußte ich ihm dagegen von Goethe
oder Wieland erzählen oder auch von unsern Herzoginnen
Amalia und Louise, die er höchlich verehrte, und seine Teil=
nahme an Weimars jetzigen Bedrängnissen nahm mehr und
mehr zu, je bekannter er mit unseren Persönlichkeiten wurde.
Er vertraute mir bald, daß an keine Zurückkunft des Kaisers
nach Berlin zu denken sei, daß Herr Talleyrand ihm ehester
Tage nach Posen folgen werde, und daß ich wohl tun würde,
mich auch dahin auf den Weg zu machen. Gleicher Mei=
nung waren die Herren von Dalberg und von Gagern, der
erste damals badenscher, der andere nassauischer Gesandte
am französischen Hofe. Jener war dem Herzog von Weimar,
der von jeher mit seiner ganzen Familie in vertrauten Ver=
hältnissen stand, als heiterer und witziger Gesellschafter und
gewandter Diplomat schon länger bekannt; zu dem zweiten
führte mich mein guter Genius, und sein wohlwollendes
Gemüt ließ ihn gar bald sich meiner aufs freundschaftlichste
annehmen.

Als nun auch Herr Talleyrand mir versicherte, der
Kaiser erwarte, daß ich ihm nach Posen folge, drangen jene
beiden Männer in den Herzog, mich sofort mit ausreichender
Vollmacht zu versehen und mit einem Handschreiben an den
Kaiser nach Posen abzusenden, wohin sie ebenfalls abgehen
würden. Sie rieten zugleich, mich mit einem höhern Titel

und mit dem Adel auszustatten, und so war ich denn nicht
wenig überrascht, als der Herzog mir ein Konzept zur Aus=
fertigung in die Hand gab, in welchem ich als Geheimer
Regierungsrat von Müller aufgeführt war.

Ich erlaubte mir dem Ausdruck meines dankbaren Ge=
fühls die Bemerkung beizufügen, daß es mir wehe tun würde,
wenn zwei ältere, verdienstvolle Regierungsräte und Kollegen
von mir nicht gleichzeitig avancieren sollten, worauf der
Herzog erwiderte, das werde sich finden, sobald er nach Weimar
zurückkehre.

Währenddem langte der regierende Herzog Franz von
Mecklenburg=Schwerin, den Napoleon plötzlich aus seinem
Lande hatte vertreiben lassen, in Berlin an und suchte bei
dem ihm so nahe befreundeten Herzog von Weimar Trost
und Rat. Seinem Gesandten, Baron von Lützow, gelang
es nirgends, bei den französischen Behörden auch nur Zu=
tritt zu erlangen. Ich habe schon oben bemerkt, wie um=
sichtig und wohlwollend dieser würdige Mann mich bisher
in meinen traurigen Angelegenheiten unterstützt, beraten
und gefördert hatte; nun wurde umgewandt ich aufgefordert,
für ihn bei den französischen Behörden mich zu verwenden.
Denn der Grimm des Kaisers gegen Mecklenburg war ge=
rade damals so groß, daß Herr Talleyrand sich nicht ge=
traute, den vertriebenen Fürsten bei sich zu empfangen, noch
auch nur dem Baron Lützow eine Audienz zu gewähren.

Ich konnte jedoch letzteren dem Staatsrat Labesnar=
dière zuführen, der ihm möglichst Trost zusprach und anriet,
daß er zugleich mit mir nach Posen reisen und dort warten
möge, bis der Kaiser ihn vielleicht vor sich lassen würde.
Der Herzog von Mecklenburg-Schwerin ging alsbald darauf
ein; da aber die erforderlichen Veranstaltungen und die In=
struierung des Herrn von Lützow noch einiger Überlegung

bedurften, so ließ er mich noch spät in der Nacht vor meiner
Abreise zu sich kommen und beehrte mich mit dem Auftrag,
einstweilen in Posen Einleitung zu einem guten Empfang
des Herrn von Lützow zu treffen. Dem letzteren sollte dessen
Neffe, der Kammerjunker von Rantzow, mitgegeben werden,
und so knüpfte sich zwischen diesem und mir ein näheres Ver=
hältnis, was im Laufe der Zeit zum treuesten Lebensbunde
gedieh.

Es ist dies derselbe Baron Rantzow, der späterhin sich
um die verwitwete Frau Erbgroßherzogin von Mecklenburg=
Schwerin und um die Prinzessin Helene, jetzige Herzogin
von Orleans, durch treue Anhänglichkeit, Mut und Klug=
heit so überaus große Verdienste erwarb.

Ich reiste am 4. Dezember nach Posen ab, begleitet von
meinem jüngern Bruder, damals angehendem Advokaten,
der mir zum Sekretär dienen sollte. Aber es war keine leichte
Aufgabe, auf der gewöhnlichen Postroute fortzukommen. Mit
jeder Meile weiterer Entfernung von Berlin häufte sich der
Zusammendrang der im Marsch begriffenen Armeekolonnen
und besonders der Artillerie= und Bagagetrains. Postpferde
waren nur mit größter Schwierigkeit und nach oft langem
Aufenthalte zu bekommen, die Wirtshäuser überall überfüllt
oder ausgeleert, großer Mangel an Lebensmitteln häufig fühl=
bar. Doch kämpfte ich mich bis Meseritz durch, dort aber,
wo das Zusammenströmen der Kriegsleute jeder Art und die
Verwirrung grenzenlos war, und wo selbst Kuriere sich halbe
Tage lang keine Pferde verschaffen konnten, ward es mir
einleuchtend, daß auf der gebahnten Straße durchaus kein
weiteres Fortkommen für mich sei. Ich entschloß mich also,
über Tirschtigel, Neustadt und Neu=Tomischel quer durchs
Land mein Heil zu versuchen, kaufte mir fünf kleine polnische
Pferde, nahm einen polnischen Juden, der in der Gegend

wohl bekannt war, als Kutscher in Dienst und begann so
auf gut Glück meinen abenteuerlichen Zug.

Mit einem Paß vom Generalgouverneur Clarke in
Berlin versehen, fortwährend in Uniform und militärisch
bewaffnet, requirierte ich, als ein ins kaiserliche Hauptquar=
tier Beorderter, überall, wo welche aufzutreiben war, die
nötige Furage und zehrte von den Vorräten an Lebensmit=
teln, die ich fürsorglich von Berlin mitgenommen hatte. Die
Wege waren abscheulich und des Nachts an ein Unterkom=
men gar nicht zu denken. Glücklicherweise traf ich am zwei=
ten Tage zwei Adjutanten des Marschalls Ney, die gleich
mir mühselig nach Posen steuerten. Durch diese wurde mein
Fortkommen bedeutend erleichtert. Wir quartierten uns am
nächsten Abend in ein ansehnliches Landschloß ein, dessen
Besitzer sich zwar entfernt, jedoch Betten, Küche und Keller
zurückgelassen hatte.

Es fand sich, daß dieser Besitzer der Vater eines liebens=
würdigen jungen Edelmanns, Baron von Milensky war,
mit dem ich zu Erlangen studiert hatte, und der Kastellan
des Schlosses fand sich bewogen, uns desto besser zu bewirten.

Die Unterhaltung mit jenen beiden Adjutanten wurde
bald sehr belebt und interessant. Sie erzählten viel von ihren
Kriegsabenteuern in Italien, in Österreich und am Rheine
und ließen mich nähere Blicke in die Einzelheiten ihres viel
bewegten Lebens voll Strapazen, Aufopferung und Gefahren
tun, besonders aber auch in den bewunderungswürdigen
Organismus der französischen Armee und in ihre enthusia=
stische Anhänglichkeit an Napoleon. Endlich am Morgen
des 10. Dezembers trafen wir zu Posen ein, das wir von
fremden Gästen aller Art überfüllt fanden.

Der französische Kommandant wies mir zwar ein ganzes,
recht stattliches Haus nebst Garten in einer freundlichen Straße

der Vorstadt an, allein es fand sich durchaus von Bewohnern und fast allen Meubles leer, weil der Besitzer, ein polnischer Kastellan, entflohen war.

Ich mußte mich also mit den notwendigsten Bedürfnissen, so gut es gehen wollte, selbst versehen, bei deren Einkauf und Anschaffung mein polnischer Jude mir beste Dienste leistete. Dem Feuerungsbedürfnis war aber doch nicht anders abzuhelfen, als durch die Planken des Gartens und einiges in den Ställen aufgefundene Gerümpel. Schon am Abend desselben Tages machte ich dem Prinzen von Benevent meine Aufwartung und konnte mich näher mit Labesnarbière besprechen.

Ich erfuhr vorläufig, daß der Kaiser gesonnen sei, die sämtlichen fünf herzoglichen Häuser mittels eines und desselben Akts in den Rheinbund aufzunehmen, und darin, nach Verhältnis der Bevölkerung, 1800 Mann Kontingent von Gotha und 1200 Mann einschließlich 200 Mann Kavallerie und 6 Kanonen, von Weimar als Kontingent stipulieren zu lassen; vorher aber müsse ein förmlicher Friedenstraktat mit Weimar geschlossen werden, in welchem uns eine Kontribution von 2,200,000 Franken auferlegt werden würde.

So sehr ich über diese enorme Forderung erschrak, so konnte ich mir doch nicht als möglich denken, daß man einem ausgeplünderten Lande im vollen Ernste eine so unerschwingliche Anforderung stellen würde. Ich bot daher am andern Tage alles auf, um richtigere Ansichten über unsere Lage und unsere Kräfte herbeizuführen. Inzwischen erhielt ich aus Weimar Depeschen, welche mir auch noch furchtbare Requisitionen von Naturalien von seiten der französischen Kriegskommissäre ankündigten und dabei die bittersten Beschwerden über die bei dem großen Lazarett zu Jena vorgekommenen Mißbräuche enthielten. Sofort eilte ich zu dem General=

intendanten Daru, den ich in einem lebhaften Wortwechsel mit dem Marschall Lefebre wegen Mangels an Lebensmitteln und Fürsorge für das Armeekorps des letzteren antraf, und der dadurch verstimmt war, ehe ich noch meinen Vortrag be= ginnen konnte. Doch hörte er ihn ruhig an, bestritt aber heftig, daß er die Kriegskommissäre zu allen angegebenen Details der Requisitionen ermächtigt habe und daß bei dem Lazarett zu Jena so große Überfüllung und Mißbräuche statt= gefunden haben könnten. Auf der Stelle schlug er seine Listen und Rapports nach, und als ich mich dadurch keineswegs befriedigt fand, diktierte er in größter Hast drei höchst heroi= sche Verordnungen an die Kriegskommissäre und Rezeveurs zu Jena, Naumburg und Erfurt, die er augenblicklich noch in meiner Gegenwart expedierte.   .

Jene Herren verteidigten sich natürlich aufs möglichste, und als sich in der Folge ergab, daß allerdings einige kleine Einzelheiten meiner Beschwerden, auf dem Grunde der mir von Weimar und Jena zugegangenen Notizen, nicht voll= kommen richtig, ja in einigen Punkten etwas übertrieben waren, so blieb Herrn Daru davon eine so große Empfind= lichkeit zurück, daß er sie späterhin bei einem noch viel wich= tigeren Anlaß sowohl der Sache, als mir persönlich auf das bitterste entgelten ließ.

Es war eigentümlich bei diesem starren Manne, daß er brieflich weit höflicher und milder war als im mündlichen Verkehr, bei welchem man an dem Übersetzer des Horaz wenig Horazische Urbanität bemerkte. Er ging vielmehr, wie eine abgeschossene Kanonenkugel, lediglich auf sein Ziel los.

Am 12. Dezember morgens vertraute mir der kursäch= sische Bevollmächtigte, Graf Vose, daß er am Abend vorher den Friedenstraktat zwischen seinem Kurfürsten und dem Kaiser zu unterzeichnen sich bewogen gesehen, obschon die volle Leistung

der auferlegten Kontribution habe bewilligt werden müssen,
und daß Sachsen nunmehr als Königreich anerkannt werden
solle. Er fügte hinzu, daß er leider sich überzeugt habe, wie
auch für Weimar an keine Minderung der Kontribution zu
denken sei und daß er mir sehr raten müsse, mich in das Un=
abänderliche zu fügen und nur auf einen schnellen Abschluß
zu dringen, weil der Kaiser in den allerersten Tagen zur
Armee abreisen werde.

Bei meinen teilnehmenden, inzwischen ebenfalls in Posen
eingetroffenen Freunden Gagern und Dalberg fand ich
ganz dieselbe Ansicht, und Labesnarbière beteuerte mir,
daß jeder weitere Schritt zu Minderung der Kontribution
ganz vergeblich sein und nur den Kaiser noch mehr erbittern
würde. Er gehe von dem einmal festgesetzten Prinzip durch=
aus nicht ab, daß jedes bisher feindlich behandelte Land den
Frieden durch das Opfer einer vollen statistisch abgeschätzten
Jahresrevenue erkaufen müsse.

Das Einzige, was ich etwa erringen könnte, wäre eine
Herabsetzung des Militärkontingents. Man verhehlte mir
dabei nicht, daß zwei Umstände auf die Stimmung des Kaisers
gegen uns sehr nachteilig einwirkten; einmal, daß der Herzog
von Weimar nicht persönlich nach Posen gekommen, und
dann, daß die Frau Erbprinzessin=Großfürstin von Rußland
die kaiserlichen Pässe zur Rückkehr nach Weimar nicht ange=
nommen, ja nach den neuesten Nachrichten von Schleswig
nach Kopenhagen zu gehen im Begriffe stehe, um von da nach
Petersburg zu reisen.

Die Verstimmung des Kaisers hing mit dem Fehlschlagen
seiner Absicht, durch die Frau Großfürstin eine Annäherung
an Rußland zu ermitteln, ein Wunsch, den ich schon in Berlin
deutlich wahrgenommen, zusammen. Da Weimar sich darauf
nicht einließ, so bediente man sich späterhin des mecklen=

burgischen Gesandten, Baron Lützow, und fertigte demselben
in Warschau Pässe nach Petersburg aus; allein diese Mission
scheiterte gänzlich an den damaligen Ansichten des Peters=
burger Hofes.

Am Vormittag des 13. Dezember erhielt ich endlich
Audienz bei dem Kaiser, welcher die Audienzen der Herren
von Dalberg und von Gagern, sowie die des inzwischen an=
gekommenen gothaischen Gesandten, Baron von Studnitz,
unmittelbar vorangingen.

Napoleon empfing mich nicht eben unfreundlich, las
das von mir überreichte Handschreiben des Herzogs, tat mir
einige Fragen nach dem Befinden der Herzogin und hörte
meine Vorstellungen ruhig an, ohne jedoch sich darüber aus=
zulassen, vielmehr verwies er mich lediglich an den General
Duroc, dem er Vollmacht geben werde.

Am Abend sagte mir Herr Talleyrand, daß diese Voll=
machten soeben ausgefertigt worden seien, und am andern
Nachmittage erhielt ich ein Billett von Duroc mit der Ein=
ladung, mich alsbald mit den übrigen Ministern der herzog=
lich sächsischen Höfe zu ihm zu verfügen.

Es war aber außer Herrn von Studnitz noch niemand
weiter angekommen. Ich holte diesen in meinem Wagen ab,
und es kann einen Begriff von dem erbärmlichen Zustand
der damals noch ungepflasterten Straßen Posens geben, daß
wir mitten auf dem Wege in einem tiefen Loche stecken blieben
und genötigt waren, auszusteigen und im tiefsten Schmutze
zu Fuß weiter zu wandeln.

Der General Duroc war ein schöner, noch ziemlich junger
Mann, eher klein als groß, von angenehmer und feiner Ge=
sichtsbildung, dunkeln Augen und Haaren.

Seine Manieren hatten etwas Einfaches, Natürliches und
Entgegenkommendes.

Da ich ihn schon von Potsdam und Berlin her kannte, so fand ich mich ihm gegenüber um so zwangloser. Er hatte zu meiner Freude zugestimmt, daß Herr von Gagern unseren Verhandlungen gleichsam als Vermittler beiwohnte.

„Meine Herren," redete er uns an, „Sie wünschen ge= wiß Ihre Angelegenheiten so schnell als möglich geordnet zu sehen. Nun gut, das kann leicht geschehen, wenn wir nicht unnütze Worte machen. Hier lege ich Ihnen zuerst Kopie der Urkunde vor, durch welche der Kurfürst, jetzt König von Sachsen, dem Rheinbunde beitritt. Sie werden schwerlich gegen Form und Inhalt derselben etwas zu erinnern finden. Alle Punkte gehen ganz von selbst aus der Natur der Sache hervor bis auf den der Bestimmung des Kontingents, über welchen wir uns ausführlich besprechen müssen, namentlich fürchte ich nicht, daß der vierte Artikel, der die Gleichstellung der bürgerlichen und politischen Rechte der Katholiken mit denen der Protestanten ausspricht, bei Ihnen Anstoß finden werde, da die sächsischen Staaten von jeher als tolerant be= kannt sind."

Wir konnten dem beipflichten, erinnerten jedoch, bezüg= lich auf Anraten des Herrn von Gagern, daß der Besitzstand der protestantischen Kirchengüter ausdrücklich gesichert werden müsse, worauf Duroc sogleich den Artikel 4 nach unseren Wünschen ergänzte. Über den Kontingentspunkt aber wurde die Diskussion sehr lebhaft. Duroc meinte, ein Prozent der Bevölkerung zur Basis anzunehmen, sei gewiß nicht unbillig.

Demnach solle Gotha 1800 und Weimar 1200 Mann zu stellen übernehmen und so im Verhältnis die übrigen herzoglichen Höfe.

Wir remonstrierten aus allen Kräften und es gelang end= lich mit 1100 Mann für Gotha und 800 Mann für Weimar durchzukommen.

Als nun die Formation der fünf herzoglichen Kontingente in ein Regiment bestimmt werden mußte, trat Duroc mit der Behauptung hervor: da Gotha das bei weitem stärkste Kontingent stelle, so sei es auch ganz natürlich, daß das Kommando und die Inspektion des Regiments Gotha zuge= sprochen werde. Mir aber leuchtete augenblicklich ein, daß es sich hier von einer Lebensfrage handle, die notwendig auch auf das Rangverhältnis Einfluß äußern werde, ein Punkt, in welchem nachzugeben für Weimar ganz unmöglich sei, ohne alle hergebrachten Begriffe und geschichtlichen Verhält= nisse aufzugeben.

Ich bot also mit großer Lebhaftigkeit alle möglichen Gründe gegen dieses Ansinnen auf.

Ich setzte namentlich auseinander, daß die größere Be= völkerung und der größere geographische Umfang der gotha= altenburgischen Lande bloß daher komme, daß bei den Erb= teilungen im 17. Jahrhundert zwischen den beiden Brüdern Herzog Wilhelm und Herzog Ernst dem Frommen, letzterer klüglich die damals bevölkerteren und an Revenüen einträg= licheren Distrikte an Weimar überlassen, dagegen aber mehr Waldboden auf seinen Teil zu bringen gewußt habe, der in der Folge durch Anbau und Kultur einen weit größeren Wert und größere Bevölkerung gewonnen habe, während doch die Absicht gewesen, daß beiden Brüdern ganz gleiche Teile in jeder Hinsicht zugewendet werden sollten. Dabei entschlüpfte mir die Äußerung: Herzog Ernst von Gotha sei nicht nur der Fromme, sondern auch der Schlauere gewesen. Herr von Studnitz nahm dies sehr übel auf und glaubte in dieser Äußerung eine Beleidigung des Andenkens des Her= zogs Ernst zu finden, eine Interpretation meiner Worte, die ich nicht zugeben konnte, die mir aber doch späterhin von Gotha aus vielen Verdruß zugezogen hat.

Endlich wurde auf Vermittelung des Herrn von Gagern der fast bis zur wechselseitigen Erbitterung fortgesetzte Streit vorerst dahin beigelegt: daß Kommando und Inspektion des Regiments zwischen Weimar und Gotha abwechseln sollte, wobei jedoch Duroc erklärte, daß der Kaiser eine solche Fassung schwerlich genehmigen werde. Nun kam es an die Redaktion des Friedenstraktats. Ich suchte denselben ganz abzulehnen, da es mir seltsam vorkomme, zwischen einer so großen Macht wie Frankreich und dem kleinen Weimar von einem Friedenstraktat sprechen zu wollen, je weniger Weimar jemals an eine Kriegserklärung gedacht und schon durch die Zulassung zum Rheinbund eine friedliche Stellung hinläng= lich beurkundet sei.

Allein Duroc erklärte, daß von einem förmlichen Frie= densvertrag durchaus nicht abgegangen werden könne und darin für Weimar die vollkommenste Anerkennung seiner Souveränetät liege. Die zwei öffentlichen Artikel des Frie= densvertrages waren ganz unbedenklich, je einfacher sie waren, aber jetzt trat der gefürchtete geheime Artikel hervor, daß Weimar eine Kontribution von 2,200,000 Franken leisten solle und zwar so, daß ein Dritteil davon 14 Tage nach Aus= wechselung der Ratifikation des Traktats bar geleistet, die andern zwei Dritteile aber in Wechseln, zahlbar in jedem der drei nächsten Monate, je zum dritten Teil abgewährt würden.

Meine dringenden Vorstellungen konnten nur so viel be= wirken, daß General Duroc dem Kaiser nochmals Vortrag zu tun versprach.

Ich eilte nun zu dem Prinzen von Benevent und be= schwor ihn, dem Kaiser die gänzliche Unmöglichkeit vorzu= stellen, so unerschwingliche Leistungen zu übernehmen. Bei der vollsten eigenen Überzeugung von dieser Unmöglichkeit war meine Lage um so mißlicher, ja verzweiflungsvoll, als

der Herzog von Weimar sich so harte Bedingungen gar nicht
als möglich gedacht und mir für einen so extremen Fall
nicht die geringste Instruktion erteilt hatte. Die Aufregung,
in der ich war, erregte Teilnahme. Der Prinz von Bene=
vent und Labesnardière bemühten sich, mir am andern
Tage (15. Dezember) auseinanderzusetzen, daß ich unrecht
hätte, die Sache allzu tragisch anzusehen. Man würde uns
keineswegs rücksichtslos bedrängen, an den Buchstaben des
geheimen Artikels keineswegs festhalten. Der Artikel sei le=
diglich nach denselben Formeln gefaßt, die schon längerher
bei ähnlichen Friedensschlüssen eingeführt und namentlich
auch dem Traktate mit dem Königreiche Sachsen zugrunde
gelegt worden. Die politischen Konjekturen seien jetzt gerade
in beständigem Wechsel begriffen, könnten sehr bald sich gün=
stiger für Weimar gestalten; jedenfalls werde es bei dem
Frieden mit Rußland, der doch allzulang nicht ausbleiben
könnte, leicht fallen, über die Kontribution hinwegzukommen.
Es komme jetzt alles nur darauf an, schnell und ungesäumt
zum Abschluß des Friedenstraktats zu gelangen, weil nur
von diesem Augenblicke an die Souveränität der herzoglichen
Familie gerettet sein und jede Einmischung der französischen
Agenten in die Landesverwaltung, sowie jede weitere Kon=
tribution aufhören werde. Weimar möge dann immerhin
von Zeit zu Zeit Befristung der Zahlungen nachsuchen, die
billiger Weise gar nicht versagt werden könnten und würden.
Durch längere Verweigerung meiner Unterschrift des Trak=
tats würde der Kaiser nur noch mehr erbittert, was bei der
Nähe seiner Abreise zur Armee um so gefährlicher sei. Was
hingegen die Streitfrage mit Gotha über den Rang, das
Kommando und die Inspektion des gemeinschaftlichen Kon=
tingents betreffe, so werde der Prinz sich lebhaft für Weimar
verwenden.

Währenddem waren die herzoglich meiningenschen und hildburghäuser Gesandten von Erfa und von Lichtenstein endlich eingetroffen, von Koburg aber niemand.

Abends acht Uhr verfügten wir uns wieder zu dem General Duroc in das königliche Schloß.

Er eröffnete uns, daß der Kaiser hinsichtlich des Kontingents sowohl die besprochene Minderung desselben, als auch das Abwechseln des Kommandos und der Inspektion zwischen Weimar und Gotha, und daß Weimar seinen bisherigen Rang behalte, genehmigt habe, hingegen müsse es bei der bestimmten Kontribution lediglich verbleiben. Nun aber stellte sich dem Abschluß der Beitrittsakte der sächsischen Häuser zum Rheinbund die bedeutende Schwierigkeit entgegen, daß kein Abgesandter von Koburg erschienen war.

Ich kannte den Grund dieses Ausbleibens gar wohl, da der zu der Absendung bestimmte Baron Dankelmann mir sehr befreundet und in Berlin bei mir gewesen war.

Der regierende Herzog von Koburg war nämlich soeben gestorben und der Erbprinz war bei der preußischen Armee gewesen und soviel man wußte, jetzt in Rußland, daher denn dem Baron Dankelmann keine Vollmachten hatten ausgefertigt werden können. Es erschien mir von größter Wichtigkeit, die Bewandtnis nicht zu berühren, und ich war keck genug, mich zu Unterzeichnung des Traktats im Namen Koburgs anzuerbieten, indem mir genau bekannt sei, daß ein koburgischer Abgesandter unterwegs, den nur zufällige Umstände angehalten haben könnten, und für dessen Bereitwilligkeit zur Unterzeichnung der Beitrittsakte ich bürgen wolle.

Bei keiner andern Nation hätte man wohl diese Bürgschaft angenommen, Duroc aber, der nicht im geringsten pedantisch war und überdies die ganze Sache gern schnell

beendigt fah, weil er fchon wußte, noch in diefer Nacht ab=
reifen zu müffen, zeigte fich willfährig, und fo wurde das
Konzept der Beitrittsafte fogleich von uns allen figniert und
ihre Reinfchrift noch um 10 Uhr abends vollzogen, wie nicht
minder von mir der Friedenstraftat mit dem unfeligen ge=
heimen Artifel, der mir faft den Eindruck eines Todesurteils
machte. Noch um Mitternacht beftürmte ich Herrn Talley=
rand um fchleunige Ratifikation, ehe der Kaifer abreife. Und
fo blitzfchnell wurde in den franzöfifchen Bureaux expediert,
daß, obfchon der Kaifer wirflich bereits um 4 Uhr in der
Nacht abreifte, mir doch fchon am frühen Morgen des 16.
Dezember die beiden Urfunden mit Napoleons Unterfchrift
verfehen und in den foftbarften Einbänden ausgeliefert wurden.

Die große Aufregung der letzten Tage und die Erfältung,
der ich in meiner unbehaglichen Wohnung ausgefetzt war,
zogen mir einen Anfall von Darmgicht zu, der jedoch fchnell
vorüberging, fo daß ich bereits am 18. Dezember den Rück=
weg nach Berlin antreten fonnte.

Vorher noch übergab ich eine ausführliche Denffchrift
über die Anwendbarfeit oder Nichtanwendbarfeit des 34. Ar=
tifels der Rheinbundsafte auf die weimarifche Gerechtfame in
fremden Staaten, denn ich hatte allerdings große Beforgnis,
daß bei der höchft zweideutigen Faffung jenes Artifels eine
einfeitige und willfürliche Auslegung desfelben uns große
Gefahr drohe. Dies war insbefondere in bezug auf das
uralte thüringifche Geleitsrecht zu Erfurt, auf die landes=
hoheitlichen Anfprüche Weimars auf die Graffchaft Blanfen=
hain, welche letztere als eine Zubehör zu der bisher preußi=
fchen Provinz Erfurt betrachtet werden wollte, und auf die
fteuer= und oberlohnsherrlichen Rechte über die fürftlich
fchwarzburgifche Herrfchaft Arnftadt der Fall.

Was diefen letzten Punft betrifft, fo riet mir der uns

wohlwollende Staatsrat Labesnarbière, daß ich gleich nach
meiner Heimkehr und noch ehe die fürstlich schwarzburgi=
schen Häuser ihre Zulassung zum Rheinbund erwirkt hätten,
ein gütiges Abkommen mit ihnen ermitteln möge, da außer=
dem die fragliche Aufnahme in den Rheinbund erschwert
werden könnte. Denn auch der königlich sächsische Gesandte
habe schon ähnliche Rechtsverhältnisse seines Hofes auf einem
Teile des Fürstentums Schwarzburg=Sondershausen ange=
meldet.

Meine Rückreise nach Berlin war weit minder schwierig,
als es die Herreise gewesen, und ich konnte die Ruhe im Wa=
gen benutzen, um die neue Gestaltung unserer weimarischen
Verhältnisse und deren nächste Folgen nach allen Seiten zu
überlegen. Da sprang mir denn ins Auge, daß dem trüben,
ja trostlosen Eindruck, welchen der geheime Artikel des Frie=
densvertrags auf den Herzog und alle seine Angehörigen
machen würde, nur dadurch einiges Gegengewicht verschafft
werden könnte, wenn ich zugleich diejenigen Vorteile anschau=
lich machte, welche aus einer schleunigen Geltendmachung der
aus dem 25. und 34. Artikel des Rheinbundes für Weimar
entspringenden Rechte der Souveränität über die bisherigen
fürstlich taxisschen Postal=Gerechtsame im weimarischen Ge=
biet, und über die darin liegenden, oder wenigstens teilweise
entlabierten reichsritterschaftlichen Besitzungen hervorgingen.
Zugleich drang sich mir die Überzeugung auf, daß der jetzige
zu außerordentlichen Anstrengungen auffordernde Moment
benutzt werden müsse, um verschiedene innere Landesange=
legenheiten sofort nach den neuen Verhältnissen zu ordnen,
einigen längst gefühlten Bedürfnissen abzuhelfen und der
ganzen Staatsverwaltung einen frischen Aufschwung zu
geben.

Alles, was ich in den letzten zwei Monaten erlebt hatte,

die ungeheuern Bewegungen, die vor meinen Augen vorge=
gangen, die nähere Bekanntschaft, ja mitunter Vertrautheit
mit Staatsmännern, die in die Richtung der neuesten Welt=
begebnisse eingeweiht waren, und selbst die Erinnerung an die
nicht geringen Gefahren und Schwierigkeiten, die ich über=
standen hatte — alles dies erhöhte meinen jugendlichen Mut
und flößte mir eine gewisse Zuversicht ein, die bei dem Be=
wußtsein festen redlichen Wollens vor keiner weitern Schwie=
rigkeit zurückbebte.

Ich traf am Abend des 21. Dezember in Berlin ein,
fand aber den Herzog ungemein niedergeschlagen und gebeugt.
Er hielt die in dem geheimen Artikel übernommene Kontri=
bution für durchaus unerschwinglich und den Wohlstand
seines Landes so gut wie vernichtet. Seine stets gehegte Ab=
neigung gegen Napoleon war durch die neuesten Ereignisse
ungemein gesteigert.

Bis um 3 Uhr in der Nacht mußte ich ganz allein mit
ihm in der langen Zimmerreihe des Hotels, welches er be=
wohnte, auf- und abgehen und bis zur physischen Erschöpfung
alles aufbieten, um teils das Vorgegangene näher zu er=
läutern, teils seine düstern Vorstellungen von der nächsten
Zukunft einigermaßen zu mildern. Am andern Tage legte
ich ihm einen Aufsatz vor, den ich über die zunächst zu er=
greifenden Maßregeln aufgesetzt hatte. Er umfaßte 44 Punkte.
Mein Eifer gewann des Herzogs Beifall und die Prüfung
und Beschlußfassung über diese Punkte regte seine ganze Tat=
kraft auf.

Es war ein großes Glück, daß während meiner Abwesen=
heit ein vertrauter Kreis der ausgezeichnetsten und von dem
Herzog hochgeschätzten Männer sich um ihn versammelt hatte
und fast täglich bei ihm speiste. Alexander von Humboldt,
Johannes Müller, der würdige preußische Minister des Berg=

baues und Hüttenwesens Graf von Rheden, Iffland, der Chemiker Klaproth und andere Notabilitäten Berlins bildeten diesen Kreis, der erfrischend und erheiternd einwirkte.

Die Familien des Fürsten Haßfeld und des bayerischen Gesandten Chevalier de Bray, sowie die liebenswürdige Gemahlin des Ministers Grafen Rheden boten alles auf, die Abende des verehrten Fürsten durch trauliche Unterhaltung zu erheitern. So mochte denn das trübe Bild der nächsten Vergangenheit und Zukunft einigermaßen in den Hintergrund treten, und mein Antrag, sich persönlich nach Warschau zu begeben, um dem Kaiser aufzuwarten und seine Mißstimmung gegen Weimar möglichst zu beseitigen, fand guten Eingang. Der Herzog beschloß, sobald die Ratifikationen der Traktate ausgewechselt sein würden, mich auf einige Tage nach Weimar zu senden, um mit der Herzogin und dem Ministerium die dringendsten Maßregeln zu besprechen und namentlich auch die in jenem meinen Aufsatze angeregten Punkte näher zu erläutern und zu beraten, und ich darf wohl sagen, daß der Herzog in jenem Zeitpunkte mich seines vollsten Vertrauens würdigte. Am 23. Dezember sollte nachts 10 Uhr bei dem General-Gouverneur Clarke die Auswechselung der Ratifikation unseres Friedensvertrags stattfinden (die der Beitrittsakte zum Rheinbund mußte verschoben werden, weil noch nicht alle Gesandte der übrigen herzoglichen Höfe von Posen zurück waren). Allein Clarke ließ mich durch einen seiner Adjutanten ersuchen, in seinem Kabinett zu verweilen und mich einstweilen mit den neuesten Zeitungen zu unterhalten, weil ihm plötzlich eine sehr wichtige Expedition vorgekommen. Bald darauf vernahm ich ein lebhaftes Hin- und Hergehen von Militär- und anderen Personen und überhaupt in dem ganzen Teile des königlichen Schlosses, den Clarke bewohnte, die unruhigste Bewegung.

Erst nach Mitternacht wurde mir mitgeteilt, wie man Verdacht geschöpft, daß die diesen Abend von Königsberg zurückgekommene Staatsrätin Huseland viele heimliche und für das französische Interesse gefährliche Briefschaften und Aufträge mitgebracht, daher sie arretiert und jene Papiere ihr abgenommen worden.

Der Inhalt dieser Papiere führe die Notwendigkeit herbei, den kriegsgefangenen Prinzen August von Preußen, dem aus besonderer Vergünstigung bisher der Aufenthalt in Ber= lin bei seinen Eltern verstattet gewesen, noch in dieser Nacht von hier weg und nach Frankreich zu bringen. So konnte ich erst tief in der Nacht mein Geschäft mit dem General Clarke vollziehen. Eine Stunde später reiste ich nach Weimar ab und traf schon im Posthause zu Potsdam den Prinzen August von Preußen, der nun freilich über den ganzen Vor= fall und seine Transportierung in das Innere von Frankreich nicht wenig betreten war.

Ohngeachtet möglichster Eile konnte ich doch bei dem damaligen Zustand der Straßen erst am 25. Dezember nach= mittags in Weimar eintreffen.

Der Herzog hatte eine Bekanntmachung der eingetretenen politischen Veränderungen genehmigt, worin er seinen Die= nern und Untertanen lebhaften Dank für alle Treue und Anhänglichkeit, die sie in den letzten traurigen Monaten be= währt hatten, aussprach.

Alsobald abgedruckt und im Lande verbreitet, erregte diese Bekanntmachung große Freude und Beruhigung, und allenthalben gab sich die Liebe zu dem hochverehrten Fürsten auf die rührendste Weise kund. Inzwischen konnte es kaum fehlen, daß das Resultat meiner Verhandlungen nicht über= all günstig beurteilt wurde.

Niemand hatte geglaubt, daß uns im Friedensschlusse

eine so hohe Kontribution auferlegt werden würde. Man
schien hie und da zu meinen, daß ich zu nachgiebig gegen die
französischen Anforderungen gewesen, überhaupt von dem
Glanz der französischen Zustände geblendet sei. Die wahre
Lage der Verhältnisse kannte man nicht genug oder verkannte
sie. Das schnelle Avancement und die Erhebung in den Adel=
stand eines noch so jungen Dieners, zumal eines Ausländers,
ohne alles Vorwissen des Ministeriums, hatte Aufsehen, mit=
unter auch wohl Mißgunst erregt, doch war es mir beruhi=
gend, daß dies gerade bei meinen beiden älteren Kollegen,
die sich für den Augenblick verletzt halten konnten, keineswegs
der Fall war.

Auch der altberühmte verdienstvolle Minister Voigt be=
handelte mich mit dem gewohnten Wohlwollen. Dagegen
vermochte der Geheimrat von Wolzogen seine Verstimmung
nur mit Mühe zu verbergen.

Er war es, der bisher die auswärtigen Verhältnisse Wei=
mars zumeist geleitet, namentlich alle Verhandlungen mit
dem Petersburger Hof geführt hatte, bei welchem er sehr in
Gunst und Ansehen stand. Seine Welterfahrung und seine
diplomatische Gewandtheit hätten ihn allerdings zu der Mis=
sion in das französische Hauptquartier am geeignetsten ge=
macht. Allein Herr von Wolzogen war einer von jenen
Männern, die bei großem Verstand und vieler Schlauheit
doch oft allzuviel berechnen und aus angeborener Neigung,
alle Lebensverhältnisse aufs feinste und umsichtigste zu be=
handeln, doch mitunter in den wichtigsten Fällen raschen
Entschlusses ermangeln und von dem schnellen Wechsel der
Umstände überflügelt werden.

Dabei war er bequem und liebte selten, seine Meinung
entschieden herauszusagen oder sich voranzustellen, um sich
nirgends zu kompromittieren.

Er hatte meine Absendung nach Naumburg geschehen las=
sen, weil er meinte, sie würde zu keinem besondern Resultate
führen und nur ein paar Tage dauern. Als nachmals diese
meine Absendung durch unvermutete Gunst der Umstände einen
wichtigeren Charakter bekam und ich mehrmals von Berlin
aus auf seine Hinreise drang, namentlich zur Begleitung des
Erbprinzen, war er nicht dazu zu bewegen. Teils fürchtete
er seine russischen Verhältnisse zu gefährden, teils mochte
er erwarten, daß der Herzog gleich nach seinem Eintreffen in
Berlin ihn dahin berufen und allenthalben zu Rate ziehen
würde.

Daß der Herzog dies nicht getan, daß er sich lediglich
meiner bedient hatte, war ihm empfindlich und wohl noch
mehr dies, daß ich, der ich nicht die Ehre hatte, ein Glied
des Ministeriums zu sein, nun zu den wichtigsten Ver=
handlungen mit demselben Auftrag erhielt. Dazu kam, daß
meine Berichte nach Weimar mit mehr als gewöhnlicher Leb=
haftigkeit abgefaßt waren und daß ich alle mir im Interesse
des Dienstes vorkommenden Gegenstände, ohne immer aus=
drücklichen Auftrag zu haben, mit gleichem Eifer in den Kreis
meiner Tätigkeit zog.

Unter diesen Umständen wurde die Absicht, die der Herzog
bei meiner momentanen Zurücksendung nach Weimar gehegt
hatte, mehr oder weniger durchkreuzt, und um sie doch einiger=
maßen zu erreichen, sendete ich einen Kurier an den Herzog,
um die Erlaubnis einzuholen, daß ich noch einige Tage
länger in Weimar verweilen dürfe. Ich erhielt sie, der Her=
zog fertigte mir unterm 30. Dezember ein Schreiben an den
Fürsten Primas Großherzog von Frankfurt zu, welches der
Erbprinz auf seiner Reise nach Mainz zur Kaiserin von
Frankreich in Begleitung des Herrn von Wolzogen über=
reichen sollte.

Er erlaubte mir ferner, da mein Bruder seiner Berufs=
geschäfte wegen nicht länger bei mir bleiben konnte — den
damaligen Hofmarschallamtssekretär Conta [1] als Legations=
sekretär mit mir nach Warschau zu nehmen, und eröffnete mir
zugleich, daß die Auswechselung der Beitrittsakte zum Rhein=
bund bei dem Generalgouverneur Clarke durch den zum
Kammerherrn ernannten Baron von Spiegel bewirkt wor=
den sei und daß er dem General Clarke den Auftrag gege=
ben, bei dem Kaiser anzufragen, ob ihm die Hinkunft des
Herzogs nach Warschau genehm sein würde.

Die einzelnen Punkte der Beratung, die der Herzog mir
aufgetragen hatte, wurden am 30. und 31. Dezember in
zwei Ministerialsitzungen vorgetragen und erörtert, demge=
mäß die Besitznahme des Postregals, die der enklavierten
reichsritterschaftlichen Besitzungen alsbald angeordnet, nicht
weniger die Sequestration der im Inlande liegenden Perti=
nentien Erfurtischer Klöster und Stiftungen vorbereitet. Auch
wurde die Absendung des Prinzen Bernhard und eines be=
vollmächtigten Gesandten nach Dresden, sowie mehrere an=
dere augenblicklich notwendige und zweckmäßige Maßregeln
beschlossen.

Aber die von mir in Antrag gebrachte Besitznahme
der bisher — infolge eines alten Interimistikums zwischen
Mainz und Weimar — von Kursachsen in Weimars Namen
ausgeübten Landeshoheit über die Grafschaft Blankenhain
wurde von dem Ministerium zwar als rechtlich begründet
angesehen, jedoch, weil man sich ganz sicher stellen wollte,
desfalls erst noch besonderer schriftlicher Befehl des Herzogs
gewünscht. Dagegen fand man meine Vorschläge zu einem
schleunigen Abkommen mit dem fürstlich schwarzburgischen

---

[1] Spätern Präsidenten der Landesdirektion (z. E. 1850).

Hause wegen der diesseitigen Ansprüche auf die Herrschaft Arnstadt angemessen und unbedenklich. Es gelang mir auch, mit dem dortigen Kanzler von Kettelhod aus Rudolstadt, den ich ungesäumt nach Weimar eingeladen hatte, noch am 31. Dezember eine Übereinkunft dahin zu schließen, daß Schwarzburg gegen den weimarischen Verzicht auf besagte Rechte, sobald es zum Rheinbund gelassen würde, das Doppelte der bisher auf 3500 Tlr. fixierten arnstädtischen Steuer, also 7000 Tlr. durch Abtretung von Land und Leuten nach genauem Anschlag der Revenüen zu leisten versprach.

So konnte ich denn am 4. Januar 1807 nach Berlin mit dem Bewußtsein zurückreisen, durch meinen kurzen Aufenthalt in Weimar den Wünschen meines Fürsten, wenigstens soviel es an mir war, entsprochen zu haben.

Ich traf den Herzog in einer weit heiterern Stimmung, als ich ihn verlassen hatte. Er hatte sich die Lage der Sachen ruhiger überdacht und manches in milderem Lichte zu betrachten angefangen. Meine Berichte über das, was zu Weimar geschehen und nicht geschehen war, insbesondere meine Vorträge über die Ansichten des Ministeriums hinsichtlich der beratenen Punkte, gaben seiner Tätigkeit und seiner Überlegung reichen Stoff. Gar manche dieser Punkte konnten, der Natur der Sache nach, damals nicht weiter verfolgt werden, allein der Herzog verlor sie nie aus dem Gesicht und setzte sie trotz mancher Schwierigkeiten späterhin durch. Es genüge, hier nur das Institut der Kriminalgerichte und des Oberappellationsgerichts zu erwähnen. Die ganzen Vormittage mußte ich mit ihm angestrengt arbeiten, seine Beschlüsse niederschreiben und dann in Form von ihm gezeichneter Protokolle für das Ministerium in Weimar ausfertigen, nebenher noch meinerseits ausführliche Meldungen an den Minister von Voigt abgehen lassen, eine Instruktion für die

weimarische Mission nach Dresden aufsetzen, die Anschaf=
fung der Dosen und Ringe zu den schicklichen Geschenken
betreiben, mit dem Generalgouberneur Clarke fortwährend
mündlich verhandeln und mit einer Menge Personen korre=
spondieren, wozu stets ein großer Teil der Nacht mit berwen=
det wurde.

Dabei war es aber schlimm, daß der Herzog sich der Hoff=
nung zu sehr hingab, es sei mit der uns auferlegten Kontri=
bution nicht so ernstlich gemeint und es würden wenigstens
alle bisherigen Naturallieferungen nach Geldanschlag in
Aufrechnung angenommen werden. Weder das Ministerium
zu Weimar noch ich teilten diese Ansicht, obgleich nach den
von Herrn Talleyrand und andern einflußreichen Personen
mir mündlich erteilten Zusicherungen wohl anzunehmen
stand, daß, wenn wir nur erst durch Anzahlung des ersten
Dritteils guten Willen zeigten, strenge Beitreibung größerer
Summen nicht eintreten würde.

Aber schon am 11. Januar erhielt General Clarke ein
Handschreiben des Kaisers mit der Anfrage, ob Weimar An=
stalt zur Abführung des ersten Dritteils der Kontribution
mache? Nun wurde die Sache mit größtem Eifer betrieben
und wirklich bis zum 15. Januar das volle Dritteil der Kon=
tribution an den Recebeurgeneral Laboullerie zu Berlin
abgewährt, dessen schnelle Aufbringung nicht ohne große
Schwierigkeit war.

Die Korrespondenz nach Weimar über die Maßregeln zu
Zwangsanleihen im Lande und die Negotiation von andern
Anleihen bei den Bankiers beschäftigten den Herzog un=
ausgesetzt, wie nicht weniger die Verabredungen über Ein=
teilung und Ordnung des Militärkontingents, wobei der
Herzog sich des wohlmeinenden und einsichtigen Rats des
Generals Clarke und seines ersten Adjutanten, des Oberst=

leutenants Gründler, bediente. Um jene Zeit machten uns
auch die gegen Ende Dezember 1806 im Kurhessischen, zum
Teil an der Grenze unseres eisenachschen Landes ausgebroche=
nen Unruhen und Bauernaufstände große Sorge. General
Clarke vertraute mir, daß der französische Gouverneur von
Kassel einberichtet habe, man bemerke Verzweigungen dieser
Aufstände bis in das eisenachsche Gebiet. Es war auch wohl
zu fürchten, daß dort bei der gereizten Stimmung des Land=
volks die hessischen Aufstände sich leicht weiter verbreiten
würden, was uns bei Napoleon sehr großen Nachteil brin=
gen konnte. Ich schickte sogleich eine Estafette nach Weimar,
von dort wurde schleunigst eine abmahnende Proklamation
an die eisenachschen Untertanen erlassen und alle möglichen
sonstigen Maßregeln getroffen. Glücklicherweise wurde im
Hessischen der Aufstand bald gedämpft. Mitten unter so viel=
seitigen und dringenden Geschäften des Augenblicks richtete
der großartige Sinn des Herzogs sich auch auf Benutzung
der Zeitumstände zu Befestigung unserer literarischen Zu=
stände. Auf Humboldts Anraten kam es zur Sprache,
Goethe zum Kanzler der Universität Jena mit ausgedehnter
Vollmacht zu ernennen, und da Johannes Müller sich da=
mals, wo sein preußischer Gehalt ausblieb, in der miß=
lichsten Lage befand, so wurde ich beauftragt, mit ihm dar=
über zu verhandeln, daß er als Staatsrat, jedoch mit fast
gänzlicher Freiheit von allen laufenden Geschäften, in wei=
marische Dienste trete.

Es gelang mir auch, ein eventuelles Übereinkommen mit
ihm zustande zu bringen, das nur noch von seiner Ent=
lassung aus preußischem Dienst abhängig gemacht wurde.
Johannes Müller datierte das Billett, worin er meine An=
erbietungen annahm, gerade vom Jahrestage der Schlacht
von Ragoz in der Schweiz (1446).

Leider scheiterte in der Folge dieses Übereinkommen, als Napoleon in ihn drang, das Staatssekretariat in dem neu= geschaffenen Königreich Westfalen zu übernehmen. Wiebiel ruhigere und schönere Tage würde er erlebt haben, wenn er dieser Versuchung zu widerstehen vermocht hätte?

Einen seltsamen Vorfall jener Tage kann ich nicht un= erwähnt lassen. Es traf sich, während der Herzog einstmals mit jenem auserlesenen Kreise Berlins bei Tafel saß, daß der bei Prenzlau kriegsgefangene Obrist von Massenbach sich anmelden ließ.

Seine Erscheinung war dem Herzog unangenehm, doch nahm er ihn an. Als aber bald nachher Massenbach von der Schlacht bei Jena anfing und sein Benehmen dabei rechtfertigen wollte, vermochte der Herzog nicht sein kritisches Urteil über diese unselige Schlacht zurückzuhalten. Jener wollte theoretisch taktische und strategische Gründe dagegen anführen, da überlief den Herzog der Unmut so sehr, daß er ihm die bittersten Vorwürfe über sein ganzes Verhalten machte, wodurch Massenbach so außer sich geriet, daß er aufsprang und mit Zurücklassung seines Hutes davonlief.

Späterhin, im Jahre 1808, erlaubte er sich in der Vor= rede zu einem Bande seiner Memoiren heftige Ausfälle gegen den Herzog; ich war gerade in Berlin anwesend und wurde beauftragt, ihn aufzusuchen und zur Rede zu setzen; es gelang mir aber niemals, ihn zu treffen.

Um jene Zeit gab der königlich bayrische Gesandte Che= valier be Bray zu Berlin täglich nach dem Theater offenes Haus, wo sich denn nicht nur alles, was zur diplomatischen Welt gehörte, sondern auch noch viele andere Personen der höheren Gesellschaft zusammenfanden. Ich machte dort viele interessante Bekanntschaften, von denen mehrere mir viele Jahre hindurch sehr nützlich wurden. Ich will nur den ge=

lehrten spanischen Gesandten Don Pardo de Figueroa, in
dessen geistreicher Gesellschaft ich nachmals manchen frohen
Mittag genoß, den damals kaiserlich österreichischen Ge=
schäftsträger Baron Binder von Kriegelstein und den Grafen
Bombelles hier nennen, der auch späterhin mit seiner kunst=
liebenden, in mimischen Darstellungen und Gesang ausge=
zeichneten Gemahlin, gebornen Iba Brun, mir 1829 in
Florenz und 1837 in Bern die freundschaftlichste Zuneigung
betätigte.

Eigentümlich war es in diesen Abendzirkeln, daß bei der
elegantesten Ausstattung des Lokals durchaus nichts als
schöne Borsdorfer Äpfel auf zierlichen Porzellantellern ser=
biert wurden, wie denn auch bei der Lebhaftigkeit und Viel=
seitigkeit der Unterhaltung nirgends das Bedürfnis materi=
ellen Genusses aufkommen konnte.

Iffland, der dem Herzog ungemein ergeben war, be=
eiferte sich immer, im Theater nur Lieblingsstücke desselben
geben zu lassen, und es war höchst unterrichtend und anzie=
hend, ihn nun am andern Mittag über den Charakter seiner
eigenen Rollen, besonders in Shakespeareschen Stücken,
sprechen zu hören. Auch die berühmte Unzelmann, nach=
herige Bethmann, den alten Unzelmann und die verwitwete
Fleck sah ich damals in ihren bedeutendsten Rollen, und so
fehlte es, mitten unter den wichtigsten Sorgen und Geschäfts=
anstrengungen, doch nicht an manchen heiteren und erfrischen=
den Genüssen. Doch ich greife den Hauptfaden meiner Er=
zählung wieder auf.

Da die Antwort auf die Anfrage, ob der Kaiser des Her=
zogs Hinkunft nach Warschau genehmige, noch immer aus=
blieb, so beschloß der Herzog, daß ich einstweilen mit einem
Handschreiben von ihm an den Kaiser und, mit ausgedehnter
Vollmacht versehen, nach Warschau vorauseilen und mir dort

aufs dringendste Audienz erbitten sollte, während der Herzog in Berlin blieb. Ich reiste also den 17. Januar ab. Diese Reise mitten im Winter und wiederum bei oft unbahnbaren Straßen war ebenfalls ziemlich mühselig.

Einstmals blieb ich mitten in der Nacht in den tiefen Löchern eines Waldweges stecken. Der Postillon setzte sich auf die Vorderpferde, um von dem nächsten Orte Vorspann herbeizuholen.

Da aber der nächste Ort einige Stunden entfernt war, so mußte ich zehn Stunden im peinlichsten Zustande aus= halten, bis es am andern Morgen durch endlich aufgetriebenen Vorspann gelang, meinen Wagen wieder flott zu machen.

Dasselbe war, wie ich nachher erfuhr, auch dem Prinzen von Benevent und dem königlich württembergischen Minister, Grafen von Winzingerode, nur in etwas geringerem Grade, begegnet. Da die meisten Posthalter weder Deutsch noch Französisch verstanden, so kann man sich denken, wie müh= selig auch in dieser Hinsicht das Fortkommen war. End= lich, am 22. Januar mittags, langte ich in Warschau an und fand in dem Hotel de Wilna ein mir um so zusagenderes Quartier, als in demselben auch mehrere mir schon befreun= dete deutsche Abgeordnete wohnten, namentlich der würz= burgische Gesandte, Graf Reigersberg, der sächsische Geheime Finanzrat von Ferber, der Obristleutnant, nachherige Gene= ral Funk, der koburgische Abgeordnete, Baron Dankelmann, der Bankier Frege aus Leipzig, der Bankier Kaiser aus Basel und mehrere andere Deutsche.

Tags darauf meldete ich mich schriftlich bei Herrn Tal= leyrand an und wurde sofort zu einer Unterredung mit ihm und zur Mittagstafel eingeladen. Seine erste Frage war, wie es komme, daß der Herzog noch nicht hier eintreffe? Ich erwiderte — wie es denn auch der Wahrheit gemäß war —, daß der Herzog nicht ganz wohl sei, auch noch immer auf die von dem General Clarke gestellte Anfrage Antwort erwarte. Herr Talleyrand entgegnete:

„Il s'agit d'une démarche de sentiment et non pas d'affaires; c'est pourquoi on ne peut pas répondre expressément à de telles demandes, mais certainement le Duc ferait très bien de venir."

Noch am nämlichen Abend erfuhr ich, daß die Herren von Gagern und von Lützow von hier aus unterm 8. und 10. Januar dem Herzog geschrieben und ihm die Hierherreise dringend angeraten hatten. Sogleich am 24. Januar meldete ich dieß dem Herzog; allein schon am 26. Januar empfing ich ein Schreiben von ihm aus Berlin vom 19. Januar, welchem die Originalbriefe dieser Männer beilagen. In dem Gagernschen Briefe hieß es wörtlich:

„Au fait que V. A. S. se propose de venir ici, il n'y a pas d'obstacle, il ne Lui faut pas d'autre agrément spécial, et plutôt Elle arrivera, mieux Elle sera reçue."

Gleichwohl schrieb der Herzog: „Ich halte es für konsequent, eine direkte Antwort des Kaisers abzuwarten, und ich werde den 22. Januar über Dresden nach Weimar zurückkehren, wohin dringende Geschäfte mich rufen."

„Sollte mein Erscheinen in Warschau absolut nötig sein, so kann ich ja immer noch von dort aus dahin reisen."

„Wäre meine Gegenwart am kaiserlichen Hofe zu etwas Reellem nützlich, und sollte ich nicht bloß Cour dort machen, so bedeutet die weitere Distance von 30 Meilen gar nichts. Was die Geschäfte betrifft, die werden Sie am besten machen, denn Sie können besser wie ich vom Erlaß eines Teils der Kontribution reden ꝛc."

Ich stellte hierauf unterm 28. Januar dem Herzog nochmals aufs bringendste vor, wie zweckmäßig, ja absolut not-

wendig fein Hierherkommen erscheine und wie alle ihm treu
ergebenen Perfonen, namentlich auch der Erbgroßherzog von
Baden und der regierende Fürft von Waldeck, in diefer An=
ficht übereinftimmten.

Der Kaifer habe fich mehrfach darüber geäußert und
fcheine überhaupt jetzt günftiger für Weimar geftimmt; die
mir fchon zugefagt gewefene Audienz habe er jedoch bis zur
Ankunft des Herzogs verfchoben.

Ich konnte noch hinzufügen, daß das loyale und vor=
fichtige Benehmen der weimarifchen Regierung bei den kur=
heffifchen Unruhen und die Reife des Erbprinzen zu der Kai=
ferin von Frankreich den beften Eindruck gemacht und daß
Herr Talleyrand mir gefagt habe:

„J’ai bien cru qu’il plairait à l’Impératrice; c’est un
jeune prince parfaitement aimable.“

Unterdeffen hatte ich mich bemüht, für den Herzog eine
anftändige Wohnung im Hotel de Pruffe, wo auch der Kron=
prinz von Bayern wohnte, zu ermitteln; aber auf einmal
kam der Adjutantgeneral Denkel zu mir, derfelbe, der unfer
erfter Kommandant in Weimar gewefen und jetzt Stadtkom=
mandant in Warfchau war, und meldete, daß er angewiefen
fei, mir für den Herzog ein Hotel auszufuchen, und daß er
foeben ein recht paffendes gefunden habe, was er mir zeigen
wolle. Unftreitig war dies ein unzweideutiger Beweis, wie
fehr man die Ankunft des Herzogs wünfche und erwarte.

Ich hoffte von Tag zu Tag darauf mit größter Sehnfucht,
überzeugt — wie ich es nach alledem, was vorgekommen,
fein mußte —, daß unfere Angelegenheiten dadurch eine weit
günftigere Wendung nehmen würden.

Inzwifchen war mir von dem Minifterium in Weimar
mitgeteilt worden, daß von Erfurt aus eine große Natu=
ralienrequifition auf Weimar ausgefchrieben worden, die

auf 950 000 Francs Geldwert anzuschlagen sei. Da sich
der Generalintendant Daru nicht treffen ließ, so brachte
ich meine Beschwerde bei Herrn Talleyrand an, und dieser
bestärkte mich in meiner Ansicht, daß der geheime Friedens=
artikel uns von aller und jeder unentgeltlichen Leistung,
außer der stipulierten Geldkontribution, durchaus freispreche.

Ich schrieb also nach Weimar, daß man sich auf nichts
einlassen und standhaft jede Requisition ablehnen möge.
Zwei Tage darauf gelang es mir, auch von Daru selbst
die Anerkennung obigen Prinzips und einen entsprechenden
Befehl an den Kriegskommissär Lemarquant zu erwirken.
Auch mißbilligte er die uns gestellte Anforderung von Tafel=
geldern und von Fourageartionen für die blessierten franzö=
sischen Offiziere, bestand aber dagegen auf pünktlicher Ein=
haltung der Kontributionszahlungen. Ich konnte jedoch auf
dem Grunde jener vertraulichen Äußerungen des Herrn Tal=
leyrand mit Sicherheit annehmen, daß, wenn wir nur, bei
bereits berichtigtem ersten Drittteil der Kontribution, noch
bis Mitte Februar eine mäßige Summe einzahlten und wegen
des Restes des zweiten Drittteils einige vorläufige Verhand=
lungen mit dem (uns sehr freundlich gesinnten) General=
rezeveur Labouillerie zu Berlin anknüpften, zu keinen
Zwangsmaßregeln gegen uns geschritten werden wolle.

Der General Rapp, der sich schon früher in Berlin und
Posen so freundschaftlich gegen mich erwiesen hatte, lag um
jene Zeit zu Warschau krank darnieder, infolge der Blessur,
die er in dem Gefecht bei Pultusk erhalten hatte. Ich be=
suchte ihn fast täglich und erlangte durch ihn manchen
Vorteil; namentlich gab er mir zwei offene Schreiben an
den französischen Kommandanten zu Jena und den Kriegs=
kommissär zu Erfurt, um im Notfall davon Gebrauch zu
machen.

In diesen beiden Schreiben wies er auf die Gesetzwidrig=
keit ihrer Anforderung von Tafelgeldern usw. eindringlich
hin und drohte mit einer Anzeige an den Kaiser.

Der Majorgeneral, Prinz von Neufchatel, erwies sich
nicht weniger freundlich.

Es befanden sich damals zu Weimar einige und zwanzig
in den Schlachten bei Jena und Auerstädt mehr oder weniger
blessierte preußische Offiziere, deren Unterhalt uns natürlich
ziemlich belästigte. Sie alle wünschten sehnlichst, auf ihr
Ehrenwort in ihre Heimat entlassen zu werden. Ich hatte
mich deshalb bei dem General Clarke verwendet, dieser aber
getraute sich nicht, die nötige Autorisation zu erteilen. Nun
gelang es mir, sie bei dem Prinzen von Neufchatel, wenig=
stens für einen Teil dieser Offiziere, zu erwirken. Unter
ihnen befand sich der nachherige General der Infanterie
und preußische Kriegsminister von Boyen, der damals noch
Hauptmann war. Ich bewahre noch jetzt sein mir zuge=
kommenes Bittschreiben als Reliquie auf.

In dem beigelegenen chirurgischen Attestat war gesagt,
daß Herr von Boyen, da die ihm tief in der linken Lende
sitzende Flintenkugel nicht herausgebracht werden konnte,
durchaus für invalide zu achten sei.

Wie glücklich, daß dieser Ausspruch sich in der Folge
nicht bestätigt hat, vielmehr der würdige Mann noch lange
seinem Vaterlande die wichtigsten Dienste zu leisten ver=
mochte!

Höchst interessant und angenehm zugleich war es für
mich, daß ich ein für allemal zur Mittagstafel des Prinzen
von Benevent eingeladen ward. Die Stammgäste waren die
Herren von Dalberg und von Gagern, der fürstlich prima=
tische Gesandte Graf von Beust, der österreichische General
Baron Vincent — ein ebenso kluger und feiner, als dabei

schlichter und heiterer Mann, — sodann der Baron Batowski.
Dazu kamen mitunter noch zwei bis drei ausnahmsweise Ge=
ladene.

Die Unterhaltung, sowohl bei Tisch als in der darauf
folgenden Stunde, war stets ungemein belebt und anziehend,
besonders durch die witzigen und geistreichen Äußerungen des
Prinzen, der jeden Gegenstand mit wenig Worten in ein
überraschendes und eigentümliches Licht zu setzen wußte. Es
herrschte die höchste Zwanglosigkeit, jeder Gast trug nach
Kräften zur gemeinsamen Erheiterung, gleichsam zu einem
geistigen Picknick bei.

Der Prinz gefiel sich oft, nach Tische einzelne Szenen und
Situationen seines früheren Lebens in England und Amerika
mit lebhaften Farben zu schildern, oder auch an diesen oder
jenen Gast eine Frage über literarische oder soziale Gegen=
stände zu richten, die alsdann oft zu lebhafter Diskussion An=
laß gab. So erinnere ich mich, daß er uns einstmals auf
einen alten Kammerdiener aufmerksam machte, der den Kaffee
servierte. Ich glaube, er hieß Christoph. „Diesem Manne",
sagte er, „verdanke ich mein Leben und meine jetzige Existenz
in Europa; darum behalte ich ihn auch immer bei, ob er mich
gleich von Zeit zu Zeit mit seinen Rechnungen ausnehmend
übervorteilt. Als es mir nämlich in England und Amerika
nicht ganz nach Wunsch ging, faßte ich den Entschluß, nach
Ostindien und zunächst nach Kalkutta zu reisen. Ich hatte
mir die besten Empfehlungen dahin verschafft, mich in Balti=
more auf einem guten Schiffe eingemietet und eröffnete es
nun am Vorabend der Abreise meinem Diener." „„Das ist
unmöglich, mein Herr,"" erwiderte dieser, „„ich kann durch=
aus nicht zugeben, daß Sie so schnell abreisen, denn ich habe
erst gestern abend alle Ihre Wäsche der Wäscherin gegeben
und bekomme sie unter zwei bis drei Tagen nicht zurück.""

„Ich lachte anfangs über diesen Einwurf; er kam mir aber
doch wie ein Wink des Schicksals vor. Das Schiff konnte
nicht länger auf mich warten; ein anderer Franzose, der mit
mir aus England gekommen war, bat mich, ihm, wenn ich
zurückbliebe, meine Empfehlungsbriefe abzutreten. Ich tat
es; il est allé à Calcutta à ma place, et ma foi, il y est mort
à ma place!"

Von mir verlangte der Prinz immerfort aufs neue, daß
ich ihm von Wieland erzählen und die Einrichtung der Aka=
demie beschreiben sollte, welche die Herzogin Mutter Amalia
zu Weimar gestiftet habe. Er konnte sich nämlich gar nicht
denken, daß ein solches Zusammenleben großartiger Dichter
und Schriftsteller, wie es rings um die Herzogin Mutter
aufs anmutigste stattgefunden, ohne einen förmlich konstitu=
ierten Verein, ohne organische Gesetze und Vorschriften mög=
lich gewesen und ganz wie von selbst, bloß durch die mag=
netische Anziehungskraft einer kunstliebenden und liebens=
würdigen Fürstin und den einfachen Kontakt edler Naturen
entstanden sei. So oft ich auch dies ihm anschaulich zu
machen suchte, so kam er doch immer wieder auf seine Fragen
zurück. Wieland rühmte er vorzüglich als den Verfasser des
Socrate en délire.

Ich hatte nie von einem solchen Werke Wielands gehört,
bis ich endlich herausbrachte, daß Wielands Diogenes von
Sinope gemeint sei, der unter jenem Titel ins Französische
übersetzt war. Auch über Gegenstände der Industrie und der
Geschichte liebte er oftmals sich ausführlich zu besprechen,
wie es denn z. B. einstmals zu einem langen Streit zwischen
ihm, dem General Vincent und Herrn von Gagern über die
Charaktere des Tacitus, des Seneca und Cato des Älteren
kam.

Solche Gespräche nach Tafel wurden oftmals durch seine

Sekretäre unterbrochen, die ihm eine Depesche oder den Ent=
wurf eines Schreibens vorlegten.

Er fertigte sie rasch und – wie es überhaupt seine Virtuo=
sität war – mit wenigen, aber höchst präzisen Worten ab und
nahm dann gleich wieder den Faden der Unterhaltung auf.

Zu den interessantesten Bekanntschaften, die ich in die=
sen Abendkreisen machte, gehört auch der Staatssekretär des
Königreichs Italien, Albini. Er war ein überaus wissen=
schaftlich gebildeter, feiner und zartsinniger Mann, der an
den literarischen Zuständen Weimars lebhaften Anteil nahm.
Ich verdankte ihm eine große, überaus schöne Medaille, die
zu Ehren des Kaisers Napoleon kürzlich zu Mailand geprägt
worden war.

Ebenso anziehend war die nähere Bekanntschaft mit dem
preußischen Geheimrat von Dohm, dem früheren Gesandten
in vielen wichtigen deutschen Angelegenheiten und publi=
zistischen Schriftsteller. Er war damals als Deputierter des
Eichsfeldes und anderer angrenzenden Distrikte in Warschau
und genoß auch bei den französischen Behörden viele Achtung.

Um jene Zeit kam eine türkische und bald nachher auch
eine persische Ambassade in Warschau an.

Ich und mehrere andere Personen des diplomatischen
Korps waren gegenwärtig, als sie ihre Antrittsbesuche bei
Talleyrand machten, die durch das fremde Kostüm und die
damals noch sehr abstechenden Sitten und Gebräuche dieser
Orientalen, zumal auch bei Tische, höchst ergötzlich waren.

Am 28. Januar erfuhr ich, daß der Kaiser allerehestens
zur Armee abreisen würde. Ich bot daher alles auf, um ihm
das Schreiben des Herzogs, welches ich von Berlin mithatte,
noch am nämlichen Tage in die Hände zu bringen.

Dies gelang auch und der Kaiser antwortete schon tags
darauf:

„Mon Cousin, en rétablissant la paix entre nous, j'ai désiré Vous donner des gages durables de mon amitié et Vos états ont été admis dans la confédération du Rhin. Vous reconnaitrez dans cette mesure l'intention, où je suis de protéger toujours Vos intérêts, et la part que je prends à Votre prospérité. Je prie Votre Altesse d'en recevoir les nouvelles assurances, ainsi que celle de mon attachement et de mon estime.

Varsovie,
le 29. Janvier 1807.
Votre bon Cousin
Napoléon. "

Der Kaiser überging also gerade den für den Augenblick wichtigsten Punkt in dem Schreiben des Herzogs, nämlich den, ob er dessen Hinkunft nach Warschau genehmige.

Leider bekam ich erst später von diesem Schreiben Kunde, denn es wurde unmittelbar aus dem kaiserlichen Kabinett einem Kurier mitgegeben, dieser aber unterwegs von einer preußischen Streifpartie aufgefangen.

Der Herzog erhielt es erst lange nachher, so daß er nicht früher, als am 7. März, darauf zu antworten imstande war. In meinem Berichte vom 30. Januar konnte ich daher nur melden, daß der Kaiser das Handschreiben des Herzogs freund=lich aufgenommen und des ehesten darauf zu antworten ver=sprochen habe.

Ich war nach allem Vorhergegangenen berechtigt, hin=zuzufügen, daß er den Herzog ohne Zweifel mit Vergnügen in Warschau sehen würde. Aber gleich nach Abgang dieses meines Berichts erfuhr ich, daß der Kaiser soeben zur Armee abgereist sei.

Man suchte allgemein glauben zu machen, der Kaiser würde in wenig Tagen wiederkehren; allein schon am 10. Fe=bruar traf die Nachricht von der blutigen Schlacht bei Eilau ein.

Duroc, der diesmal nicht, wie gewöhnlich, den Kaiser begleitet hatte, verkündete sofort, daß ein großer Sieg erfochten sei. Es verlautete jedoch gar bald, daß die Schlacht einen sehr zweifelhaften Ausgang gehabt und die französische Armee außerordentliche Verluste erlitten habe.

An dem Benehmen der französischen Behörden war deutlich zu erkennen, daß sie sich in großer Unruhe befanden.

Aus Dresden bekam ich Nachricht von dem Herzog, daß er am 29. Januar von dort nach Weimar abreisen werde; meine dringende Depesche vom 24. Januar hatte er damals noch nicht empfangen. Ich konnte daher noch stündlich auf seine Ankunft in Warschau hoffen, aber statt dessen erhielt ich am 14. Februar einen Kurier aus Weimar, mit zwei Schreiben des Herzogs vom 4. und 6. Februar, die meine Hoffnungen gänzlich niederschlugen. In dem ersten sagte der Herzog: da er noch immer keine bestimmte Antwort vom Kaiser selbst auf seine Anfragen erhalten, so könne weder mein noch aller anderen Personen Urteil und Andringen, die er aus meinem Bericht vom 24. Januar ersehen, ihn zu der Reise bestimmen. Überdies sei er noch immer nicht ganz wohl und leide namentlich sehr an einem Ohrgeschwür.

In dem zweiten hieß es: meine Depesche vom 30. Januar sei soeben eingetroffen, und da der Herzog daraus erst eine bestimmte Äußerung des Kaisers, ihn gern in Warschau zu sehen, entnommen, so würde er – obschon noch immer nicht ganz wohl – den 7. Februar nach Berlin abgehen und von dort am 11. weiter nach Warschau reisen. Der Herzog fügte noch hinzu, daß keine Privatmeinung irgendeiner Art ihn hätte bewegen können, einen Schritt zu tun, der gewagt gewesen wäre, solange der Kaiser sich nicht bestimmt dafür erklärt gehabt hätte.

Man kann leicht denken, wie schmerzlich mir das Aus-

bleiben des Herzogs fiel, da ich gleich darauf noch erfuhr,
daß er, ſobald ihm zu Berlin Kunde von der Schlacht bei
Eilau zugekommen, wieder nach Weimar zurückgekehrt ſei.

Wie hätte ich nach allem, was die Herren Talleyrand,
Duroc und andere mit den Anſichten und Geſinnungen des
Kaiſers Vertrauteſten mir beteuerten, zweifeln können, daß
die Ankunft des Herzogs und ſein perſönliches Benehmen mit
dem Kaiſer von dem vorteilhafteſten Einfluß auf unſere Kon=
tributionsangelegenheit ſein würde, auch abgeſehen von ſo
vielen anderen noch wichtigeren Folgen? Es lag gar zu klar
am Tage, daß Napoleon ſich der Vermittelung des Herzogs
zu einer Annäherung an Rußland und zur Einleitung von
Friedensverhandlungen bedienen wolle. Wenn er auch ver=
mied, auf die von dem General Clarke geſchehene Anfrage,
ob der Herzog nach Warſchau kommen ſolle, direkt zu ant=
worten, und wenn er gleich noch in ſeinem neueſten, übrigens
ſehr verbindlichen Schreiben vom 29. Januar dieſen Punkt
übergangen hatte, ſo ließ ſich doch gar nicht denken, daß jene
ſeine Vertrauteſten ſich wiederholt und ſo bringend gegen mich
darüber ausgeſprochen, ja täglich und faſt ängſtlich nach der
Ankunft des Herzogs ſich erkundigt hätten, ohne daß der Kai=
ſer alles dies gewußt und genehmigt habe.

Es kam hinzu, daß Napoleon, der ſchon über die geringe
Eile, mit welcher der Herzog von Hamburg zu ihm nach
Berlin gereiſt war, höchſt empfindlich geweſen, aus ſeinem
Geſichtspunkte und nach ſeiner Sinnesart wohl erwarten
mochte, daß der Herzog gleich nach dem Frieden von Poſen
es ſich zur Pflicht machen würde, ihn in Warſchau aufzuſuchen
und die durch jene Zögerung in Berlin verfehlte perſönliche
Bekanntſchaft nachzuholen.

Darauf zielten unverkennbar jene Worte Talleyrands bei
meiner Ankunft in Warſchau:

„Il s'agit d'une démarche de sentiment et non pas d'affaires, c'est pourquoi on ne peut pas répondre expréssement à de telles demandes, mais certainement le Duc ferait très bien de venir."

Eine ausdrückliche Aufforderung an den Herzog aber, nach Warschau zu kommen, mußte die Politik des Kaisers vermeiden, um nicht vorzeitig seine auf die Annäherung an Rußland gerichtete Absicht zu verraten. Es ist hoch wahrscheinlich, daß umgewandt der Herzog so schwer an die Warschauer Reise ging, gerade weil er sich den Absichten des Kaisers entziehen wollte. Dazu kam seine persönliche Abneigung gegen Napoleon und der Gedanke, daß er sich nach seiner individuellen Denk= und Benehmungsweise zu Warschau sehr unheimlich fühlen würde.

Gleichzeitig mit den oben erwähnten beiden Schreiben des Herzogs erhielt ich auch eine Menge Zuschriften der weimarischen Behörden, welche unseren Finanznotstand und die unerschwinglichen Anforderungen französischer Behörden mit den lebhaftesten Farben schilderten.

Insbesondere war die damals für alle Kriegslasten bestehende Landeskommission fortwährend den ungestümen und oft einander widersprechenden Requisitionen der Kriegskommissäre ausgesetzt. Bald sollten ungeheure Lieferungen aller Art nach Erfurt zum Approvisionnement der Festung geschehen, bald die Transportmittel für die große Militärstraße verstärkt werden. Vergebens war die Vorstellung, daß, während für den letzteren Zweck schon alles Zugvieh aufgeboten sei, nicht auch jene Leistungen nach Erfurt geschafft werden könnten; vergebens berief man sich auf den geheimen Friedens=artikel, der alle weiteren Kontributionen, außer der stipulier=ten Geldkontribution, ausschloß. „Was man jetzt von Euch fordert," lautete die Antwort, „ist keine Kontribution, son=

dern nur eine Beihilfe zur Kriegsführung, die Ihr als treue
Alliierte nicht verweigern dürft."

Es gehörte die ruhige Haltung und Umsicht des Chefs
der Landeskommission, des Präsidenten Freiherrn von Fritsch,
dazu, um unter solchen Bedrängnissen dennoch Mut und
Ordnung aufrecht zu erhalten und durch gewandtes Tempo-
risieren und persönlich verbindliches Benehmen dem Anbringen der französischen Kommissäre dergestalt zu begegnen, daß
die oftmals angedrohten Exekutionsmaßregeln doch immer
noch glücklich abgewendet wurden.

Mit den Kontributionszahlungen war man bis fast zur
Hälfte des zweiten Dritteils der Summe von 2 200 000 Fr.
vorgerückt, die Aufrechnung der geleisteten Naturallieferungen
wurde aber immer schwieriger. Von allen Seiten und hinsichtlich einer Menge einzelner Beschwerden forderte man mich
zur Abhilfe auf.

Auch mit der großherzoglich würzburgischen Regierung
waren sehr verdrießliche Streitigkeiten entstanden. Der
25. Artikel des Rheinbundes sprach uns ganz unzweideutig
die Souveränität über alle enklavierten reichsritterschaftlichen Besitzungen zu und bestimmte, daß die zwischen dem
weimarischen Gebiet und anderen angrenzenden Staaten gelegenen nach Verhältnis der Angrenzung geteilt werden sollten. Hiernach war denn auch von Weimar aus Besitz und
bezüglich Mitbesitz ergriffen worden. Würzburg hingegen
war schon am 25. September 1806 zum Rheinbund getreten
und hatte im 4. Artikel seiner Beitrittsakte sich versprechen
lassen, daß ihm alle zwischen seinem Gebiet und den herzoglich sächsischen Landen liegenden reichsritterschaftlichen Besitzungen allein zufallen sollten, ja sogar diejenigen, welche
zwar von herzoglich sächsischem Gebiet ganz umschlossen, aber
nach Würzburg zu Lehen gingen.

Ich reklamierte dagegen in einer ausführlichen Denk=
schrift; allein französischerseits wollte man keinen Rückschritt
gegen den Großherzog von Würzburg tun, da man höhere
politische Gründe hatte, ihn auf alle Weise zu begünstigen.
Man erklärte mir jedoch, daß jene Konzession bloß deswegen
gemacht worden sei, damit Würzburg auf billige Austauschung
mit Weimar zur Abrundung der Grenzen eingehen sollte, und
vertröstete auf desfallsige unter Frankreichs Vermittlung ein=
zuleitende Verhandlungen.

Meine Lage zu Warschau wurde auf solche Weise in der
Tat sehr peinlich, und ich mußte dabei den unsäglichen
Schmerz erleiden, den plötzlichen Tod meiner über alles ge=
liebten Mutter zu erfahren.

In solchen Bedrängnissen richtete mich nur die überaus
wohlwollende Teilnahme und Zusprache meiner Freunde zu
Warschau einigermaßen wieder auf.

Unter diesen bewies mir namentlich auch der nassauische
Legationsrat Fabricius — nachmals vieljähriger königlich
niederländischer und herzoglich nassauischer Geschäftsträger
in Paris — die treueste Anhänglichkeit und Fürsorge.

Ich darf rühmen, daß auch der Erbgroßherzog von Baden
und der biedere Fürst Georg von Waldeck mir Beweise auf=
richtigster Teilnahme und Wohlwollens gaben. Der erstere
hatte an einem Faulfieber, der letztere an einem Beinbruche
zu Warschau daniedergelegen.

Ich besuchte sie, sooft ich nur konnte, und beide suchten
auf jede Weise den weimarischen Interessen förderlich zu sein.

Auch der Kronprinz von Bayern empfing mich öfters
bei sich und würdigte mich schmeichelhaften Vertrauens. Er
verhehlte mir nicht seine große Abneigung gegen das fran=
zösische System und wie schmerzlich ihn so vieles, was in
diesem Sinne in Bayern geschehen sei und noch vorkomme,

berühre. Ich mußte ihm viel von Schiller erzählen, den er mit Enthusiasmus verehrte und sich nicht darüber beruhigen konnte, daß er ihn nicht persönlich gekannt. Er erzählte mir, daß er im November mitten in der Nacht durch Weimar ge= kommen und sich gleichwohl auf den Friedhof habe führen lassen, wo Schillers sterbliche Überreste damals ruhten. Er fügte hinzu, daß er in den Gefechten bei Pultusk stets Schil= lers Gedichte in der Tasche geführt und sich daran in jedem freien Augenblicke erfrischt und erkräftigt habe.

Schon gleich bei meiner Ankunft in Warschau hatte ich dem Großherzog von Berg, Murat, aufgewartet, dem ich für die menschenfreundliche Aufnahme, die er mir zu Weimar am ersten Morgen nach der Schlacht von Jena, noch ehe Napoleon dort eingezogen war, gegönnt hatte, verpflichtet zu sein alle Ursache hatte. Ich war damals mitten unter den Schrecken der Plünderung, und als nirgends Rat und Hülfe zu finden war, in wahrer Verzweiflung zu ihm aufs Schloß gegangen und hatte ihm mit lebhaften Farben unseren Not= stand geschildert. Statt mich, als einen Unberufenen, von keiner Behörde Autorisierten, kurz abzuweisen, ging er mit Teilnahme auf meine Vorstellungen ein, ließ sich mit vieler Offenheit über die neuesten Kriegsvorgänge aus und gab mir zuletzt eine schriftliche Aufforderung an die Marschälle Lannes und Augereau, der Plünderung möglichst zu steuern und mir Sauvegarden zu geben für öffentliche Gebäude, für die Bäcke= reien, für die Fleischer und für andere zur Herbeischaffung der nötigsten Lebensbedürfnisse unentbehrliche Personen, wo= durch den dringendsten Übelständen des Augenblicks abge= holfen wurde. Er erzählte mir damals, daß kurz vorher eine Hofdame der Herzogin bei ihm gewesen, eine geborene Elsässerin, die ihm die leidenschaftlichsten Vorwürfe über die Plünderung gemacht und zuletzt in ihrer Aufgeregtheit so

weit gegangen sei, ihm zu sagen, wie sie sich schäme, eine
geborene Französin zu sein, da das zügellose Betragen der
französischen Soldaten den Namen Frankreichs entehre.

Er hatte gleichwohl diese Dame mit chevaleresker Artig=
keit zu beruhigen gesucht. Sooft ich ihm nun in der Folge
zu Berlin und Posen, wie jetzt zu Warschau, aufwartete, hat
er mich immer freundlich empfangen, aber stets war seine
erste Frage: „Was macht die Hofdame zu Weimar, die so
heftig auf mich einstürmte und mir so leidenschaftliche Vor=
würfe anzuhören gab?" In dem ganzen Benehmen Murats
lag etwas sehr Ritterliches und Offenes, wenngleich auch
Eitles und Selbstgefälliges. Er liebte sehr, seine schöne
Gestalt durch den buntesten Farbenschmuck, der an das
Abenteuerlichste grenzte, noch auffälliger zu machen, wobei
er jedoch stets in seine Haltung und in seine Worte etwas
Vornehmes und Verbindliches zu legen wußte. Ich habe
ihn einige Male zu Warschau in der Unterhaltung mit
Deputierten seines neuen Großherzogtums aus den ange=
sehensten Familien getroffen und auch da sein einnehmendes
Verhalten und die verständige Weise, mit der er ihre An=
reden beantwortete, zu beobachten Gelegenheit gehabt.

Am 26. Februar feierte das polnische Gouvernement die
Siege der französischen Armee durch ein feierliches Tedeum
in der Kathedrale, wozu das ganze diplomatische Korps
durch besondere Billetts eingeladen wurde. Dabei prangten
eine Menge eroberte Fahnen. Mittags war große Tafel
bei dem Oberhofmarschall Duroc und abends gab die Gräfin
Potocka einen glänzenden Ball. Vorhergegangen waren schon
mehrere andere Feste der polnischen Großen.

Ich erinnere mich besonders eines geschmackvollen Ball=
festes bei dem Grafen Stanislaus Potocki, der an der Spitze
des polnischen Gouvernements stand. Diesen Ball eröffnete

der Kronprinz von Bayern mit der schönen Gräfin Waleska, der nachmaligen Geliebten Napoleons. Zwei anmutige Fräulein von Henning überreichten dabei dem Prinzen von Benevent die zierlichsten Kränze und Gedichte, und er gefiel sich nicht wenig in ihrer munteren Unterhaltung.

Gräfin Tyszkiewitz, Schwester des heldenmütigen Prin= zen Poniatowsky, desselben, der bei Leipzig seinen Tod in den Fluten fand, und die Baronin Bronikowska versammel= ten fast täglich sehr interessante Abendkreise um sich, bei denen Herr Talleyrand selten fehlte.

Eines Abends führte der Baron Dalberg eine noch ganz junge liebenswürdige Polin Marie Wotowska bei Herrn Talleyrand ein, die schon damals durch ihr ausgezeichnetes Klavierspiel die ganze Gesellschaft zur Bewunderung hin= riß. Es ist dies dieselbe, die als Madame Szymanowska im Jahre 1823 zu Karlsbad durch ihr bezauberndes Spiel auf Goethe in seiner damals sehr trüben Stimmung einen so wohltätigen Eindruck machte, und deren Andenken er in der „Trilogie der Leidenschaft" verewigt hat [1].

Aber gegen so glänzende Feste und erheiternde Abend= kreise bildeten die beunruhigenden Nachrichten, die täglich über den Zustand der französischen Armee einliefen, einen sehr grellen Kontrast.

Man fürchtete damals in Warschau einen plötzlichen Überfall von den Kosaken, und mehrere Gesandte trafen An= stalt, im Notfall schleunig die galizische Grenze gewinnen zu können. Zu Anfang des März eröffnete Herr Talleyrand dem Corps diplomatique, daß es wohl tun würde, sich einst=

---

[1] Sie starb, nachdem sie in England, Frankreich und Italien großen Beifall erworben, im Jahre 1831 zu Petersburg an der Cholera.

weilen nach Berlin zu begeben, und daß er selbst mit seinem Bureau sofort nach Thorn abgehen werde.

Ich reiste daher gleichzeitig mit mehreren anderen deut=
schen Gesandten – nur Dalberg und Gagern blieben bei
dem Prinzen von Benevent zurück – am 4. März von War=
schau ab und kam über Breslau, wo ich dem Prinzen
Jerome, nachmaligem König von Westfalen, aufwartete,
den 13. zu Dresden an.

Verschiedene dort eingezogene Nachrichten bestimmten
mich aber, nicht sofort nach Berlin, sondern fürs erste nach
Weimar zu reisen, um über die neuesten Verhandlungen in
Warschau ausführlichen mündlichen Bericht zu erstatten.

Am 17. März traf ich daselbst ein.

Der Herzog wünschte bald nachher, daß ich auf einige
Tage nach Gotha gehen möchte, um bei dem dortigen diri=
gierenden Minister von Frankenberg die Eindrücke vollends
auszugleichen, die diesem auf die Ehre seines Hofes höchst
eifersüchtigen Manne von dem Rangstreite her, der zu Posen
zwischen mir und dem gothaischen Gesandten stattgefunden,
noch zurückgeblieben waren.

Herr von Frankenberg war ein in vielfacher Hinsicht
merkwürdiger und höchst origineller Mann. In Geschäften
ergraut, hatte er schon unter drei aufeinander folgenden
Herzögen von Gotha das größte Zutrauen genossen und
konnte billig für die Seele der gothaischen Staatsregierung
gelten.

Von Jugend auf in alle Hofgeheimnisse eingeweiht, fast
mit allen deutschen Staatsmännern und Diplomaten seiner
Zeit wohl bekannt und mit allen Feinheiten der Gesell=
schaftssprache, und besonders der französischen, vertraut
– wie er denn auch mit dem viel bekannten Baron Grimm,
der die letzten 20 bis 25 Jahre seines Lebens in Gotha

heimisch war, eng verbunden war — setzte er großen Wert
darauf, in allen auswärtigen Verhältnissen und in seinen
zahllosen Korrespondenzen eine bedeutende Rolle zu be=
haupten.

Dabei war er, trotz seiner Schlauheit, von edlem Cha=
rakter und warmem Rechtsgefühl.

Er verstand es vortrefflich, die Vorträge und Aus=
arbeitungen seiner Untergebenen klar und schnell aufzufassen
und ihnen, sowie allen seinen eigenen Äußerungen, einen
eigentümlichen Stempel aufzudrücken.

Mild und freundlich gegen jedermann, dienstfertig und
hilfreich, wo er nur immer konnte, vornehm ohne Stolz in
seinem Benehmen, wußte er sich allgemein geachtet und be=
liebt zu machen und wurde dabei von einer geistvollen und
liebenswürdigen Gemahlin unterstützt, die seine vertrauteste
Geschäfts= und Lebensfreundin war. Schon im hohen Alter
hielt er doch stets eine gewisse jugendliche, nicht selten humo=
ristische Gemütsheiterkeit fest und nahm mitten unter seinen
vielen Geschäften an den Abendkreisen, die sich täglich um
seine Gemahlin versammelten, immer, wenn auch nur kurzen
Anteil. Er war klein von Gestalt, mehr hager als stark,
und pflegte im engeren häuslichen Kreise sein langes, blondes
Haar, in einen Zopf geflochten, über seine seidene Pekesche
fast bis zur Erde herabfallen zu lassen.

Erschien er so aus seinem Arbeitszimmer plötzlich im
Salon seiner Gemahlin, so gab ihm dies ein ganz seltsames,
patriarchalisches Ansehen, und er unterließ dann niemals,
jede ihm näher bekannte Dame mit einem väterlichen Kuß
auf die Stirn zu begrüßen.

Ihm war es wichtig, von allen Verhältnissen und Vor=
gängen bei den Höfen und Regierungen Deutschlands immer
aufs schnellste unterrichtet zu sein, und man konnte bei dieser

seiner Lieblingsneigung wohl manchmal an jene Worte
denken, die Goethe seinem „Wirt" in den „Mitschuldigen"
in den Mund legte:

> Wär ich nur Kavalier, Minister müßt ich sein,
> Und jeglicher Kurier ging bei mir aus und ein.

Er schrieb täglich unzählige Briefchen und Billetts, aber
im kleinsten Format und mit den spitzesten Rabenfedern, so
daß es oft großer Anstrengung bedurfte, sie zu lesen, zumal
wenn er sich, wie nicht selten, grüner oder blauer Tinte bediente. Ich hatte Herrn von Frankenberg vorher noch nie
gesehen. Jetzt stellte mich ihm der würdige Geheimrat und
Kanzler von Ziegesar vor, der mir durch seinen Sohn,
meinen jüngeren Kollegen, befreundet war.

Ich erzählte ihm mit Offenheit den ganzen Zusammenhang der Posener Vorgänge, und wie ich mich durchaus
gedrungen gesehen habe, den General Duroc von der vorgefaßten Meinung abzubringen, daß Gotha schon ursprüng-
lich das bedeutendste unter den herzoglich sächsischen Häusern
gewesen. Ich fragte ihn, ob er denn nicht selbst, wenn z. B.
dem herzoglichen Hause Meiningen oder Koburg aus irgend-
einem Grunde der Vorrang vor Gotha zugesprochen werden
sollte, mit äußerster Lebhaftigkeit alles aufbieten würde, um
eine solche Zurücksetzung abzuwenden. Es gelang mir, ihn
zu überzeugen, daß ich dabei nichts weniger als eine Ver-
unglimpfung des hochseligen Herzogs Ernst des Frommen
im Blicke gehabt. Wir schieden nach wiederholten Besuchen
aufs freundlichste auseinander, und er hat mir nachher noch
oftmals und bis zu seinem Tode teils persönlich, teils brieflich Beweise seines Wohlwollens gegeben.

Bei meiner Rückkehr nach Weimar wurde ich durch die
Erkrankung der Herzogin Mutter Amalia tief betrübt. Die
Krankheit schien zwar anfangs unbedeutend, nahm aber sehr

bald einen gefährlichen Charakter an. Durch die Unbilden des Krieges, durch das Unglück, das sich über Preußen und über ihr eigenes braunschweigisches Haus verbreitet und ihr den letzten einzig geliebten und verehrten Bruder geraubt hatte, war ihre sonst so feste Gesundheit schon seit Monaten im stillen untergraben worden. Am 10. April nachmittags betrat ich soeben ihr Vorzimmer, um mich persönlich nach der hohen Kranken zu erkundigen, als sie wenige Minuten vorher ihren Geist ausgehaucht hatte.

Die Bestürzung, ja der verzweiflungsvolle Jammer der Damen ihrer Umgebung verkündigten mir dies auch ohne Worte. Kurz nachher erschien der Herzog. Lautlos ging er an uns vorüber; ich sah ihn an das Bett der geliebten Mutter treten und ihre erkaltete Hand ergreifen. So stand er in tiefem Sinnen unbeweglich über eine Viertelstunde.

Am britten Tage wurde die entseelte Hülle feierlich aus-gestellt; auch mich traf das Los, im feierlichen Trauerge-wande an ihrem offenen Sarge zu stehen. Die Verewigte war mir stets vom ersten Augenblick meines Eintritts in Weimar eine überaus gnädige Fürstin gewesen. Sie hatte mir vielfach Beweise von Huld und Vertrauen geschenkt. Wenn sie auf ihrem Landsitze zu Tiefurt weilte, durfte ich unangemeldet in ihrem Abendkreise erscheinen. Und wie liebenswürdig, wie heiter und zwanglos war dieser Kreis! Ich war so glücklich gewesen, der Herzogin ein Jahr früher in den braunschweig-ölsschen Nachlaßangelegenheiten nicht unwichtige Dienste zu leisten und mehrfach ihres Vertrauens gewürdigt zu werden. An meiner Mission in das franzö-sische Hauptquartier hatte sie lebhaften Anteil genommen. Noch ganz vor kurzem hatte ich ihr stundenlang davon er-zählen müssen.

Alle diese Erinnerungen stiegen lebendig in meiner Seele

auf, und so konnte denn mein Geburtstag mich nie düsterer begrüßen als jetzt, wo er mich am Sarge der hochverehrten Fürstin fand.

Am 17. April kehrte ich nach Berlin zurück. Ein sehr ärgerlicher Vorfall brachte mir sogleich die allerverdrieß= lichste Beschäftigung. Unser Kriegskontingent, das nach Pommern zur Blockade von Kolberg berufen worden war, verlor mehr als den vierten Teil seiner Mannschaft durch Desertion.

Es kostete große Mühe, den üblen Eindruck zu bekämpfen, den dies auf die französischen Behörden machte, die alle Schuld auf unsere Offiziere schoben und sie bösen Willens anklagten.

Der Prinz von Benevent schrieb mir, daß der Kaiser über diese auffallende Desertion höchst aufgebracht sei und schleunige Wiederergänzung unseres Kontingents verlange.

Diese Wiederergänzung kostete uns große Opfer. Gleich darauf wurden fünf von unseren Offizieren und sechs Unter= offiziere, welche zur Abholung der Ergänzungsmannschaft nach Berlin beordert waren, in Pyritz, unweit Landsberg, von einem kleinen Detachement des Schillschen Freikorps überfallen und gefangengenommen. Neue Vorwürfe, neue Verlegenheiten.

Unsere Offiziere waren zwar aus der Gefangenschaft ent= lassen worden, hatten aber ihr Ehrenwort gegeben, ein Jahr lang weder gegen Preußen, noch gegen Rußland zu dienen, wodurch sie uns also für die jetzige Kampagne ganz un= brauchbar wurden.

Der General=Gouverneur Clarke behauptete aber, dieses Ehrenwort sei ungültig, da es keinem regulären Militär ge= geben, sondern von Freibeutern erzwungen sei. Es wurde hierüber an den Major=General Prinzen von Neufchatel be=

richtet, der jedoch erst am 26. Mai aus Finkenstein diese
Ansicht bestätigte. Er schrieb dabei an den General Clarke:
„Les paroles d'honneur en question sont nulles. On
ne s'engage point avec des bandes de brigands dont les
individus seraient pendus ou fusillés, s'ils étaient pris."

Von Erfurt waren große Requisitionen von Naturalien
in Weimar eingelangt. Ich mußte lebhafte Vorstellungen
dagegen bei dem Generalintendanten Daru tun und bestimmt
erklären, daß, wenn dergleichen Leistungen nicht nach ihrem
Geldwert auf die Kontribution aufgerechnet werden sollten,
wir uns zu denselben durchaus nicht verpflichtet achten könn=
ten, da es in dem geheimen Friedensartikel ausdrücklich heiße,
daß wir gegen Bezahlung der stipulierten Summen von jeder
weitern Kontribution frei seien.

Daru wollte sich auf keine Zurechnung von Natural=
lieferungen einlassen, und ich beschwerte mich deßhalb bei dem
Prinzen von Benevent, der sich damals bald in Finkenstein,
bald in Warschau, bald auch, nach der Übergabe von Danzig,
in Oliva befand, wodurch seine Antwort sehr verzögert wurde.

Während ich sie in Berlin sehnlich erwartete, bekam ich
Nachricht, daß in seinem Kabinett die früheren Warschauer
Arbeiten in bezug auf eine bessere Arrondierung der Rhein=
bundstaaten wieder aufgenommen würden, ja, daß von dem
Baron von Dalberg ein dreifacher ausführlicher Plan, je
nach den verschiedenen Eventualitäten bei dem bevorstehen=
den Friedensschlusse eingereicht worden sei, bei welchem von
dem Prinzip ausgegangen werde, daß die abzutretenden
preußischen Provinzen unter die Mitglieder des Rheinbundes
nach dem Verhältnis ihrer statistischen Kräfte und Kontin=
gentsleistungen verteilt werden sollten.

Ich fand mich also veranlaßt, auch meine früheren War=
schauer Vorschläge zu zweckmäßiger Ausgleichung und Arron=

dierung der herzoglich sächsischen Gebiete wieder auf die
Bahn zu bringen und sie dem Staatsrate Labesnardière
mitzuteilen.

Man erfuhr um jene Zeit, daß Napoleon die österreichi=
sche Friedensmediation angenommen habe und daß der Gene=
ral Baron Vincent von Warschau in das Hauptquartier des
Kaisers nach Kloster Oliva abgereist sei.

Auch noch andere Umstände ließen auf einen baldigen
Frieden schließen, und so eilten denn die verschiedenen deut=
schen Gesandten zu Berlin, ihre Ansprüche und Wünsche
bei dem Prinzen von Benevent schriftlich geltend zu machen.

Da nach der Rheinbundsakte der Herzog von Nassau das
Präsidium der Fürstenbank am Bundestage führen sollte,
so fürchtete ganz besonders Sachsen=Gotha, dabei an seinem
Rang und geschichtlichen Prärogativen einzubüßen.

Der gothaische Gesandte zu Berlin, Minister von Thüm=
mel, drang daher wiederholt in mich, mit ihm gemeinschaft=
lich eine Note an den Prinzen von Benevent einzureichen,
worin für die Häuser Weimar und Gotha das Zugeständnis
der großherzoglichen Würde beantragt werde. Zu Weimar
trug man jedoch Bedenken, darauf einzugehen, wiewohl man
sich späterhin überzeugte, daß, wenn Gotha von diesem Schritt
nicht abzubringen sein sollte, man sich zu Vermeidung großen
Nachteils genötigt sehen würde, sich anzuschließen.

Mit dem Minister von Thümmel weilte damals auch
sein Bruder, der liebenswürdige Dichter Moritz von Thüm=
mel, in Berlin. Ich war schon länger her mit ihm befreun=
det und genoß in dem auserlesenen Kreise, der sich um ihn
sammelte, viele erheiternde Stunden. Der sächsische Gesandte
Baron Senft von Pilsach und seine Gemahlin, der edle
Dichtergreis von Göcking, die verwitwete Frau von der Lühe
und ihre Töchter, Johannes Müller und der berühmte Phi=

lolog Geheimrat Wolf bildeten diesen Kreis. Auch Ale=
xander von Humboldt schloß sich oftmals an und las uns
einstmals seine noch ungedruckten Ansichten der Natur vor,
wo denn namentlich der unvergleichliche Aufsatz über die
Steppen in Amerika alle Zuhörer zur Bewunderung hinriß.
Eines Tags besuchten wir sämtlich Sanssouci und Potsdam,
und es war mir ein hoher Genuß, in Gesellschaft von Jo=
hannes Müller, der mit der Örtlichkeit und jeder geschicht=
lichen Beziehung so vertraut war, die geheiligten Räume zu
durchwandeln, die der große König einst belebt hatte.

In jene Tage fiel das Geburtsfest des Dichters Thüm=
mel. Alle seine Freunde beeiferten sich, es aufs sinnreichste
und festlichste zu begehen. Eine anmutige junge Französin
wurde ausersehen, als Margot kostümiert, ihm Blumen und
Früchte aus ihrer glücklichen Heimat zu überbringen, die
ein passendes Gedicht mit scherzhaften Anspielungen auf jene
liebliche Episode in Thümmels Reisen begleitete.

Ich erinnere mich auch noch, daß die Frau Kurprinzessin
von Hessen, die Thümmel sehr hoch schätzte, ihm einen blü=
henden Rosenstock mit einem allerliebsten von ihr selbst
verfaßten Gedicht zusandte.

Der Prinz und die Prinzessin Ferdinand, Königliche
Hoheiten, beehrten mich, wie schon im letzten Winter, mit
Beweisen ihrer Huld und Gewogenheit.

Ich durfte namentlich des Sonntags in ihren Zimmern
den geistvollen Predigten beiwohnen, die Herr Ancillon, der
nachmalige Minister der auswärtigen Angelegenheiten, hielt.

Auf einmal traf die Nachricht ein, daß die Friedensver=
handlungen abgebrochen und die Armeen wieder im vollen
Marsche gegeneinander seien. Der Krieg schien sich also in
die Länge zu ziehen, und ich verließ Berlin am 7. Juni und
traf über Dessau am 10. Juni wieder in Weimar ein.

Von dem ehrwürdigen Fürsten von Dessau, dem viel=
jährig treuen Freunde des Herzogs von Weimar, nach Wör=
litz eingeladen, verlebte ich dort einen überaus genußreichen
mir für immer unvergeßlichen Tag.

Der Fürst hatte die besondere Fürsorge für mich, mir
den Dichter Matthison zum Begleiter durch die herrlichen
Parkanlagen beizugeben.

So knüpfte sich eine trauliche Bekanntschaft an, die, in
der Folge vielmals erneuert, bis zum Tode des edlen Sängers
fortbauerte.

Mein Aufenthalt in Weimar war nur von kurzer Dauer.
Die Kunden von der Schlacht von Friedland und von dem
gleich nachher, am 21. Juni, abgeschlossenen Waffenstill=
stand folgten überraschend schnell aufeinander. Es war vor=
auszusehen, daß die Friedensunterhandlungen nun ebenso
rasch zum Abschluß kommen würden.

Der Herzog von Weimar, der sich in Karlsbad befand,
sandte mir von dort den Befehl, schleunigst über Berlin in
das kaiserliche Hauptquartier zu reisen, um die Interessen
des weimarischen Landes möglichst wahrzunehmen. Aber
schon zu Berlin ereilte mich die Nachricht, daß der Friede
mit Rußland am 8. Juli wirklich abgeschlossen worden, daß
der mit Preußen unfehlbar am zweiten oder dritten Tage
darauf nachfolgen solle und daß der Kaiser Napoleon dann
unverzüglich über Dresden nach Paris zurückreisen werde.
Ich verfügte mich daher augenblicklich nach Dresden und
sendete dem Herzog einen Kurier nach Karlsbad, damit er
womöglich noch vor Ankunft des Kaisers eintreffen könne.
Als der Herzog am 17. Juli morgens in Dresden anlangte,
erfuhr man, daß der Kaiser noch an demselben Abend seinen
Einzug halten würde und daß der König von Sachsen im
Begriff sei, ihm nach Bautzen entgegenzureisen. Dem

Herzog war sehr daran gelegen, den Rat des Königs noch
vor seiner Abreise darüber einzuholen, wie seine, des Her=
zogs, Vorstellung an den Kaiser am kürzesten und schicklich=
sten eingeleitet werden möchte.

Nach den damaligen Dresdener Hofverhältnissen war es
aber ganz unmöglich, auf dem geordneten Wege so schnell
an den König zu gelangen.

Der Herzog verfiel also auf den Gedanken, mir einige
Zeilen an den König zu geben und mich durch den weima=
rischen Geschäftsträger von Verlohren auf einer geheimen
Treppe unmittelbar in das Vorzimmer des Kabinetts Sr.
Majestät führen zu lassen. Ich fand in demselben den Gra=
fen Marcolini und den Minister Grafen von Bose, die beide
nicht wenig erstaunt, ja erschrocken waren, wie es mir habe
gelingen können ein in Dresden unerhörter Fall — bis
hierher in die unmittelbare Nähe des Monarchen zu bringen.

Ich brachte mein Anliegen vor, und beide Herren be=
gaben sich sogleich zum König, von dem sie mir den münd=
lichen Bescheid zurückbrachten, Se. Majestät werde unver=
züglich von Bautzen aus dem Herzog durch einen Feldjäger
antworten.

Diese Antwort traf auch noch am nämlichen Abend ein
und lautete: daß der König bei des Kaisers Ankunft in
Dresden ihm nur seine nächsten Familienglieder vorstellen
könne, dem Herzog aber rate, sich bei dem Kaiser förmlich
anmelden zu lassen.

Der Einzug des Kaisers erfolgte gleich darauf und war
höchst feierlich. Ich suchte nun gleich den kurz vorher ein=
getroffenen Prinzen von Benevent auf und fand ihn im
Brühlschen Palais. Die lange festliche Abendtafel, an der
er gleichwohl ganz allein mit dem berühmten Prinzen von
Ligne saß, machte mir einen ganz seltsamen Eindruck. Man

hatte erwartet, daß er ein großes Gefolge um sich haben,
oder doch viele Gäste bitten würde, er aber zog es vor, der
lang entbehrten geistreichen und witzigen Unterhaltung mit
dem Prinzen von Ligne ganz zwanglos froh zu werden.

Der letztere war längst mit dem Herzog von Weimar
sehr vertraut und ihm herzlich ergeben; seine Gegenwart
hinderte mich also nicht im geringsten, meine Anliegen zu
berühren. Der Prinz von Benevent nahm mich sehr freund=
lich auf, meinte aber, alles Geschäftliche würde wohl auf
Paris verschoben werden, wohin ich dem Kaiser folgen müsse.
Für jetzt sei nur das Wichtigste dies, daß der Herzog so bald
wie möglich dem Kaiser aufwarte.

Am andern Morgen wurde ich zu diesem Zweck aufs
Schloß gesendet, und es gelang mir, durch den Oberstall=
meister Caulincourt, Herzog von Vicenza, zu erwirken, daß
der Kaiser den Herzog sogleich „um 12 Uhr präzis" zu sich
einlud.

Sehr vergnügt, dem Herzog eine so erwünschte Nachricht
bringen zu können, eilte ich zu ihm zurück; aber wie erschrak
ich, als ich nicht nur den Herzog nicht mehr in seinem Hotel
fand, sondern auch niemand von seinem Gefolge mir angeben
konnte, wo er anzutreffen sei. Endlich fand man ihn in dem
botanischen Garten des Königs, wohin er, ohne zu ahnen,
daß die Bestimmung des Kaisers so rasch erfolgen würde,
sich von seiner Lieblingsneigung hatte führen lassen.

Bis nun der Herzog auf dem Schlosse anlangen konnte,
war schon eine geraume Zeit über die bestimmte Stunde
verstrichen; der Kaiser hatte vergebens gewartet und einst=
weilen dem Herzog von Gotha und dessen Bruder, dem
Prinzen Friedrich, Audienz erteilt

Er empfing nun den Herzog sichtbar verstimmt; auch
der Herzog war es, und so konnte es nicht fehlen, daß diese

so lang ersehnte, so oft mißglückte Zusammenkunft auf beiden Seiten ungünstige Eindrücke hinterließ.

Kaum war der Herzog mit mir in den Wagen gestiegen, als er ausrief:

„Welch ein gewaltiger Unterschied zwischen Friedrich dem Großen und diesem Kaiser! Welch eine ganz anders imposante Erscheinung war doch Friedrich! Nichts von allem, was er mir sagte, könnte mir Bewunderung oder Zutrauen einflößen.“

Wir fuhren nun zu dem Herzog von Gotha.

Dieser war noch ganz entzückt von dem ausgezeichneten Wohlwollen, mit dem Napoleon ihn und seinen Bruder empfangen hatte. Unter anderem hatte der Kaiser ihre in= nige Anhänglichkeit aneinander sehr belobt, und sie hatten sich beide in seiner Gegenwart zärtlich umarmt.

Am Abend gab der neue französische Gesandte in Dres= den, der alte Baron Bourgoing, ein großes Fest, bei wel= chem auch alle anwesende deutsche Fürsten und das ganze Gefolge des Kaisers erschien[1]. Da die Friedensbedingungen noch nicht bekannt waren, so kann man sich denken, in wel= cher großen Spannung die Gesellschaft sich befand.

Nur dies wurde am andern Morgen bekannt, daß Polen wieder als ein selbständiges Reich hergestellt und dem König von Sachsen unter dem Titel eines Herzogs von Warschau übertragen sei, und daß die abgetretenen preußischen Pro= vinzen als ein neues Königreich dem Bruder des Kaisers, dem Prinzen Jerome, verliehen werden sollten. Man mußte

---

[1] Bourgoing stand in Ungnade bei Napoleon. Als aber sein Sohn sich in dem Gefecht bei Pultusk ungemein ausgezeichnet hatte und verwundet worden war, wurde dem Vater unvermutet die Ge= sandtschaft am Dresdner Hofe verliehen und so der Sohn im Vater belohnt.

also fürchten, daß auch die Provinz Erfurt dem neuen Kö=
nigreiche einverleibt werde.

Das Bild aller der unzähligen Schadensfolgen, die nun
für Weimar bevorstanden, trat mir aufs lebhafteste vor die
Seele, und das Gefühl der Verzweiflung ist unbeschreiblich,
mit welchem ich damals über die schöne Dresdner Brücke
fuhr, um diese trostlose Nachricht dem Herzog zu hinter=
bringen, der in der Neustadt wohnte.

Dieses Gefühl steigerte sich noch, als wir aus allen Um=
ständen schließen konnten, daß in dem Frieden von Tilsit
die weimarischen Interessen gar nicht berührt seien, nament=
lich über den Erlaß der französischen Kontribution nichts
stipuliert sei, während doch die Wiedereinsetzung der mecklen=
burgischen Herzöge in ihre Staaten und die Aufhebung der
über das Herzogtum Koburg verhängten Sequestration be=
dungen worden war.

Nun folgten sich in den nächsten Tagen Feste auf Feste,
aber wer konnte ihnen mit ruhigem Herzen beiwohnen?

Unter der Menge interessanter Fremden machte ich beson=
ders eine Bekanntschaft, die mir für das ganze Leben wichtig
wurde. Es war die des Baron Reinhard, nachmals Grafen
und vieljährigen Gesandten Frankreichs am Bundestage zu
Frankfurt, und zuletzt in Dresden und Weimar.

Württemberger von Geburt und bewährter Diplomat
zu London, Neapel, Florenz, in der Schweiz und zu Ham=
burg, war sein Herz doch immer deutsch geblieben, und er
hatte kürzlich zu Karlsbad Deutschlands Stolz, Goethe, ken=
nen gelernt, dem er mit Enthusiasmus anhing. Dies Ver=
hältnis brachte mich ihm bald näher und näher, ich stand
von 1816 bis zu seinem Tode 1837, mit ihm in vertrautem
Briefwechsel und darf wohl die Freundschaft dieses edlen,
geistreichen Mannes mir wahrhaft zum Lebensgewinn rechnen.

Ich wurde zu den Gratulationscouren bei dem König und der Königin von Sachsen eingeladen.

Beide Majestäten äußerten sich gegen mich aufs teilnehmendste über die weimarischen Verhältnisse, und die Königin verhehlte mir nicht ihre Besorgnis, daß das persönliche Benehmen des Herzogs gegen den Kaiser bei diesem keine günstige Stimmung hervorgebracht habe. Um so mehr schien viel darauf anzukommen, daß der Kaiser vermocht würde, seine Rückreise nach Frankreich durch das Weimarische, nicht über die kürzere Militärstraße durch Buttelstedt, wie es verlautete, sondern über Weimar selbst zu nehmen und dort wenigstens ein Frühstück einzunehmen, wo sich dann, besonders bei der hohen Achtung, die Napoleon der Herzogin Louise widmete, günstige Eindrücke hoffen lassen konnten. Ich wendete daher alles an, um die nächste Umgebung des Kaisers für die Reiseroute über Weimar zu stimmen.

Die desfallsigen Anordnungen hatte zunächst der Oberstallmeister Caulincourt zu treffen, und dieser versprach mir, soviel irgend an ihm liegen könnte, für unsere Wünsche zu wirken, doch schien es ihm noch zweifelhaft, ob der Kaiser, der bereits ein Mittagsessen bei dem Herzog von Gotha angenommen habe, von seinem Plan, den kürzesten Weg über Buttelstedt zu wählen, abzubringen sein würde.

Am Vormittag vor der Abreise des Kaisers ward Abschiedsaudienz für die fremden Gesandten angesagt.

Als der Kaiser mich fragte, wie die Herzogin von Weimar sich befinde, besann ich mich nicht lange zu antworten: „Sie wünscht nichts sehnlicher, als Ew. Majestät bei Ihrer Rückreise nach Paris in Weimar einkehren zu sehen, und ohnehin ist der Umweg gegen die Militärstraße höchst unbedeutend."

Napoleon erwiderte hierauf sehr freundlich: „Wenn es

der Herzogin Freude macht, will ich es recht gern tun. Ich
werde mit Caulincourt darüber sprechen."

Nun eilte ich zu letzterem und verlangte feste Zusicherung.
Sofort fertigte ich einen Kurier nach Weimar ab und alles
schien aufs erwünschteste eingeleitet. Doch auch diesmal
sollten unsere Hoffnungen scheitern. Der Kaiser, gegen Abend
von Dresden abgereist, traf schon so zeitig vormittags in
Weimar ein, daß der Herzog, der nach aller Berechnung ihn
erst später erwartete, kaum Zeit hatte, ihm einige hundert
Schritte entgegenzureiten. Napoleon aber hatte geglaubt,
ihn schon an der Landesgrenze zu finden und war über dieses
Versäumnis so empfindlich, daß er nur an der Post umspan=
nen ließ und sogleich weiter nach Gotha fuhr. Der Herzog
begleitete ihn zwar bis Erfurt und auf die dortige Festung,
allein der günstige Moment in Weimar war und blieb ver=
säumt.

Wie groß war mein Verdruß, als ich am andern Tag
nachkam. Bald darauf langte auch der Staatsrat Labes=
nardière an und speiste bei mir mit Herrn von Dohm und
Baron Fischler.

Wir verabredeten, gleichzeitig nach Paris zu reisen, jedoch
über Würzburg, damit dort unter Labesnardières Vermitte=
lung die Streitigkeiten zwischen Würzburg und Weimar
möglichst ausgeglichen werden könnten.

Labesnardière reiste einen Tag voraus, weil ich erst noch
meine Instruktionen von dem Herzog einholen mußte.

In Würzburg eingetroffen, begab ich mich sogleich zu
dem dirigierenden Minister Grafen von Wolfenstein, der aber
die Verhandlungen lediglich dem Staatsrat von Seiffert
überließ.

Herr von Seiffert war ein stattlicher Mann von mitt=
leren Jahren und von würdigem, etwas feierlichem Anstand.

Er war früher akademischer Lehrer und Schriftsteller und hatte schon als Geheim=Referendar unter den Fürstbischöfen von Würzburg fast alle Geschäfte mit großer Einsicht geleitet. Auch in die neuen französischen Verhältnisse hatte er sich schnell mit großer Gewandtheit gefunden.

Mit wie vieler Artigkeit er auch die Vermittelung des Staatsrats Labesnardière aufnahm, so sah er sie doch nichts weniger als gern und bequemte sich nur dazu, um jenen nicht zu verletzen. Mit eindringender Beredsamkeit machte er die Vorteile geltend, die der vierte Artikel der würz= burgischen Rheinbundsakte seinem Hofe, Weimar gegenüber, einräumte, demzufolge nicht nur alle vormals reichsritter= schaftlichen Besitzungen, die zwischen Würzburg und dem weimarischen Gebiete lagen, sondern auch die von letzterem gänzlich umschlossenen an Würzburg überlassen waren.

Ich erkannte sehr bald, daß ein vorteilhaftes Abkommen nur dann zu ermöglichen sei, wenn das ganze weimarische Vordergericht Ostheim von etwa 3000 Seelen gegen würz= burgische Distrikte, die unmittelbar an das weimarische Ge= biet grenzten, ausgetauscht würde.

Denn jenes Vordergericht ist gänzlich von würzburgischem Gebiet umschlossen und daher seine Administration für Weimar sehr beengt und mit vielen Nachteilen und Schwierigkeiten verknüpft, für Würzburg hingegen ist es gerade seiner geo= graphischen Lage wegen von weit größerem statistischen Wert.

Die abzutretenden würzburgischen Distrikte würden für Weimar eine weit bessere Grenze gebildet haben, und Würz= burg konnte sich, um das Vordergericht Ostheim zu erlangen, sehr wohl geneigt bezeigen, uns bei der wechselseitigen Ab= rechnung und Ausgleichung Vorteile einzuräumen, die für unsern Anspruch auf einen Teil der reichsritterschaftlichen Besitzungen entschädigten.

So kam denn auch tief in der Nacht ein Staatsvertrag auf dieser Basis zustande, der, meiner Überzeugung nach, unter den einmal vorliegenden Umständen nichts weniger als ungünstig für Weimar erschien.

Allein der Herzog lehnte in der Folge die Ratifikation ab, weil er sich nicht entschließen wollte, angestammte Unter= tanen abzutreten, auch wohl hoffen mochte, späterhin Würz= burg noch zur Nachgiebigkeit hinsichtlich der reichsritter= schaftlichen Besitzungen zu bewegen, eine Hoffnung, die jedoch nicht in Erfüllung ging.

Am andern Morgen reiste ich gleichzeitig mit Labes= nardière von Würzburg ab und über Frankfurt und Metz Tag und Nacht bis Paris. Gar gern hätte ich hier und da bei manchem interessanten Punkt einige Stunden verweilt, allein Labesnardière, der sich gewaltig nach Paris sehnte, führte beständig den Spruch im Munde:

„En voyage l'essentiel est d'arriver."

Dritter Abschnitt
August bis Dezember 1807

Ich langte am 5. August abends in Paris an, und meine erste Sorge am andern Morgen war, mich bei dem Prinzen von Benevent anzumelden. Er empfing mich gleich tags darauf sehr freundlich und sagte mir, daß ich, um bei dem Kaiser zur Audienz zu gelangen, mich an den Oberzeremonienmeister, Grafen von Ségur, wenden müsse. Ich tat es schriftlich und erhielt zur Antwort, daß er dem Kaiser meine Ankunft gemeldet, aber noch keinen weitern Bescheid erhalten habe. Wie erschrak ich nun, als ich am andern Morgen im Moniteur lesen mußte, daß Talleyrand das Portefeuille der auswärtigen Angelegenheiten verloren habe und dagegen zum Vize-Grand-Electeur ernannt worden sei, eine bloße Ehrenstelle, die ihn von jeder unmittelbaren Einwirkung auf die auswärtigen Angelegenheiten ausschloß. Jetzt wurde es mir nur allzu deutlich, warum er mich an den Oberzeremonienmeister verwiesen hatte! Alle schönen Hoffnungen, die ich auf Talleyrands freundliche Geneigtheit für die weimarischen Anliegen gebaut hatte und mit so vielem Rechte bauen konnte, waren mit einem Male vernichtet. Herr von Champagny, bisher Minister des Innern, hatte das Portefeuille des Auswärtigen erhalten, weil der Kaiser, argwöhnisch über die vielen Verbindungen, in denen Talleyrand mit fast allen deutschen Gesandten und deren Höfen stand, und mehr oder weniger unterrichtet von den bedeutenden Geschenken, die er empfangen hatte, rasch beschloß, ihn, unter dem Scheine der Beförderung zu einer der höchsten Ehrenstellen, von allen diplomatischen Geschäften zu entfernen. Ich kannte Herrn von Champagny nicht im geringsten, und ebensowenig kannten ihn die übrigen deutschen Ge-

sandten, die daher dieselbe Bestürzung wie ich empfanden.
Als ich mich gleich tags darauf schriftlich bei ihm anmeldete
und um Bestimmung einer Stunde, wo ich ihm aufwarten
könnte, bat, bestimmte er sie mir für den 14. August. Ich
fand einen feinen, etwas wortkargen, gleichwohl recht freund=
lichen und höflichen Mann, dem man jedoch alsobald eine
gewisse Ängstlichkeit bei jeder Äußerung anmerken konnte.
Seine erste Frage war, wie denn unsere Kontributionsan=
gelegenheiten ständen, und ob ich beauftragt sei, die ver=
sprochenen Zahlungen zu leisten, wobei er merken ließ, es
scheine, der Kaiser wolle mich nicht gern früher sehen und
auf neue Angelegenheiten eingehen, bis die alten berichtigt
wären. Im Laufe des Gespräches äußerte er noch, daß man
den Kaiser glauben gemacht, ich sei persönlich schuld an der
Verzögerung der Kontributionszahlung, worauf ich ihm
auseinandersetzte, wie wenig dies der Fall sei und wie nur
die fortwährende Weigerung des General=Intendanten Daru,
unsere bedeutenden Auslagen für das große Lazarett zu Jena
und für Naturallieferungen in Zurechnung auf die Kon=
tributionszahlungen anzunehmen, sowie der gänzlich er=
schöpfte Zustand unserer Landeskassen an der eingetretenen
Verzögerung schuld seien. Der geheime Artikel bei dem
Friedensschlusse zu Posen enthalte die bestimmte Zusicherung,
daß Weimar gegen Entrichtung der stipulierten 2 200 000
Frank von allen weiteren Kontributionen frei bleiben solle,
und somit glaubten wir, auf die Zulassung jener Aufrech=
nungen ein unzweideutiges Recht zu haben. Herr von Cham=
pagny hörte mich aufmerksam an, begehrte aber, daß ich
ihm ein ausführliches Memoire zu vollständiger Darlegung
unserer Kontributionsverhältnisse einreichen möchte, was
ihn in den Stand setze, den Kaiser von dem Ungrunde der
von dem General=Intendanten Daru angebrachten Be=

schwerden zu überzeugen. Ich versprach dies und schilderte
ihm lebhaft, wie peinlich es für mich sei, gerade jetzt den
ersehnten Moment verzögert zu sehen, wo ich dem Kaiser
das eigenhändige Glückwünschungsschreiben meines Fürsten
zu seiner Rückkehr überreichen und dessen ehrerbietigste Ge=
sinnungen ausdrücken könnte. Herr von Champagny ver=
sprach, sobald er mein Memoire empfangen werde, sogleich
dem Kaiser weitern Vortrag zu tun und suchte mich einst=
weilen dadurch zu beruhigen, daß er mir versicherte:

„Que je pouvais bien être convaincu, qu'il n'y avait
dans tout cela rien d'injurieux ni pour moi personnelle-
ment, ni bien moins encore pour le Duc, mon maître."

Mein Memoire ließ nicht auf sich warten. Allein schon
am 19. August erhielt ich von Herrn von Champagny die
schriftliche Antwort:

„Que Sa Majesté l'Empereur et Roi se ferait toujours
un plaisir de donner à Son Altesse Sérénissime le Duc
de Saxe-Weimar des temoignages de Sa bienveillance;
mais qu'elle regardait comme un préalable indispensable
l'exécution entière et complète des engagements que Son
Altesse Sérénissime avait pris avec la France par le traité
de Posen, afin qu'aucune discussion sur cet objet ne pût
rien mêler de pénible aux relations de parfaite amitié
qu'Elle se plaira toujours à entretenir avec la Cour de
Weimar.

L'intention de Sa Majesté était que tout ce qui était
rélatif aux arrangements susdits, soit traité et terminé par
M. l'Intendant Général de l'Armée, chargé dès le principe
des affaires de cette nature."

Tags darauf wartete ich dem Minister wieder auf und
setzte ihm auseinander, daß es uns absolut unmöglich sei,
den Rest der Kontribution abzuführen, wenn uns nicht ge=

räumige Fristen gestattet oder Landesobligationen auge=
nommen werden wollten, und daß wir alle Ursache hätten,
zu fürchten, daß der General = Intenbant Daru nach seiner
strengen Sinnesart jeden solchen Antrag zurückweisen würde.
Er erwiderte mir aber: „Der Kaiser werde gemessene und
gewiß nicht allzu strenge Instruktionen an Daru erteilen,
von denen dieser nicht abweichen dürfe. Denn Se. Maje=
stät sei keineswegs gemeint, uns weh zu tun, Daru sei jetzt
in Berlin, wohin wir ja sofort einen Abgeordneten senden
und alles ins klare bringen könnten; bevor aber Daru
darüber berichte, könne er, Herr von Champagny, in dieser
reinen Geldsache durchaus nichts weiter tun. Dem Kaiser
sei allerdings berichtet worden, daß ich dem Receveur=Gene=
ral Labouillerie die alsbaldige Sendung eines Bankiers, der
alles berichtigen solle, versprochen, und ihn dadurch verleitet
hätte, unsere Kontributionsreste sogar schon in Einnahme
zu stellen, was zu großen Unordnungen geführt und den
Kaiser sehr ärgerlich gemacht habe. Ich erfuhr später, daß
Daru dies schon in Königsberg dem Kaiser erzählt, ihn
gegen mich aufgereizt und die Idee erweckt hatte, daß ich,
auf Talleyrands Gunst und Verwendung pochend, unsere
Zahlungen durch Vorspiegelungen jeder Art hinzuhalten
suche. Nun hatte ich allerdings dem Receveur=General in=
folge von Weimar erhaltener Eröffnungen angekündigt, daß
der Bankier Eichel von Eisenach ehester Tage zu ihm kommen
werde, um unsere Kontributionsangelegenheiten zu berich=
tigen. Allein Eichel lehnte unvermutet den ihm gewordenen
Auftrag ab, was ich damals in Warschau nicht ahnen konnte;
ebensowenig, als daß alle Hoffnungen scheitern würden, die
man zu jener Zeit in Weimar auf die mit verschiedenen
Bankiers eingeleiteten Verhandlungen baute. Es wurde
mir nicht schwer, Herrn von Champagny von meiner Un=

ſchuld zu überzeugen, aber für weit ſchwieriger hielt es der=
ſelbe, den Kaiſer von ſeiner einmal vorgefaßten Meinung
abzubringen.

Ich hatte nun nichts Eiligeres zu tun, als einen Kurier
nach Weimar abzuſenden und dringend darauf anzutragen,
daß man ſofort einen bedeutenden Mann an Daru nach
Berlin abordnen und alles aufbieten möge, um mit ihm
ſchnellmöglichſt ein leibliches Übereinkommen zu treffen. Ich
ſetzte auseinander, wie ſehr jeder Vorſchritt in den mir
übertragenen wichtigen Geſchäften gehemmt ſei, ſolange die
Kontributionsangelegenheit nicht beſeitigt wäre. Ich ver=
ſchwieg nicht, wie ich zuverläſſig erfahren, der Kaiſer habe
ſich ſehr verwundert, daß der Herzog ihn nie perſönlich über
unſere Kontributionsangelegenheit angegangen und daß es
ihn ſehr verdrieße, die Frau Erbprinzeſſin=Großfürſtin noch
nicht von Schleswig zurückgekehrt zu wiſſen. Sein Unmut
ſei noch dadurch vermehrt worden, daß man ihm manche
allzu freimütige Äußerung hinterbracht habe, die der Herzog
in Töplitz getan haben ſollte. Bei dieſer üblen Stimmung
des Kaiſers mußte ich es für rätlich anſehen, daß jene Rück=
kehr der Frau Erbprinzeſſin möglichſt bald erfolge, und daß
ſodann ihr Gemahl perſönlich in Paris erſcheine. Denn der
Kaiſer lege auf beides großes Gewicht, um alle Welt zu
überzeugen, daß er mit Rußland in dem allerinnigſten Ver=
hältniſſe ſtehe. Herr von Talleyrand, der mir kurz nach
ſeinem Austritt aus dem Miniſterium ſagte:

„Si nos rélations d'affaires ont cessé, ce n'est pas la
même chose pour nos rélations d'amitié;“
habe hinzugefügt:

„Le prince héréditaire ferait très bien de venir à Paris.“

Ich befand mich in einem ſeltſamen Zuſtande; aus der
Ruhe des bürgerlichen Lebens und eines geordneten Geſchäfts=

berufs plötzlich herausgerissen und in eine mir ganz fremde
Welt versetzt, hatte ich seit zehn Monaten so viel Bedeutendes
erlebt, so vielen Wechsel von Sorge und Bedrängnis, Gunst
des Zufalls und überraschenden Begegnissen erfahren, daß
meine von Natur schon sehr lebhafte Empfänglichkeit für
äußere Eindrücke immer noch gesteigert, mein Inneres in
fortwährender Aufregung und Spannung geblieben war.
Mein Eintritt in die große Weltstadt, in diesen Mittelpunkt
aller politischen Bestrebungen und zugleich aller erdenkbaren
Kunst= und Lebensgenüsse, schien von den günstigsten Auspi=
zien begleitet. Mit den einflußreichsten Männern der Ge=
schäftssphäre, in welcher ich mich zu bewegen hatte, mehr
oder weniger vertraut, ja von einigen entschieden begünstigt,
mit den meisten deutschen Gesandten in freundlichem Ver=
hältnis und mit mehreren von ihnen durch persönliche Zu=
neigung innig verbunden, war mein Auftreten in dieser
neuen Welt mir ungemein erleichtert. Fast täglich knüpften
sich neue interessante Bekanntschaften, neue zusagende Ver=
hältnisse mit Leichtigkeit an. Ich durfte hoffen, bald glück=
liche Schritte zu Lösung meiner Aufgabe tun zu können und
dem Zutrauen meines Fürsten zu entsprechen. Jetzt aber
sah ich mich plötzlich durch die verweigerte kaiserliche Audienz
in allen meinen Unternehmungen gelähmt, durch die Ent=
fernung des Prinzen von Benevent aus dem Ministerium
meiner mächtigsten Stütze beraubt, durch den höchst bedenk=
lichen Gang, den unsere Kontributionsangelegenheiten ge=
nommen, in ein neues Meer von Sorgen und Zweifeln
versenkt. Es betrübte mich aufs äußerste, durch meine Be=
richte nach Weimar dort gleich im ersten Beginne meiner
Pariser Laufbahn die unangenehmsten, ja die düstersten Ein=
drücke erwecken zu müssen. In der Ungewißheit, wie man
meine Berichte und Anträge aufnehmen, zu welchen Maß=

regeln man sich entschließen würde, kann ich Tag und Nacht
auf Auswege und Mittel, eine günstigere Konstellation un=
serer Verhältnisse hervorzubringen. Meine näheren Freunde,
Senft, Gagern, Fabricius, Labesnardière, nahmen redlich
teil an meinem Zustande; aber sie selbst fanden sich in allen
ihren Kombinationen desorientiert und in mannigfacher
Verlegenheit. Während man geglaubt hatte, daß es gleich
nach der Rückkehr des Kaisers mit Ernst und Eifer an die
Feststellung der deutschen Angelegenheiten gehen würde,
stockten jetzt alle Geschäfte. Herr von Champagny war noch
zu wenig mit ihnen vertraut, und seine Ängstlichkeit und
Förmlichkeit bildeten einen auffallenden Kontrast gegen die
Leichtigkeit und Sicherheit, mit der Herr von Talleyrand
selbst die wichtigsten Angelegenheiten mehr nur gesprächs=
weise, aber bei allem seinem Lakonismus stets mit entschei=
denden Andeutungen behandelt hatte.

Der Kaiser war, seit seiner Rückkehr beständig in St. Cloud
verschlossen, erst ein einziges Mal des Abends nach Paris
gekommen. Endlich, am 15. August, erfolgte sein feierlicher
Triumpheinzug in Paris. Die Pracht desselben ist kaum zu
beschreiben, sein fast nur aus Kristall und Gold zusammen=
gesetzter Wagen, in welchem er im vollen Krönungsornate
saß, war von den acht schneeweißen Pferden gezogen, die man
dem Marstall zu Hannover entführt hatte. Eine zahllose
jubelnde Volksmenge umströmte die reichgeschmückten Pforten
von Nôtre Dame, in die er, von den Prinzen seiner Familie,
allen Großwürdenträgern und seinem Generalstab im glän=
zendsten Kostüm umgeben und gefolgt, feierlichen Schrittes
einzog. Ich entsinne mich noch lebhaft des seltsamen Ein=
drucks, den die hohe männlichschöne Gestalt Murats, des
Großherzogs von Berg, in ihrem theatralisch hervorstechen=
den, fast abenteuerlichen Kostüm auf mich machte. Dagegen

kontrastierte das markig gedrungene, rundliche und bräun=
liche Gesicht Napoleons, der, fortwährend rechts und links
grüßend, die scharf blitzenden Augen ruhig imponierend um=
her warf, gewaltig gegen den üppigen, fast weibischen Krö=
nungsornat, der gar wenig zu diesem korsischen Gesichte paßte.

Tags darauf gab der Kaiser eine große diplomatische
Audienz; er ließ dabei seinem Unwillen gegen England freien
Lauf und sagte, in Vorahnung der englischen Absichten auf
Kopenhagen, zu dem dänischen Gesandten:

„Je trouve, que le prince royal est fort déplacé à Kiel,
et devrait être à Copenhague à la tête de ses troupes et de
ses vaisseaux."

Die meisten deutschen Fürsten trafen nun nach und nach
in Paris ein; der Fürst Primas, der Großherzog von Würz=
burg, der Erbgroßherzog von Baden, der Fürst von Nassau=
Weilburg, der Fürst von Dessau usw. Ich versäumte nicht,
ihnen aufzuwarten. Herr von Gagern stellte mich dem Fürst
von Nassau vor, für den er das schöne Hotel der Madame
Récamier gemietet hatte, die damals wegen des Bankerotts
ihres Gemahls sich in Genf bei Madame Staël aufhielt.
Der Fürst, ein höchst gebildeter Mann vom feinsten Anstand,
war überaus freundlich gegen mich und lud mich mehrmalen
zur Tafel. Da wurde mir auch der Genuß zuteil, in dem
einzigen Zimmer, welches Madame Récamier sich vorbehalten
hatte, ihr lebensgroßes vielbewundertes Bild von Gérard zu
schauen. Ich konnte damals nicht ahnen, daß ich 34 Jahre
später zu Paris, bei näherer Bekanntschaft mit der berühm=
ten Frau, sie noch im vollen Besitz, zwar nicht ihrer Schön=
heit, aber doch ihrer Liebenswürdigkeit und geistigen Anmut
finden würde. Äußerst wohlwollend gegen mich erwiesen sich
der Erbgroßherzog von Baden und seine eben erst angetraute
junge Gemahlin, die Prinzessin Stephanie. Der erstere hatte

mir schon zu Berlin, Posen und Warschau viele Teilnahme gegönnt; die letztere, eine zarte Hebe=Gestalt, war wirklich das anmutigste Wesen, das man sich nur denken kann, höchst unbefangen, graziös und verbindlich in jeder ihrer Äuße= rungen. Der ehrwürdige Fürst von Dessau gewährte mir bei seiner großen Anhänglichkeit an den Herzog von Wei= mar mehre vertrauliche Unterredungen. Bei einer derselben lernte ich auch den berühmten Grafen Rumford kennen, mit dem der Fürst im innigsten Freundschaftsbund stand. Um jene Zeit gab die Großherzogin von Berg, Schwester des Kaisers, ein glänzendes Abendfest im Palais Elysee=Bour= bon. Ich hatte die Ehre, schriftlich dazu eingeladen zu werden; da ich aber dem Kaiser noch nicht vorgestellt war, so rieten mir meine diplomatischen Freunde, von der Einladung keinen Gebrauch zu machen.

Von dem Kurfürstentum Hannover, von den Universi= täten Göttingen und Halle fanden sich zahlreiche Deputierte ein, ihren Beschwerden und Wünschen möglichst Eingang zu verschaffen. Mit Rehberg, Blumenbach, Niemeyer und dem Kabinettsrat Rode aus Dessau glückte es mir, freundschaft= liche Verbindungen zu knüpfen, die durchs ganze Leben fortdauerten.

Sehr interessant war es mir, an dem zwanglosen Abend= kreise teilzunehmen, den der berühmte Archäolog Millin wöchentlich einmal um sich versammelte. Auch der Abbé Gregoire (ehemals Bischof zu Blois), dieser unermüdliche Verteidiger der Juden und Neger, lud mich zu seiner wöchent= lichen Abendgesellschaft ein. Ich hatte ihn schon vor einigen Jahren ihn Tiefurt kennen gelernt, wo ihn Wieland bei der Herzogin Amalie einführte. Bei ihm lernte ich stets merk= würdige Männer des In= und Auslandes kennen, z. B. den jungen Dänen Brönbsted, der aus leidenschaftlicher Verehrung

für Plato und um ihn besser zu verstehen, die Reise nach
Griechenland machte; den Dänen Hayberg, den amerikani=
schen Gesandtschaftssekretär Wachten, einen überaus feinen
und vielseitig gebildeten jungen Mann; den portugiesischen
Gelehrten Correa; den als agronomischen Schriftsteller be=
rühmten Lasterie, der fast ganz Europa durchreist hatte, um
sich mit der Geschichte der Landwirtschaft und Nationalindu=
strie vertraut zu machen usw. Nichts konnte anziehender sein,
als einen solchen Kreis von jungen und älteren Männern
der verschiedensten Nationen, Studien und Lebenszwecke sich
hier harmlos und zutraulich begegnen und ihre Ansichten
und Erfahrungen austauschen zu sehen.

Gregoires sanftes, ruhiges Äußere, das Wohlwollende
seines ganzen Benehmens, flößte alsobald Achtung und Ver=
trauen ein und war ganz dazu gemacht, einem aus so ver=
schiedenen Elementen zusammengesetzten geselligen Vereine
zum sichern Mittelpunkt zu dienen. Man mochte sich kaum
erklären, wie dieser anspruchslose Mann, der keinern andern
Leidenschaft als für reine menschliche Gesittung und Huma=
nität fähig schien, sich in der Revolutionszeit vom Wirbel
der politischen Meinungen so heftig habe hinreißen lassen.
Es ist dies aber eine Erfahrung, die man zu Paris gar oft
macht; ich habe mehre bedeutende Männer von der recht=
lichsten und menschenfreundlichsten Gesinnung gekannt, die
gleichwohl in der Revolution zu grenzenloser politischer Lei=
denschaft aufgebraust waren.

Gregoire, der lange in Deutschland umhergereist war,
lobte höchlich die deutschen Gelehrten und literarischen In=
stitute, ja, er fügte hinzu, daß er den deutschen National=
charakter für weit besser als den französischen halte, der nebst
dem italienischen der allerverdorbenste sei.

Eine feierliche Sitzung des französischen Instituts, der

ich beiwohnte, gab mir ein ganz neues Schauspiel. Fran-
çois de Neufchateau hielt die Lobrede auf den verstorbenen
Duc de Nivernois; dann rezitierte der alte blinde Abbé De-
lille Fragmente aus seinen damals noch ungedruckten sati-
rischen Gedichten le bavard, l'adulateur und le silencieux,
welche stürmischen Beifall fanden; noch weit stürmischer aber
wurde dieser Beifall, als am Schlusse die auf Napoleon
bezügliche Stelle vorkam: „Rome est dans sa tête toute
entière." Auch den jovialen Dichtergreis Marquis de Bouff-
lers lernte ich kurz darauf bei einem Diner kennen, das Herr
von Thümmel zu Ehren der Frau von Senft gab. Seine
noch keineswegs vertrocknete Dichterader ließ ihn ein sehr
artiges Quatrain improvisieren, als er auf die Gesundheit
dieser Dame trank. Ein ganz verschiedenes Interesse erregte
mir der päpstliche Legat, Kardinal Caprara. Seine Diners
waren die wenigst prunkvollen, aber es war höchst merkwürdig,
die schlichte doch geistvolle Weise des alten schlauen Italieners
in der Nähe zu beobachten, der bei damaligen Verhandlungen
über das Konkordat dem Kaiser Napoleon so viel zu schaffen
machte.

Doch ich kehre zu meinen diplomatischen Aufgaben zurück.
Die Geltendmachung der weimarischen Hoheitsrechte auf die
Grafschaft Blankenhain war eine meiner wichtigsten. Zwischen den Grafen von Haßfeld, welche das Privateigentum
der Grafschaft Blankenhain als Lehen von Kurmainz besaßen,
und dem herzoglichen Hause Weimar hatte über den Umfang
der Hoheitsrechte des letztern langer Streit bestanden, und
es verzögerte sich die reichsgerichtliche Entscheidung. Da kam
denn im Jahre 1665 ein Interimistikum zustande, nach
welchem der Kurfürst von Sachsen die Hoheitsrechte über
Blankenhain im Namen Weimars ausübte, zu fortwährender
Anerkennung dieser weimarischen Hoheitsrechte aber jährlich

eine Summe Geldes an Weimar entrichtet wurde. Nach dem
Aussterben der Grafen Hatzfeld fiel das von ihnen besessene
Lehn an Kurmainz zurück und gelangte 1803 mit der Pro=
vinz Erfurt an Preußen, nach dem Tilsiter Frieden aber an
Frankreich. Da nach Aufhebung der Reichsgerichte der ver=
altete Prozeß nicht mehr entschieden werden konnte und ohne=
hin die bloß persönlichen Ansprüche der Grafen von Hatzfeld
mit deren Aussterben längst erloschen waren, so forderte Wei=
mar mit vollem Recht die Aufhebung jenes Interimistikums.
Ich hatte schon zu Dresden erwirkt, daß der sächsische Ge=
sandte zu Paris zu der Erklärung autorisiert wurde, der Kö=
nig von Sachsen willige in diese Aufhebung und sei bereit,
die Ausübung der Hoheitsrechte auf Blankenhain an Wei=
mar zurückzugeben. Als ich nun gleich in den ersten Tagen
meines Eintreffens in Paris dem Herrn von Champagny
ein ausführliches Memoire über diese Angelegenheit übergab,
erfuhr ich, daß der Kaiser den Fürsten Primas über die Be=
wandnis der Sache befragt, und daß dieser sehr zweifelhaft
über die Gültigkeit der weimarischen Ansprüche sich geäußert
habe. Ich hatte daher von neuem eine Menge von Zweifeln
und Einreden zu bekämpfen, und als mir dies endlich ge=
lungen schien, hieß es abermals, der Kaiser müsse sich eine
Entscheidung bis nach Berichtigung unserer Kontributions=
angelegenheit vorbehalten.

Eine andere kritische Angelegenheit war die des Rang=
verhältnisses der herzoglich sächsischen Höfe im Bezug auf
den Rheinbund. In diesem war ausgesprochen, daß die
Bundesgeschäfte in zwei besondern Kollegien verhandelt wer=
den sollten, in deren einem nur Könige und Großherzöge,
in dem andern aber alle übrigen Fürsten unter dem Präsi=
dium von Nassau sitzen sollten. Die herzoglich sächsischen
Höfe liefen also Gefahr, aus ihrem althergebrachten Range

verdrängt zu werden. Gotha, dem dies noch weit unerträg=
licher vorkam als dem weimarischen Hofe, bot daher alles
auf, die großherzogliche Würde zu erlangen, und stützte sich
dabei auf seine stärkere Bevölkerung und Kontingentsstellung,
besonders aber auf die persönliche Gunst, in der es bei Napo=
leon zu stehen glaubte. Der gothaische Gesandte, Minister von
Thümmel, trieb mich fortwährend an, mit ihm gemeinschaft=
liche Sache zu machen, und schlug vor, daß man wenigstens
darauf bringen solle, daß Weimar und Gotha zusammen
eine alternative Stimme im königlichen Kollegium erhalte,
während die übrigen Herzöge von Sachsen im Fürstentum
Platz nähmen. Dies schien mir aber in mehrfacher Hinsicht
bedenklich. Es war zu fürchten, daß, wenn die Sache jetzt
zur Sprache käme, ehe die Mißstimmung des Kaisers durch
Berichtigung unserer Kontribution gehoben wäre, seine Ent=
scheidung gegen uns ausfallen möchte, und überdies konnten
wir uns ja schmeicheln, daß, wenn Rußland sich irgend für
uns interessierte, die Rangangelegenheit am leichtesten zu
günstigem Ausgang kommen würde. Es kam mithin alles
darauf an, zu verhindern, daß Gotha nicht einseitige Schritte
in der Sache tue, und ich konnte zufrieden sein, daß mir dies
nicht mißlang. Nun trat aber ein anderer Umstand ein, der
alle Gesandten deutscher Höfe zweiten Ranges gewaltig in
Bewegung setzte. Herr von Champagny erklärte auf einmal,
daß Frankreich nur von den königlichen und großherzoglichen
Höfen Gesandte annehmen könne und werde, von allen übri=
gen nur Geschäftsträger. Weimar und Gotha konnten für
sich anführen, daß sie früher stets Gesandte und bevollmäch=
tigte Minister am kaiserlichen Hofe zu Wien unterhalten
und von Zeit zu Zeit gleiche Gesandtschaften von dort emp=
fangen hätten; ja, Gotha berief sich auch darauf, daß es in
der Person des Baron Grimm lange Jahre einen Gesandten

in Paris unterhalten habe. Alle Reklamationen führten
jedoch am Ende nur dahin, daß man übereinkam, die frag=
lichen Abgeordneten sollten dem Kaiser bloß nach ihrem
persönlichen Rang und Titel, ohne alle diplomatische Be=
zeichnung, vorgestellt werden, während Herr von Champagny
versprach, sie in allen geschäftlichen Beziehungen ebenso an=
zusehen und zu behandeln, als ob sie wirklich als Gesandte
akkreditiert wären. So wurden denn die Abgeordneten von
Gotha, Meiningen, Hildburghausen, Koburg, Dessau usw.
dem Kaiser endlich am 6. September in dieser Weise vorge=
stellt und zwar in frühester Morgenstunde in einer großen
Audienz, die er zu St. Cloud gab. Es ist dies die berühmte
Audienz, in welcher er sich über viele politische Tagesfragen
mit so großer Heftigkeit äußerte und namentlich jenen grellen
Ausspruch sich erlaubte:

„La maison de Braganza a cessé de régner!"

Ich hatte mich von allen Diskussionen über Annahme
oder Nichtannahme von Gesandten der deutschen fürstlichen
Höfe ziemlich fernhalten können, da ich mich bis jetzt zu
Posen, Warschau und Dresden, namentlich auch in dem
Friedenstraktat von Posen selbst, und in allen Zuschriften,
die ich in Paris von den verschiedenen Ministerien und Groß=
würdenträgern erhielt, als außerordentlichen Gesandten und
bevollmächtigen Minister anerkannt und bezeichnet fand, die
Verzögerung meiner Audienz bei dem Kaiser aber nicht auf
einem Zweifel an meiner diplomatischen Eigenschaft an sich,
sondern lediglich auf unserm noch unberichtigten Kontri=
butionspunkt beruhte.

Eine weit wichtigere Sorge veranlaßte die Ungewißheit,
wem bei Feststellung der deutschen Angelegenheiten das Ge=
biet Erfurt zugeteilt werden würde? Hierbei war Weimar
auf das allerwesentlichste interessiert. Zwar schien die an=

fängliche Befürchtung, daß es zu dem neuen Königreich
Westfalen geschlagen werden würde, verschwunden; aber
noch viele traurige Möglichkeiten blieben übrig. Für Wei=
mar, das für sich selbst auf den Besitz von Erfurt nicht hoffen
durfte, wäre es ohnstreitig am wünschenswertesten gewesen,
wenn der König von Sachsen es erhalten hätte, dabei aber
Blankenhain und die aus weimarischem Gebiet nach Erfurt
zu entrichtenden ansehnlichen Zinsen an Weimar gefallen
wären. Darauf hinzuwirken, war ein Hauptpunkt meiner
Instruktion; auch versuchte ich es auf alle Weise. Es schien
nicht unmöglich, dieses durchzusetzen, dafern nur Sachsen
sich zu einigen Abtretungen für die Abrundung des König=
reichs Westfalen, namentlich in der Gegend von Sanger=
hausen und Langensalza, erboten hätte. Allein die sächsische
Regierung wagte nicht mit bestimmten Anträgen hervorzu=
treten und begnügte sich, nur ganz schüchtern die Hoffnung
anzudeuten, daß ihr Interesse bei der Disposition über Erfurt
nicht unberücksichtigt bleiben werde.

Um diese Zeit wurden die deutschen Abgeordneten auf=
gefordert, Übersichten über die in den verschiedenen Gebieten
befindlichen Enklaven benachbarter Staaten behufs zweck=
mäßiger Ausgleichung und Abrundung einzugeben. Ich
brachte eine solche hinsichtlich der weimarischen Lande mit
möglichster Vollständigkeit in wenig Tagen zustande und
übergab zugleich eine Karte, die es versinnlichte, wie leicht
mittelst Konzession eines Teils des Erfurter Gebiets nicht
nur die weimarischen Lande, sondern auch die übrigen
Sachsen=Ernestinischen Lande zweckmäßig abgerundet und in
besserm Zusammenhang gebracht werden könnten. Mein
Entwurf fand nicht nur im auswärtigen Ministerium, wo
Herr Labesnardière ihn tätigst unterstützte, sondern auch zu
Weimar Beifall. Man konnte jetzt wieder glauben, daß es

dem Kaiser Ernst sei, die deutschen Angelegenheiten gründlich
zu ordnen. Er berief den Fürsten Primas eigens zu sich,
um über die verschiedenen Vorschläge zu beraten. Ich erfuhr
von dem letztern, daß seine Idee, zwei Reichstribunale für
Deutschland zu errichten, nicht durchgegangen sei, daß aber
alle Streitigkeiten zwischen Fürsten als solchen und die
Reklamationen der mediatisierten Fürsten von dem Bundes=
tag selbst entschieden werden sollten, dem man sechs bis
acht Rechtsgelehrte als Reichsreferendarien zuordnen wolle,
welche alle streitigen Sachen bearbeiten und mit einem
gemeinschaftlichen Votum dem Bundestag vorlegen sollten.
Der Bundestag solle nur alljährlich einmal auf zwei Monate
zusammenkommen, die Reichsreferendarien aber permanent
in Frankfurt bleiben. „Les affaires d'Allemagne, habe der
Kaiser geäußert, sont plus compliquées, que je ne pensais.
Il ne s'agit pas seulement de faire, mais aussi de bien faire.
J'ai promis aux princes allemands une souveraineté complète et je veux tenir parole." Aber auf einmal geriet wieder
alles ins Stocken.

Das lange Ausbleiben meines nach Weimar abgesendeten
Kuriers versetzte mich in große Spannung. Endlich traf
er am 12. September ein und brachte mir manche erfreuliche,
aber auch manche unbefriedigende Nachricht. Meine Berichte
waren nicht ohne Wirkung geblieben. Die regierende Frau
Herzogin war nach Schleswig abgereist, um dort näher aus=
einanderzusetzen, wie wünschenswert die baldige Rückkehr der
erbprinzlichen Herrschaften nach Weimar sei. Nach dieser Rück=
kehr solle über die von mir angeregte Reise des Erbprinzen
nach Paris entschieden werden. Der Herzog befand sich noch
in Töplitz, hatte aber meinen Bericht sogleich nach Schleswig
mitgeteilt. Gleichzeitig war ein Schreiben des Receveur=
General Labouillerie in Weimar eingelangt, welches meldete,

daß der Kaiser uns drei Friſten, jede von drei Monaten, zu
Abtragung des Kontributionsreſtes verwillige; darüber ſoll=
ten Wechſel mit fünf Prozent Intereſſen und in Paris zahlbar
ausgeſtellt werden. Man hatte ſogleich erwidert, daß man in
Betracht der vielen Nebenkoſten, welche eine Zahlung in
Paris machen würde, vorzöge, das erſte Drittel unſerer Schuld
alsbald in Leipzig bar zu leiſten, und nur ſehr bitte, die
Wechſel für die übrigen zwei Friſten auf Leipzig oder Frank=
furt ſtellen zu dürfen. Dabei hatte man um Mitteilung
eines Formulars für die Wechſel gebeten und unter dieſen
Umſtänden eine perſönliche Abſendung nach Berlin erſparen
zu können geglaubt, obſchon der Herzog ſie von Töplitz aus
bereits gebilligt hatte. Die Landeskommiſſion ſchrieb zugleich
an den Generalintendanten Daru, um ihn zu bewegen, daß
er nicht nur die veränderte Zahlungsweiſe genehmige, ſondern
auch bei dem Kaiſer ſich dafür verwenden möge, daß unſere
Lieferungen in die Lazarette und Magazine in Aufrechnung
genommen würden. Leider zeigte ſich nur gar zu bald, daß
das Unterlaſſen jener Abſendung großen Nachteil brachte.
Daru ſchlug jede Aufrechnung entſchieden ab. In ſeinem
Schreiben hieß es unter anderm:

„L'Empereur est peu satisfait des retards qu'on a portés
à acquitter les contributions de Weimar, et je crois qu'il
est de l'intérêt bien entendu du pays de ne pas persister
à croire les conseils qui Vous ont été donnés pour pro-
longer des délais, qui en dernière analyse font infraction
formelle du traité.

Vous m'invitez à solliciter une décision qui Vous
permette d'imputer sur cette contribution les fournitures
que le pays a faites à l'armée; je ne puis pas le faire
et je le tenterais sans succès. Vous fondez cette de-
mande sur le traité; d'abord c'est le traité même qui

porte positivement que le pays acquittera une contribution
de 2 200 000 Frcs.

Sans donte, le pays, depuis la paix, ne doit pas en sup-
porter de nouvelles, mais il doit comme membre de la
confédération entretenir les troupes qui passent sur le
territoire et prendre part aux dépenses qu'occasionne la
guerre.

Vous savez qu'en Saxe l'imputation que Vous sollicitez,
n'a point eue lieu, et elle ne sera point admise pour le
Duché de Weimar.

D'après cela il ne peut plus rester aucune incertitude
sur le montant de la somme qui Vous reste à acquitter et
je mande à Mr. La Bouillerie d'en opérer la perception.‘

Mündlich hätte man Darus bittern Unmut gegen Wei=
mar, der auch aus diesem Schreiben hervorblickte und, wie
ich wohl wußte, zunächſt gegen mich gerichtet war, weit eher
beſchwichtigen und dabei auf ſeine literariſche Eitelkeit ge=
ſchickt einwirken können, wie dies z. B. der ſchwarzburgiſche
Abgeordnete, Kanzler von Kettelhodt, mit gutem Erfolg ge=
tan hatte. Und man hätte wenigſtens lebhaft darauf dringen
können, daß Daru unſere Annahme der vom Kaiſer geſtellten
drei Friſten und die unverweilt geſchehene bare Leiſtung der
erſten Friſt ſofort nach Paris berichte. Nun aber unterließ
Daru dies recht abſichtlich und die mit ihm und dem Rece=
veur=General über Nebenpunkte noch weiter angeſponnene
Korreſpondenz verzögerte den reinen Abſchluß der Sache.
Ich mochte Herrn von Champagny noch ſo oft dartun und
ſelbſt durch Vorlegung der Briefe, die Daru und Labouillerie
nach Weimar geſchrieben hatten, beweiſen, daß wir durch
augenblickliche Barzahlung des erſten Drittels unſeres Kon=
tributionsreſtes ſogar mehr, als von uns gefordert, getan,
und für die übrigen zwei Drittel die vorgeſchriebenen Wech=

sei ausgestellt hätten, immer hieß es, „Daru hat noch nicht
berichtet, und nur auf dem Grunde seines Berichtes kann
dem Kaiser angezeigt werden, daß alles in Ordnung sei".
Endlich mußte man sich doch in Weimar entschließen, den
Präsidenten der Landeskommission an Daru nach Berlin
abzusenden und ihm den Legationsrat Falk mitzugeben, der
geeignet schien, auf Darus literarische Eigentümlichkeit ein=
zuwirken. Gegen diese beiden entlud sich nun Daru seiner
ganzen Gereiztheit gegen mich, die, wie schon oben bemerkt,
durch meine zu Posen geführten pflichtmäßigen Beschwerden
über die Mißbräuche bei Verwaltung des großen Lazaretts
zu Jena entstanden war. Inzwischen gelang es doch, endlich
ihm das Versprechen, sofort nach Paris zu berichten, abzu=
gewinnen. Aber er hielt nicht Wort, sondern berichtete erst
mehrere Monate später, als die von Weimar ausgestellten
Wechsel auch wirklich abgezahlt waren. Noch im Sommer
1808 zu Berlin, als ich auf diese uns so nachteilige Ver=
zögerung hindeutete, sagte er mir:

„Vous m'aviez lancé un coup d'épingle, eh bien, j'ai
répondu par un coup de poing."

Durch die offiziellen Depeschen, die mir von Weimar
zukamen, war übrigens alles, was ich über die blanken=
hainischen Angelegenheiten, über die Rangsache und sonst
berichtet und in Paris getan hatte, durchaus gebilligt wor=
den. Einige Tage nach der Rückkunft meines Kuriers traf
auch der Geheimrat von Wolzogen aus Weimar ein, der
mir schon seit mehreren Wochen angekündet war. Mit dieser
etwas mysteriösen Reise hatte es folgende Bewandtnis: Bei
der schriftlichen Instruktion, die der Herzog mir bei meiner
Abreise nach Paris erteilte, hatte außer dem Herzog selbst
niemand als der Geheimrat von Voigt und ich konkurriert.
Herr von Wolzogen war in einem Bade abwesend. Die

Inftruktion ermächtigte mich zu den allerwichtigften Ver=
handlungen und setzte allerdings sehr vieles auf mein pflicht=
mäßiges Ermessen an Ort und Stelle aus. Als Herr von
Wolzogen zurückkam, stellte er manche Bedenken und Be=
sorgnisse auf. Er ließ merken, daß doch gar zu viel in meine
Hand gelegt sei, daß mein lebhaftes Naturell, meine Neu=
heit in so folgereichen diplomatischen Geschäften mich leicht
zu weit führen könnte; er machte geltend, daß seine und
seiner Gemahlin langjährige Vertrautheit mit dem Fürsten
Primas, die sich aus der Zeit herschrieb, wo ihr Schwager
Schiller in innigen Verhältnissen zu dem Primas stand, zu
Weimars Vorteil benutzt werden könnte, ja, beide schienen
zu einer Reise nach Paris gar nicht abgeneigt. Dazu kam,
daß Herr von Wolzogen am besten mit allen russischen Ver=
hältnissen vertraut war, und daß man voraussetzen konnte,
er würde auch bei der zu erwartenden russischen Gesandtschaft
nach Paris Personen seiner nähern Bekanntschaft finden.
Dies und ähnliche Insinuationen bestimmten den Herzog,
eine solche Reise, die jedoch durchaus keinen offiziellen Cha=
rakter haben sollte, für nützlich und der möglichsten Vor=
sicht entsprechend anzusehen. Er schrieb mir daher unterm
12. August: „Da Herr von Wolzogen auf Urlaub, als
Privatreisender nach Paris gehe, so habe der Herzog ihm
aufgetragen, bei seinem dortigen Aufenthalt seine Bekannt=
schaft mit den russischen Verhältnissen und besonders mit
der russischen dorthin gehenden Gesandtschaft für mich zu
benutzen und mir mitzuteilen, was zu meinen Negoziationen
nützlich sein könnte; ich möchte daher nichts ohne sein Vor=
wissen und Bewilligung vornehmen und mich seiner Er=
fahrung und Kenntnisse bedienen. Der Herzog hoffe durch
diese Anweisung mir in meinem Geschäft Vorteil zu ver=
schaffen und wünsche, daß mein gewohnter Eifer und pflicht=

volles Bestreben von dem glücklichsten Erfolg begleitet sein möge."

Ich erwiderte, daß mir die Hinkunft des Herrn von Wolzogen nach Paris nur sehr angenehm und förderlich sein könne, und daß ich nur wünsche, daß sie recht bald erfolgen möge. Herr von Wolzogen verzögerte aber unterwegs seine Reise, teils seiner Gesundheit wegen, teils wohl auch aus anderen Gründen so sehr, daß er erst am 15. September zu Paris anlangte. Er sagte mir sogleich, daß es nicht seine Absicht sei, sich irgendwo vorstellen zu lassen oder Besuche zu machen, daß er sich bei seiner Kränklichkeit sehr still und eingezogen verhalten werde und mich nur bitte, daß ich ihm von Zeit zu Zeit über das, was in der Welt vorginge, Mit= teilung machen und bei wichtigen Unternehmungen mich mit ihm beraten möge. Und in der Tat hinderte auch schon seine mehr zu= als abnehmende Kränklichkeit ein öfteres Hervortreten, und erst späterhin entschloß er sich, die Be= kanntschaft des Herrn von Champagny und des Herrn Labes= narbière zu machen. Dagegen waren mir meine Bespre= chungen mit ihm jederzeit sehr interessant und oftmals nütz= lich. Häufig besuchten ihn frühere Bekannte von Bedeutung, mit denen nähere Verhältnisse anzuknüpfen ich beste Gelegen= heit fand. Ich will hier nur den originellen, mit der ganzen französischen Revolutionsgeschichte höchst vertrauten und er= zählungslustigen Grafen Schlabrendorf, die Familien Por= talis und Degerando und den Dänen Baggesen nennen. Graf Schlabrendorf war in Paris so eingewurzelt, gefiel sich mitten in dieser bewegten Welt in seiner zwanglosen Isoliertheit so sehr, daß er sich lieber die Sequestration seiner Güter in Schlesien gefallen ließ, als daß er während des Krieges dahin zurückgekehrt wäre. Er hatte ein eigen= tümliches Talent, sich ganz unbemerkt zu machen, während

er doch alles beobachtete, von allem wußte, den Charakter
und die Stellung der Parteien aufs genaueste kannte. Mit
seinem hellen Kopfe war das edelste Herz verbunden.

Einst kam Wilhelm von Humboldt des Abends zu ihm
und fand sich von seiner reichen Unterhaltung bis gegen
Mitternacht gefesselt. Aber als ihn Schlabrendorf zum Ab=
schied bis zur Treppe begleitete, spann dieser wieder einen
neuen, so ungemein interessanten Faden der Erzählung an,
daß beide, ohne sich von der Stelle zu bewegen, erst als der
Morgen graute, voneinander loskamen.

Mit der Abreise des Kaisers und seines Hofes nach
Fontainebleau, welche gegen Ende Septembers erfolgte, trat
eine neue Periode meiner Verhältnisse ein. Auch der Prinz
von Benevent, der Prinz von Neufchatel und der Minister
von Champagny folgten dem Kaiser. Von deutschen Fürsten
waren nur der Fürst Primas, der Großherzog von Würz=
burg und der Fürst von Dessau eingeladen, was letzterer
aber ablehnte; die übrigen Fürsten machten dort nur vor=
übergehende Besuche. Ich erfuhr, daß Herr von Thümmel
von neuem auf die großherzogliche Würde für Gotha, jedoch
mit dem Zusatz angetragen habe, daß sein Hof es nur sehr
ungern sehen müsse, wenn nicht auch Weimar gleichen Rang
erhielte. Er hatte ferner den Wunsch ausgesprochen, daß
das erfurtische Gebiet mit Blankenhain und Schmalkalden
dergestalt sämtlichen herzoglichen Höfen zugesprochen werden
möchte, daß diese nach dem Maßstab ihrer Kontingente sich
darein teilten, und er war selbst nach Fontainebleau geeilt,
um seine Anträge mündlich zu unterstützen. Dies bewog
mich, am 26. September ebenfalls dahin zu eilen. Ich machte
alsbald dem Fürsten Primas meine Aufwartung und hatte
eine lange und sehr freundliche Unterhaltung mit ihm. Er
erzählte mir, daß der Kaiser jetzt eben den Entwurf des

Grundstatuts für die deutschen Verhältnisse wiederholt mit ihm durchgehe und bereits mehrere Hauptpunkte genehmigt habe. Die Rangverhältnisse sollten dabei so geordnet wer=den, daß die Fürsten in den Bundestagssitzungen je nach Verhältnis ihrer Kontingente Platz nehmen, aber außerhalb der Sitzungen ihren früheren Rang beibehalten sollten.

Ich bemühte mich, ihm zu zeigen, wie nachteilig es für Weimar sein würde, wenn es im Bundestag dem Fürsten von Nassau nachstehen sollte, und daß es Weimar doppelt kränken müßte, wenn Gotha die großherzogliche Würde und nicht auch Weimar dieselbe erhielte. Ich bat ihn zugleich, dem Kaiser doch bemerklich zu machen, daß er die so oft ausgesprochene hohe persönliche Achtung für die Herzogin von Weimar nicht besser betätigen könne, als wenn er in dieser Rangangelegenheit eine günstige Entscheidung fasse. Er erwiderte mir, daß es dabei ganz vorzüglich darauf an=komme, ob Rußland sich für Weimar verwende. Ich unter=ließ nicht, Herrn von Champagny in gleichem Sinne zu besprechen. Tags darauf erfuhr ich von Herrn Labesnar=dière, daß das Ministerium dem Kaiser in dem von ihm verlangten Tableau des objets disponibles en Allemagne nur das Privateigentum von Blankenhain aufgeführt, die Hoheit darüber aber als unzweifelhaft weimarisch bemerkt habe. Ich eilte nun um so mehr, dem Minister ein aber=maliges Memoire über die Blankenhainer Verhältnisse zu übergeben, worin ich alle Zweifel, die er mir noch mündlich geäußert hatte, erschöpfend zu widerlegen bemüht war. Da man mir aber vertraulich sagte, daß höchstwahrscheinlich alle deutschen Angelegenheiten jetzt in kurzem beendigt wer=den würden und daß ich daher wohl täte, andauernd in Fontainebleau zu bleiben, ging ich zwar unverzüglich wieder nach Paris, um mich nochmals mit Herrn von Wolzogen

zu beraten, kehrte aber gleich darauf nach Fontainebleau
zurück.

Fontainebleau, in einer ebenen Sandfläche gelegen, rings
von schönen und großen Waldungen, die mit bequemen
Jagdwegen durchschnitten sind, umschlossen, machte einen
ziemlich melancholischen Eindruck. Obwohl die Straßen
ziemlich breit und reinlich, die Gebäude häufig massiv und
geräumig sind, so trug doch alles das Gepräge einer gewissen
Verlassenheit und verschwundenen Herrlichkeit. Das große
Schloß, aus vier besonderen, jedoch unter sich verbundenen
Teilen von verschiedenem Baustil bestehend, mit seinen vielen
altertümlichen Portalen und langen Galerien vermehrte noch
jenen düstern Eindruck, den auch der mit vielen Fontänen,
halb verwitterten Statuen und mannigfaltigen mytholo=
gischen Gruppen verzierte große Schloßgarten nicht zu er=
heitern vermochte. Hier, wo der erste Gründer von Fon=
tainebleau, Franz I., und später Heinrich IV., Ludwig XIV.
und XV. so oft und gern verweilten und die glänzendsten
Feste feierten, mußte man durchaus die Traditionen der
Vorzeit und historischen Erinnerungen zu Hilfe nehmen, um
dem jetzigen Aufenthalt Interesse abzugewinnen.

Da die wenigen vermietbaren Wohnungen kaum zureich=
ten, allen den Personen, die die Anwesenheit des Kaisers
herbeizog, Unterkommen zu verschaffen, so mußte ich froh
sein, einige kleine Zimmer in dem Seitenflügel eines ehemals
wohl sehr stattlichen, jetzt aber ebenfalls halb verfallenen
Gebäudes zu finden, das ein etwas klösterliches Aussehen
hatte. Die meisten meiner diplomatischen Freunde hatten
sich auch nur notdürftig unterbringen können. Die beiden
einigermaßen ansehnlichen Wohnungen waren von dem Prin=
zen von Benevent und dem Minister von Champagny ein=
genommen. Der erstere gab oftmals, der letztere täglich

Tafel, zu denen ich fast immer eingeladen wurde. Ich brachte die Vormittage am Schreibtisch oder mit Besuchen und die Nachmittage gewöhnlich mit Spazierfahrten hin, zu denen mich Herr Labesnarbière oder der biedere Baron von Wöll= warth, Oberhofmeister der Prinzessin Stephanie, einluden. Am spätern Abend war sehr häufig Hoftheater, wozu Labes= narbière mir Eintrittskarten verschaffte. So verstrich ein Tag nach dem andern, ohne daß die Lage meiner Angelegen= heiten sich wesentlich veränderte. Der Prinz von Benevent hatte auch im Schlosse selbst zur ebenen Erde einige Zimmer inne, wo er noch spät nach dem Theater mit einigen seiner Vertrautesten eine Partie Whist zu spielen pflegte. Es war mir verstattet, ihn da öfters zu besuchen, was ich um so viel lieber tat, weil es zwischen dem Spiel doch immer Pausen gab, die ich zu geschäftlichen Besprechungen benutzen konnte. Wenn ich ihm nun meine Klagen über den stockenden Gang meiner Geschäftsanliegen und über manche beunruhigende Einzelheit aussprach, so suchte er mich immer aufs freund= lichste zu beschwichtigen:

„Tout cela ne veut rien dire; soyez tranquille, vos af- faires tourneront en bien; il est très probable, que plusieurs combinaisons vont bientôt venir à votre secours. Il est vrai que l'empereur oublie difficilement, quand il a une fois pris de l'humeur contre quelqu'un; mais pourquoi votre duc n'a-t-il pas suivi le conseil que je vous donnai à Var- sovie? Vos princes allemands demandent souvent des con- seils, mais ils ne les suivent pas."

Am schmerzlichsten war es mir, hier in Fontainebleau den 14. Oktober aufs glänzendste gefeiert zu sehen. Das ganze diplomatische Korps erschien dabei in größter Gala.

Um jene Zeit kam auch der Herzog von Koburg mit sei= nem Bruder Leopold — damals einem der schönsten jungen

Prinzen, die man sehen konnte – in Paris an. Er wurde
sogleich nach Fontainebleau eingeladen. Der Kaiser empfing
ihn mit ausnehmender Freundlichkeit und machte ihm Vor=
würfe, daß er nicht auch gleich seinen Bruder mitgebracht
habe, er möge ihn ja doch gleich kommen lassen. Nun hörte
man überall: „C'est donc le premier prince de Saxe qui
vient à Paris," nicht ohne Bezug auf Weimar. Im Gefolge
des Herzogs war auch sein Minister von Kretschmann. Ich
hatte vertraulich erfahren, daß dieser den Entwurf einer der
neuen westfälischen nachgebildeten Konstitution für das
Herzogtum Koburg gemacht hatte, um dadurch seinen Herrn
und sich selbst bei Napoleon einzuschmeicheln. Der Kaiser
sollte um Bestätigung dieser Konstitution gebeten werden,
bei der auch die Einführung des Code Napoleon und mehrer
anderen französischen Institute zugrunde lag. Mir wurde
augenblicklich klar, wie nachteilig und gefährlich dieses Vor=
haben für das ganze sächsische Haus, ja für ganz Deutschland
werden würde, wenn es durchginge. Ich eilte daher zu La=
besnardière, und als dieser mir allerdings bestätigte, daß so
etwas im Werke sei und daß ich wohltun würde, unverzüg=
lich dagegen zu operieren, so teilte ich meine Entdeckung den
Herren von Senft und von Thümmel mit, die denn ebenfalls
nicht wenig erschraken. Ich bewog sie alsbald, zu dem Her=
zog von Koburg zu gehen und ihm die eindringlichsten Vor=
stellungen zu machen, während ich bei dem Fürsten Primas
dasselbe tat. Senft und Thümmel besprachen auch den Mi=
nister Kretschmann aufs nachdrücklichste, der nicht wenig er=
staunt und ärgerlich war, daß man von seinem Vorhaben
wisse. Er konnte es zwar nicht ganz ableugnen, doch behaup=
tete er, daß mehrere Punkte seines Entwurfs ganz anders
lauteten, als wie sie angegeben seien, und teilte auch wirklich
nach einigen Tagen eine angeblich richtigere Abschrift seines

Aufsatzes mit, in welcher wesentliche Punkte, die man mir anvertraut hatte, ausgelassen waren. Herr von Thümmel war nicht ganz diskret bei seinen Mitteilungen an Kretsch= mann, es konnte daher nicht fehlen, daß Kretschmann bald erriet, daß ich es gewesen, der die Sache entdeckt habe. Er suchte nun glauben zu machen, daß ich ihn nur aus alter eingewurzelter Feindseligkeit jetzt zu verdächtigen suche; ich sei nämlich, sagte er, früher in Baireuth Referendar bei ihm gewesen und im Unfrieden von ihm geschieden. Daran war jedoch kein wahres Wort, da ich niemals zu Baireuth in preußischen Diensten stand und Herrn von Kretschmann, während er dort angestellt war, nur ein einziges Mal auf wenig Minuten gesehen und gesprochen hatte. Inzwischen hatte dies alles doch zur Folge, daß der Herzog von Koburg sein ganzes Vorhaben aufgab, mir aber, den er in Rück= erinnerung jenes wichtigen Dienstes, den ich ihm und seinem ganzen herzoglichen Hause bei dem Friedensschlusse von Po= sen leistete, bisher auf das freundlichste und zutraulichste behandelt hatte, seine Gunst viele Jahre lang entzog.

In diesen Tagen wurde ich durch einen Brief des Mini= sters von Voigt aus Weimar hoch erfreut, denn er verkündete, daß die Frau Erbprinzessin=Großfürstin mit ihrem Gemahl glücklich am 12. September wieder zu Weimar angekom= men sei.

Er beschrieb mir ausführlich, wie festlich sie empfangen worden und wie großen Jubel diese ersehnte Wiederkehr im ganzen Lande hervorgerufen. Ich teilte sofort einen Auszug dieses Briefes in französischer Übersetzung dem Minister Champagny mit, hatte jedoch viele Mühe, ihn zu überzeugen, daß diese Rückkehr wirklich erfolgt sei, denn Savary, der da= malige französische Ambassadeur in Petersburg, hatte soeben noch berichtet, daß man die Prinzessin jeden Augenblick in

Petersburg erwarte, wohin die dringendsten Vorstellungen
der Kaiserin Mutter sie beriefen. In solchem Widerstreit
der Wünsche hatte aber die edelste Sorge der Großfürstin
für das weimarische Interesse den Ausschlag gegeben. Auch
auf eine baldige Reise des Erbprinzen nach Paris konnte ich
nunmehr hoffen. Nur daß der russische Ambassadeur immer
noch ausblieb, bekümmerte mich gewaltig. Auch der Kaiser
war über dieses lange Ausbleiben sehr mißvergnügt. Man
ließ mir ganz deutlich merken, es werde durchaus nichts für
Weimar geschehen, bis Rußland sich direkt für uns verwen=
det haben werde; denn der Kaiser lege ein großes Gewicht
darauf, daß Rußland es dankbar anerkenne, wenn er ledig=
lich aus Rücksicht auf Rußland sich günstig für Weimar er=
zeige. Nicht geringe Sorge machte mir die gleichzeitig von
Weimar empfangene Anzeige, daß der Gouverneur von Erfurt,
General Brouard, in einem sehr barschen Schreiben von der
weimarischen Regierung verlangt hatte, daß sie augenblicklich
die allerdings damals sehr schlechte Straße von der Grenze
des weimarischen Gebietes nach Erfurt herstellen lasse, indem
sie durch den Genuß des einträglichen thüringischen Geleits=
rechtes dazu verpflichtet sei. Die Sache war von großer
Wichtigkeit, denn da die Militärstraße, die bisher von But=
telstedt nach Erfurt auf dem kürzesten Wege ging, ohne Wei=
mar zu berühren, notwendig der Herstellung bedurfte, so
waren wir im Weigerungsfalle bedroht, die zurückmarschie=
renden Armeekorps über Weimar geleitet zu sehen. Hier kam
uns nun sehr zustatten, daß gerade der brave und für Wei=
mar sehr gutgesinnte General Clarke Kriegsminister war.

Ich arbeitete in möglichster Schnelligkeit ein ausführ=
liches Memoire aus, worin ich darlegte, daß mit dem Geleits=
recht durchaus keine Verbindlichkeit zu Unterhaltung und
Herstellung der fraglichen Straße verbunden sei, daß nur

die Gehässigkeit der erfurtischen Behörden dem General Brou=
ard eine solche Verpflichtung Weimars vorspiegele, und daß
es die größte Ungerechtigkeit sein würde, wenn man uns
zwingen wollte, auf erfurtischem Gebiete zu bauen. Übrigens
sei Weimar gern bereit, seine Bauoffizianten zu dem frag=
lichen Straßenbau darzuleihen und auch sonst noch alle nach=
barliche Hilfe und Förderung nach Möglichkeit zu leisten.
Sobald ich mit meiner Ausarbeitung fertig war, überschickte
ich sie dem General Clarke, bat mir aber auch zugleich eine
persönliche Audienz aus. Sie ward mir unverzüglich gewährt.
Clarke ging mit mir mein Memoire Punkt für Punkt durch,
und es gelang mir, ihn von dem Gewicht meiner Gründe
vollkommen zu überzeugen. Er fertigte sofort einen Befehl
an den General Brouard aus, von seinem Beginnen abzu=
stehen und vielmehr die erfurtischen Behörden zur Herstellung
der fraglichen Straßen anzuhalten. So war denn in wenig
Tagen eine höchst bedrohliche Last von Weimar abgewälzt.
Der Herzog war so vergnügt darüber, daß er mir eigenhändig
seinen Dank und seine große Zufriedenheit mit der Fassung
meines Memoire aussprach.

An den Mittagstafeln bei Champagny und Talleyrand
hatte ich öfters die Ehre, mit der Fürstin von Thurn und
Taxis, Schwester der Königin von Preußen, zusammenzu=
treffen, die wegen Aufhebung der auf die belgischen Besitzungen
ihres Gemahls gelegten Sequester schon einige Zeit in Paris
verweilte und jetzt deshalb nach Fontainebleau kam. Ihr
liebenswürdiges Benehmen und ihre diplomatische Gewandt=
heit verschafften ihr überall die beste Aufnahme. Sie hatte
kürzlich eine lange Audienz bei Napoleon gehabt, der ihr
die Aufhebung des Sequesters versprach und sich auch sonst
noch sehr offen gegen sie äußerte. Er sagte ihr unter anderm:

„La Prusse me donne toujours encore de la méfiance,

pourquoi ne paye-t-elle pas; elle a bien tort; j'y laisserai
mes troupes et j'y suis forcé; elle devrait tout faire au
monde pour rendre son compte net; les délais me déplai-
sent. Cependant je lui donnerai des termes, pourvu qu'elle
les observe strictement."

Über die Königin Louise sagte er ihr viel Schönes, be=
merkte aber, es wäre besser gewesen, wenn sie allein nach
Tilsit gekommen wäre.

Auch den österreichischen Ambassadeur, Grafen Metter=
nich, lernte ich damals eines Mittags bei Champagny ken=
nen. Höchst einnehmend, schon durch seine stattliche Figur
und seine geistvollen Gesichtszüge, wie durch die anmutige
Würde und Feinheit seines Benehmens, machte er ganz den
Eindruck eines geborenen Repräsentanten einer großen Macht.
Auch bei Senft sah ich ihn mehrmals und hatte mich stets
seiner Freundlichkeit gegen mich zu rühmen. Er zeigte ein
lebhaftes Interesse an den Vorträgen des damals in Paris
sich aufhaltenden Dr. Gall, und als ich dasselbe zu teilen
schien, lud er mich alsobald ein, mit Galls Anhänger,
Dr. Spurzheim, bei ihm zu speisen. Die Unterhaltung war
äußerst aufgeweckt und anziehend und die Bemerkungen des
Grafen Metternich höchst pikant und geistvoll. Zwischen
seinem ersten Botschaftsrat von Floret und mir knüpfte sich
bald ein freundschaftliches Verhältnis an, das noch viele
Jahre nachher fortdauerte. Floret war ein heller Kopf, der
die Gemessenheit und Vorsicht des Diplomaten gar wohl
mit offener Biederkeit und heiterer Zutraulichkeit zu ver=
einigen wußte.

Unter den näheren Umgebungen von Fontainebleau war
besonders ein kleiner, in einem lieblichen Tale gelegener
Ort, Toremi, sehr anziehend und wegen seiner vortrefflichen
Weintrauben berühmt. Als ich einstmals mit Herrn Baron

Wöllwarth dahin fuhr, trafen wir Herrn Talleyrand in Gesellschaft mehrerer Damen an.

Er war gerade von der heitersten Laune und wußte die Gegenstände des Gesprächs, wie der Zufall sie brachte, durch originelle Bemerkungen und witzige Einfälle aufs anmutigste zu würzen. Man kam auf die geselligen Zustände in Paris vor der Revolution zu sprechen. Talleyrand ergoß sich in Schilderungen der Vorzüge jener Zeit in bezug auf die Kon= versation, welche besonders durch ältere Frauen von Geist und Bildung geleitet wurde. Um ihnen nicht zu mißfallen, seien selbst die ausgezeichnetsten Literaten und Gelehrten gezwungen gewesen, sich jeder pedantischen Prätension zu be= geben und sich ihrer Kenntnisse nur zu Belebung vertrau= licher Unterhaltung zu bedienen. Dabei entwarf Talleyrand die feinste Zeichnung des Talentes der wahren guten Kon= versation und beklagte lebhaft, daß dies Talent aus der Ge= sellschaft allmählich mehr und mehr verschwinde. Aber alles habe seine Zeit, selbst in der Natur; so z. B. sähe man jetzt viel weniger Bucklige als ehemals, die doch stets die Witzig= sten gewesen. Jetzt sei überall in der Gesellschaft ein un= ruhiger Drang nach außen bemerklich, dem inneres Gleich= gewicht fehle; es werde bald eine Zeit kommen, wo, weil jedermann dichten wolle, niemand mehr gute französische Prosa schreiben könne. Fontanes habe ihm kürzlich von zwei jungen hoffnungsvollen Dichtern erzählt, denen es ganz unmöglich sei, einige Zeilen wahrhaft guter Prosa zu schrei= ben. Diderot, der allerdings ein ungemeines Talent für die Konversation besessen, sei doch im Grunde nur der größte Schwätzer gewesen, und der eine Zeitlang sehr bewunderte Abbé Raynal habe auffallend schlecht gesprochen, wie denn seine Werke, durch die er im ganzen sehr viel geschadet, meist nur Kompilationen aus holländischen Reisebeschrei=

bungen gewesen. Für die besten Redner, die er je gehört, müsse er Mirabeau und den Kardinal Maury halten. Jenen, weil er die klarste logische Darlegung seiner Gründe mit dem heftigsten Ungestüm und dem leidenschaftlichsten Kolorit seiner Anträge und Konklusionen — diesen aber, weil er die schärfste Konzision mit der einfachsten Darstellungsweise zu verbinden gewußt habe. Auf Frau von Staël übergehend, gefiel sich Talleyrand, ihre Verhältnisse zu Benjamin Con= stant und ihre spätere Trennung von ihm in das komischste Licht zu stellen.

Als ich ein andres Mal an einem schönen Herbsttage mit Labesnardière in den Wäldern von Fontainebleau lange unter den ernstesten Gesprächen über Politik, Religion und den Gang der Geschichte umhergewandelt war, setzten wir uns zuletzt ganz ermüdet an einem Felsen nieder, der mitten aus der Waldung hervorragte. Jenseits des dunklen wal= digen Vorgrundes lag Fontainebleau mit seinen altersgrauen Schloßgebäuden vor uns, die von der untergehenden Sonne aufs schönste beleuchtet waren. „Diese stolzen Schlösser", sagte Labesnardière, „und all die kaiserliche Pracht und An= maßung, die jetzt darin entfaltet wird, ja dieses ganze, so kühn aufgebaute Kaiserreich werden wohl nicht allzu langer Zeit vergehen und in Trümmer fallen; denn alle Siege des Kaisers werden im Hinblick auf die Zukunft nur als eben= soviele Fehler gelten. Mein ganzer Trost in diesem Wirbel und Unbestand aller menschlichen Verhältnisse sowohl in religiöser und sittlicher, als in politischer Hinsicht ist dieser: Zwei Grundprinzipe beherrschen offenbar die Welt von jeher und kämpfen fortwährend miteinander: der Genius des Guten und der Genius des Bösen. Hätte der letztere jemals das Übergewicht bekommen, so würde die Welt längst in ein formloses Chaos aufgelöst sein. Da dies nicht der Fall ist, da alles sich mehr und mehr ordnet und regelt, wüste Zonen und ungeheure Länderstriche sich mehr und mehr zu gesitteten Völkern herausbilden, so steht meine Überzeugung fest, daß das Prinzip des Guten nie unterliegen, sondern aller Um= wandlungen ungeachtet am Ende siegreich bleiben wird."

Man kann sich leicht denken, daß durch diese und ähn= liche vertrauliche Mitteilungen meine hohe Achtung und Zu= neigung für Labesnardière sich immerfort steigerte.

Gegen Ende Oktobers vertraute mir Herr von Thümmel, daß er sich genötigt sehe, die Hierherreise des Herzogs von Gotha dringend zu beantragen, da man ihn von allen Seiten dazu auffordere und der Kaiser auf solche persönliche Ehr= erbietungsbezeigungen großen Wert lege, ja das Ausbleiben des Herzogs von Gotha schon aufgefallen sei. Er teile mir dies vorzüglich deswegen mit, damit man nicht etwa glauben möge, daß eine Absicht dieser Reise sei, Vorteile über Wei= mar zu erlangen. Ich berichtete sogleich darüber an den Minister von Voigt nach Weimar und trug nun von neuem auf die Hierherkunft des Erbprinzen dringend an, hinzu= fügend, daß, wenn auch diese Reise Weimar für den Augen= blick keinen wesentlichen Nutzen bringen sollte, ihre Unter= lassung doch die nachteiligsten Folgen haben könnte. Wie= viel auf persönliches Erscheinen deutscher Fürsten ankomme, habe sich erst kürzlich an dem Fürsten von Nassau bewiesen, der durch eine einzige persönliche Bitte beim Abschiednehmen vom Kaiser das Zugeständnis des vorher so schwierig ge= machten Gesandtschaftsrechtes erlangt habe. Voigt ant= wortete mir sogleich am 13. November: "Morgen schon reist der Erbprinz ab. Dieses allein wird Ihnen beweisen, daß Ihre Vorstellungen mit Einstimmigkeit angenommen worden." Kurz darauf traf endlich der so lange erwartete russische Ambassadeur General Graf Tolstoi ein und brachte

mir sehr interessante Depeschen von Weimar mit. In seinem
Gefolge waren der Graf Nesselrode und der Obrist von Benken=
dorf, mit dem ich früher mehre Jahre in einer Pension zu
Baireuth aufs traulichste zugebracht hatte. Auf die Ankunft
dieser russischen Ambassade hatte ich große Hoffnung gebaut;
aber schon aus dem eigenhändigen Schreiben des Kaisers
Alexander an den Herzog, welches mir abschriftlich mitgeteilt
wurde, schien mir zu entnehmen, daß Rußland es mit seinem
dermaligen Interesse nicht wohl vereinbar finde, entscheidende
Schritte für uns zu tun. In diesem Schreiben hieß es:

„Votre Altesse peut être persuadée, que ses intérêts
seront soutenus avec chaleur par Mon ambassadeur à Paris;
mais je Vous avoue avec franchise que les circonstances
paraissent peu favorables pour obtenir des changements
dans ce qui a été fait par la force des évènements. Ces
difficultés ne diminueront pas les soins que j'y mettrai, et
de Vous être utile est un de mes désirs les plus ardents."

Der Graf Tolstoi wurde auf das ausgezeichnetste emp=
fangen, sogleich nach Fontainebleau eingeladen und ihm da
im Schlosse eine Wohnung dicht neben den Zimmern des
Kaisers, sowie in Paris ein eigenes Palais angewiesen. Zu
Fontainebleau nahm er täglich an dem abendlichen Familien=
zirkel des Kaisers teil, der zu dem Großherzog von Würzburg
sagte: „Man dürfe sich nicht wundern, daß er den russischen
Gesandten so auszeichne. Rußland sei Frankreichs bester
Alliierte und Kaiser Alexander sein aufrichtigster Freund.
Er habe ihn ganz darüber aufgeklärt, wie man die Engländer
behandeln müsse, und ihn von der Notwendigkeit, ihnen die
russischen Häfen zu sperren, überzeugt."

Als ich dem Grafen Tolstoi aufwartete und er wohl
einen weit ältern Mann als mich zu erblicken geglaubt hatte,
empfing er mich mit den Worten:

„Ah, Monsieur, vous entrez joliment jeune dans une telle carrière."

Ich erwiderte:

„Les événements de nos jours remplacent souvent les années."

Ich fand ihn sehr schweigsam und trocken, doch konnte ich aus ihm herausbringen, daß er die Reise des Erbprinzen nach Paris durchaus billige. Auch gegen Herrn von Wol=zogen blieb er sehr zugeknöpft. Einige Tage darauf kam Graf Nesselrode zu mir, dessen verbindliches und freundliches Be=nehmen gegen das seines Ambassadeurs überaus abstach. Er wünschte von mir gründlich über den Stand unserer Ange=legenheiten und über die Schritte, welche ich neuerdings bei den französischen Ministern getan, unterrichtet zu werden, schien aber im ganzen schon recht gut orientiert. Ich konnte ihm bald abmerken, daß er es für sehr schwierig halte, wegen Erfurt durchzubringen. Die Rangangelegenheit, meinte er, sei das weniger Wichtige; was helfe der Rang ohne Zuwachs an Terrain, ihn zu soutenieren? Dabei mußte mir die Äuße=rung auffallen:

„Je ne sais pas jusqu'à quel point les instructions de l'ambassadeur pourront aller en cas de difficultés."

Auch die Erbprinzen von Mecklenburg=Schwerin und Strelitz kamen nun in Paris an. Als der erstere dem Prinzen von Benevent den Wunsch aussprach, die großherzogliche Würde für sein Haus zu erlangen, erwiderte dieser, es sei allerdings Hoffnung dazu da, aber nur wenn Rußland sich nachdrücklich dafür verwende. Diese Äußerung mußte um so wichtiger erscheinen, da der Prinz von Benevent in diesen letzten Tagen zum Erzkanzler des Reichs ernannt und in dieser Eigenschaft wieder an die Spitze der auswärtigen An=gelegenheiten gestellt war, wobei der Minister von Cham=

pagny zwar sein Portefeuille behielt, aber jenem so gut wie untergeordnet wurde.

Als ich dem Prinzen von Benevent eröffnete, daß die Reise des Erbprinzen von Weimar nach Paris beschlossen sei, sagte er mir:

„Vous ferez très bien de mêler et d'amalgamer un peu Votre prince dans nos affaires. Vous voyez combien le prince de Wurtzbourg a réussi par là."

Da in diesen Tagen von den unterrichtetsten Männern ver= traulich als Tatsache versichert wurde, daß Napoleon eine Ver= mählung mit der Großfürstin Katharina beabsichtige, ja, daß er der Zustimmung des Kaisers Alexander schon versichert zu sein glaube, so konnte ich jene Äußerung gar wohl mit dieser wichtigen Neuigkeit in Verbindung bringen. Auf einmal er= fuhr man, daß der Kaiser in wenig Tagen nach Italien reisen und dort mehre Wochen bleiben werde. Herr von Wolzogen und ich sandten nun eilig einen Kurier an den Erbprinzen ab, der ihn auch noch glücklich in Mainz traf und zu seiner einst= weiligen Rückreise bestimmte. Ich hatte inzwischen nicht das geringste von einer Verwendung der russischen Ambassade für unsere Angelegenheiten zu spüren gehabt, und Herr von Wol= zogen hatte den Grafen Tolstoi wohl in fünf bis sechs Tagen nicht zu sprechen bekommen können. Allein nun vertraute mir Graf Nesselrode, daß der Ambassadeur allerdings mit Champagny wegen der weimarischen Verhältnisse gesprochen, ihm solche angelegentlichst empfohlen und bestimmt geäußert habe, der Kaiser Alexander interessiere sich für niemand so sehr wie für Weimar, und er hoffe, man werde deshalb dieses Haus vor allen anderen sächsischen Höfen auszeichnen.

Champagny habe darauf nur sehr allgemein, doch teil= nehmend und artig geantwortet, ohne irgendeine Einwen= dung vorzubringen.

Ich machte dem Grafen Nesselrode bemerklich, daß man mir von verschiedenen Seiten Erstaunen habe merken lassen, daß der russische Hof sich nicht schon längst und nachdrücklich für uns verwende, und daß insbesondere Kaiser Alexander weder mündlich noch schriftlich Weimars je erwähnt habe.

Er gestand mir hierauf, daß er selbst es für nötig halte, von Weimar aus in Petersburg darauf hinzuwirken, daß Tolstoi noch gemessenere Instruktion zu nachdrücklicher Verwendung erhalte und daß der Kaiser Alexander unmittelbar unsertwegen an Napoleon schreibe. Er meinte, man könnte ja den Anlaß dazu in einer Danksagung für das, was schon bis jetzt verfügt worden, leicht finden, und versprach, zu veranlassen, daß in Tolstois Berichten die nämlichen Ideen hingeworfen würden, indem angezeigt werde, was ich von den mir von französischen Behörden gemachten Insinuationen mitgeteilt habe. Da jetzt ohnehin ein Geschäftsstillstand sei, so wäre gerade genug Zeit, um das Nötige unterdessen zu erwirken. — Als ich einige Tage darauf den Grafen Tolstoi in dem Abendzirkel bei Talleyrand traf, hütete ich mich wohl, in dem Gespräch mit ihm die Geschäftsangelegenheiten im geringsten zu berühren, sondern erzählte ihm bloß, daß und aus welchen Gründen vorerst die Reise des Erbprinzen nach Paris unterbleibe. Er billigte dies gar sehr und versprach mir späterhin, sobald der rechte Moment zu der Hierherkunft des Prinzen gekommen sein würde, unverzüglich Nachricht zu geben. Dieser Abend wurde mir noch besonders durch die Bekanntschaft mit dem Minister der Polizei Fouché interessant. Seine ziemlich lange hagere Gestalt, sein blasses, regungsloses Antlitz, das keinen einzigen warmen Blutstropfen zu enthalten schien, und seine schwarze, bloß mit Stahlknöpfen verzierte Kleidung gaben ihm fast ein gespensterartiges Ansehen; aus den farblosen abgeschliffenen Zügen blitzten ein Paar grauliche, scharfblickende, ich möchte sagen, stechende Augen hervor. Gegen ihn bildete der etwas korpu=lente und sanguinisch aussehende berühmte Naturforscher Lacepède einen auffallenden Kontrast. Sobald er sich entfernt hatte, sagte Talleyrand: „Sie glauben wohl nicht, wie emp=findsam dieser große Gelehrte ist, dem jedoch aller Geist und Geschmack fehlt. Kurz nach dem Tode seiner Frau entdeckte er eine neue Gattung von Fischen, der er in seinen Schriften den Namen seiner Gattin gab, indem er drucken ließ: „Les âmes sensibles ne me refuseront point de donner à ces nou-veaux poissons le nom d'Anne Marie Huberte de Lacepède."

Überhaupt war Talleyrand diesen Abend unerschöpflich in Mitteilung von Anekdoten, vornehmlich von Voltaire. Als dieser einst in einer Theaterprobe einer seiner Trauer=spiele die Schauspielerin, welche die Hauptrolle hatte, gewal=tig darüber anließ, daß sie nicht leidenschaftlich genug spiele, sagte sie ihm:

„Mais Monsieur pour jouer comme vous le voulez, il faudrait avoir le diable au corps."

Voltaire erwiderte:

„Certainement, Mademoiselle, voilà justement ce qu'il faut."

Auch noch im Sterben verließ ihn sein witziger Humor nicht. Er hatte beim Husten eine schwarze Materie aus=geworfen. Der Arzt wollte ihn damit beruhigen, daß er ja wohl beim Essen einen kleinen schwarzen Körper verschluckt haben könnte, worauf Voltaire erwiderte:

„Ah Monsieur, ce n'est pas un étranger qui s'est in-troduit chez moi; parbleu, je vois bien, qu'il est de la maison."

Er hatte die Grille, zu verordnen, daß man gleich nach seinem Tode seine Zimmer sorgfältig verschließen und fünf=

zig Jahre lang uneröffnet lassen solle. Man respektierte
dieses Gebot so gewissenhaft, daß man die Zimmer auch
dann nicht öffnete, als in der Revolutionszeit bei einem
heftigen Angriff des Faubourg St. Antoine gegen den Quai
Voltaire mehrere Kanonenkugeln in Voltaires ehemalige
Wohnung eingedrungen waren.

Währenddem war der Kaiser gegen Ende Novembers
wirklich nach Italien abgereist und der Minister Champagny
ihm dahin gefolgt. Man sah voraus, daß er unter fünf bis
sechs Wochen nicht wiederkommen würde, ja man glaubte so=
gar, daß er von Mailand nach Spanien gehen würde. Mehre
deutsche Gesandte reisten mit Urlaub nach Hause. Es war klar,
daß während der Abwesenheit des Kaisers in den deutschen
Angelegenheiten nichts vorgenommen werden könnte. Mir kam
von vertrauter Hand die Nachricht zu, daß meine Frau, die
schon in der letzten Zeit gekränkelt hatte, äußerst leidend sei,
und so fühlte ich mich bewogen, um Urlaub zu einer einst=
weiligen Heimreise nach Weimar angelegentlich zu bitten.
Er wurde mir gewährt; nun aber wollte Herr von Wolzogen
mich auf einmal nicht weglassen und lieber selbst nach Wei=
mar zurückkehren. Auch meine näheren Freunde, besonders
Herr Labesnardière, boten alles auf, mich zum Dableiben zu
vermögen; aber es war mir, als ob eine innere Stimme mich
unwiderstehlich antreibe, den nun einmal erhaltenen Urlaub
nicht unbenutzt zu lassen. Als ich die Postpferde schon be=
stellt hatte, hielt Graf Tolstoi mich noch drei Tage lang auf,
weil er mir durchaus einen ausführlichen Brief an die Frau
Erbprinzessin=Großfürstin mitgeben wollte. Er kam aber
doch nicht dazu und begnügte sich, mir vertraulich mündliche
Aufträge zu erteilen.

So reiste ich denn ab und traf nach fast fünfmonatlicher
Abwesenheit am 17. Dezember zu Weimar ein.

Vierter Abschnitt

1808

Meine Rückreise nach Paris verzog sich von Woche zu Woche. Es gab so vieles mündlich zu berichten, zu erläutern, zu bedenken; auch kam noch lange keine Nachricht von der Rückkehr des Kaisers aus Italien. Als sie endlich erfolgte, traten Umstände hervor, die meine Wiederkehr nach Paris fürs erste minder nötig machten, ja mehr und mehr die Überzeugung begründeten, daß, solange die Verhältnisse zwischen Rußland und Frankreich nicht ganz ins klare gebracht wären, kein Territorialzuwachs für Weimar, ja überhaupt keine Berichtigung der deutschen Angelegenheiten zu hoffen sei. Auch Herr von Wolzogen kehrte zurück, sobald nur seine Gesundheit es erlaubte. Unter diesen Umständen beschloß der Herzog, mich vorerst zur Ausgleichung verschiedener sehr komplizierter Irrungen mit den herzoglichen Höfen von Gotha und Meiningen zu verwenden. Es glückte mir, zu Gotha mit dem meiningenschen Minister von Könitz einen Staatsvertrag über die zwischen dem weimarischen und dem meiningenschen Gebiete gelegenen, vormals reichsritterschaftlichen Ortschaften abzuschließen, der eine ebenso billige, als beiden Teilen zusagende Ausgleichung enthielt. Zu Gotha unterhandelte ich mit gutem Erfolg einen Vertrag über das alternierende Kommando und die Inspektion der beiderseitigen Rheinbundskontingente und wurde dann beauftragt, im Bade zu Liebenstein zu versuchen, wie die vielen zum Teil hundertjährigen Grenz- und andere Streitigkeiten zwischen Weimar und Meiningen beigelegt werden könnten. Die Aufgabe war schwierig und weit aussehend, der Aufenthalt aber an dem Konferenzorte, in dem anmutigen, am Ausgange des thüringischen Gebirges gelegenen Bade Liebenstein

ungemein angenehm. Unter den vielen Badegästen befanden
sich auch der berühmte Held des letzten Türkenkrieges, der
österreichische Feldmarschall Prinz von Koburg, der regie=
rende Herzog und die Herzogin von Sachsen=Hildburghausen
(älteste Schwester der Königin von Preußen) und ihre beiden
jüngeren Prinzessinnen, Therese und Louise, die durch Schön=
heit und Liebenswürdigkeit den Schmuck der Badegesellschaft
bildeten und von denen die eine noch lange den königlichen
Thron von Bayern zierte, während die andere als Herzogin
von Nassau frühzeitig starb.

Auch der Dichter Moritz von Thümmel trug durch
heitere, nicht selten schalkhafte, stets gemütliche Laune viel
zur Belebung anmutiger Geselligkeit bei. Eines Sonntags,
als nach einem Mittagsmahl im Freien, unter den hohen
schattenreichen Bäumen, welche die dortige Felsengrotte über=
ragen und umschirmen, die Musik, umwogt von einer zahl=
losen Schar geputzter Landleute, das Schillersche Reiterlied
aufspielte und die heitere Stimmung der Gesellschaft unge=
mein steigerte, sagte er mir voll Entzücken über diese groß=
artige Dichtung und Melodie: „Glauben Sie mir, alle meine
Schriften wollte ich darum geben, wenn ich dieses Lied ge=
macht hätte."

Unter den Fremden, die nur vorübergehend Liebenstein
besuchten, war besonders die Präsidentin von der Recke aus
Erfurt, durch Jugend, Anmut und jeden Reiz edler Weib=
lichkeit, eine Erscheinung, die nicht nur aller Augen auf sich
zog, sondern auch jedem Gemüt wohltuende Eindrücke zu=
rückließ.

Der weimarische Hof hielt sich damals auf dem nur einige
Stunden entfernten Lustschlosse Wilhelmsthal bei Eisenach
auf, jenem Tale unweit der Wartburg, das, von hohen schön
bewaldeten Bergen umgrenzt und von einem kleinen spiegel=

hellen See durchschnitten, einen wahrhaft idyllischen Zustand begünstigte.

Für mich war diese Nähe ganz besonders vorteilhaft, da ich fast alle paar Tage über den Verlauf meiner Unterhand=lungen dem Herzog Bericht erstatten und weitere Instruk=tionen einholen konnte. Gegen Ende August kam der er=wünschte Abschluß eines Staatsvertrags zustande, und wenn=gleich in der Folge der Ratifikation desselben Schwierigkeiten und Bedenken sich entgegensetzten, die ihren Grund zunächst in der Minderjährigkeit des Herzogs von Meiningen hatten, so erleichterten doch diese Verhandlungen späterhin manche einzelne Ausgleichung, und man darf es vielleicht noch jetzt bedauern, daß er nicht in seinem ganzen Umfange zur Aus=führung kam.

So war der Sommer verstrichen, als Mitte Septembers sich das Gerücht verbreitete, die beiden Kaiser von Frankreich und Rußland würden in der Kürze sich zu einer Zusammen=kunft in Erfurt vereinigen. Am frühen Morgen des 21. Sep=tember wurde ich in aller Eile zu dem Herzog gerufen, der mir eröffnete, wie er soeben sichere Nachricht empfange, daß der Kaiser Napoleon in wenig Tagen zu Erfurt eintreffen werde und daß der Kaiser von Rußland schon unterwegs dahin sei.

Der General — nachherige Marschall — Oudinot sei be=reits als Gouverneur in Erfurt angelangt; ich möge daher unverzüglich dahin abgehen, über den Tag der Ankunft des Kaisers Napoleon, dem der Herzog bis an die Landesgrenze hinter Eisenach entgegenzureisen gedenke, zuverlässige Nach=richt einziehen und späterhin, solange der Kaiser in Erfurt verweile, dort bleiben, da ich ja noch immer bei ihm akkre=bilirt sei. Eine Stunde darauf reiste ich ab. Ich traf ganz Erfurt bereits in der größten Aufregung, alle Gasthöfe von

Fremden überfüllt, überall ein wirres Durcheinander von französischen Militärs und Hofleuten, von Kurieren und Bagagewagen. Kaiserliche Hoffouriere und einheimische Beamte waren in größter Hast bemüht, für die angekündeten hohen Gäste und ihr Gefolge Quartier zu finden oder einzurichten. Der General Oudinot, ein würdiger, überaus freundlicher Mann, sagte mir, daß der Tag der Ankunft des Kaisers zwar noch ungewiß sei, aber daß sie höchst wahrscheinlich schon in zwei, drei Tagen erfolgen werde.

Er versprach mir jede nähere Kunde darüber sofort mitzuteilen, bat aber auch umgewandt, daß ich alles, was ich über die Reise und über die Ankunft des Kaisers von Rußland erführe, ihm unverzüglich kundmachen möchte. Die beiden folgenden Tage steigerten Unruhe und Bewegung sich noch mit jedem Augenblick. Der Präsident von der Recke, dem und dessen Gemahlin ich von Liebenstein her schon befreundet war, bestand darauf, daß ich aus meinem schlechten Wirtshausquartiere zu ihm ziehen sollte, obschon sein ganzes Haus für den Ministerstaatssekretär Maret (nachherigen Herzog von Bassano) in Beschlag genommen war und selbst Frau von der Recke sich in zwei kleine Zimmer zur ebenen Erde zurückziehen mußte. Für den Präsidenten selbst war nur ein kleines Arbeits- und Schlafstübchen im obersten Stockwerk übriggeblieben, welches er traulich mit mir teilte. Aber ich war ein sehr unruhiger und unbequemer Gast: den Tag über durch hundert Anfragen, Besuche und Gegenbesuche überlastet, wurde ich stets auch noch in der Nacht durch Estafetten oder Ordonnanzen geweckt, die mir in bezug auf die Ankunft der Monarchen, bald der General Oudinot, bald der Herzog, bald unser Minister von Voigt zusandten und die alsobald Antwort erforderten.

Am 24. September traf der Großfürst Konstantin, am

25. abends der Kaiser Alexander unter feierlichem Glocken=
geläute in Weimar ein.

Der Herzog war bereits dem Kaiser Napoleon nach Eise=
nach entgegengegangen, der jedoch erst am 26. früh dort
eintraf und sogleich nach Erfurt weitereilte. Eine Stunde
später langte der Herzog, der ihm auf dem Fuße gefolgt war,
in Erfurt an. Er hoffte den Kaiser Alexander in Weimar
noch zu treffen und nahm mich auf seiner Droschke mit, da=
mit ich ihm unterwegs die neuesten Zustände in Erfurt be=
richten könnte. Wir waren aber kaum eine halbe Stunde
gefahren, als wir eine große Anzahl Reiter im festlichen Zuge
von einer Anhöhe herabkommen sahen. Es war der Kaiser
Napoleon, der Kaiser Alexander — dem der erstere entgegen=
geritten war, sodann der Großfürst Konstantin und das ganze
Gefolge der beiden Monarchen.

Der Herzog befahl sogleich seinem Kutscher, aufs eiligste
links querfeldein auszubeugen, da er, nur in Reisekleidung,
nicht erkannt sein wollte. Aber nach wenig Minuten besann
er sich anders, sprang von der Droschke, warf seinen Mantel
ab und lief nun mit mir auf den Kaiser Alexander zu, dem
er seine Entschuldigung, ihn nicht schon in Weimar emp=
fangen zu haben, lebhaft aussprach und von ihm aufs herz=
lichste begrüßt wurde. Napoleon schien von dieser formlosen
Erscheinung nicht wenig überrascht. Ich suchte sie ihm, wäh=
rend der Herzog mit dem Kaiser Alexander sprach, zu erklären.
Auch dem ganzen, von Sternen und Ordensbändern über=
säten Gefolge der Monarchen mag sie wunderbar genug vor=
gekommen sein. Nach einigen Minuten beurlaubte sich der
Herzog, die Monarchen ritten weiter nach Erfurt, der Herzog
aber nahm mich noch bis Weimar mit, wo ich nur schnell
der Herzogin aufwartete und dann gleich nach Erfurt zurück=
kehrte.

Napoleon nahm zu seiner Wohnung das große sogenannte Statthaltergebäude ein, für Kaiser Alexander war ein schönes und bequemes Haus an dem freien Platze, der Anger genannt, eingerichtet.

Am 27 früh kam der Herzog von Weimar herüber, tags darauf auch der Erbprinz.

Beide bewohnten das weimarische Geleitshaus, das nur durch eine kleine, ganz schmale Querstraße von der Wohnung Napoleons getrennt war. Fast gleichzeitig mit dem Kaiser von Frankreich waren auch die Prinzen von Benevent und von Neufchatel, die Minister Champagny und Maret, der Obermarschall General Duroc und eine Unzahl von Gene=
ralen, Adjutanten und Ordonnanzoffizieren eingetroffen, so=
wie die Bureaus des Kaisers und der Minister.

Das ganze Pariser Hoftheater war, wie durch einen Zau=
berschlag, nach Erfurt versetzt, wo möglichst bequeme und stattliche Räume für dasselbe eiligst hergerichtet worden. Von Stunde zu Stunde sah man Könige und Fürsten mit ihrem Gefolge einziehen. Die sonst so stillen Straßen Erfurts waren mit Equipagen und Reitern und einer neugierig und schaulustig hin und her wogenden Volksmenge überströmt.

Es erforderte ein eigenes Studium, sich mit den vielen königlichen und fürstlichen Wohnungen und mit denen der Minister und oberen Hofbeamten einigermaßen vertraut zu machen. Doch bildete sich gar bald eine feste Tagesordnung. Jeden Morgen um 9 Uhr war großes Lever bei dem Kaiser Napoleon. Hier fanden sich, nur die Könige ausgenommen, alle anwesenden Fürsten, ihre Minister und die Vornehmsten ihres Gefolges ein. Nur die Fürsten und Großwürdenträger konnten in das Kabinett Napoleons eintreten, während die Zurückbleibenden sich mit den französischen Generalen, Ad=
jutanten und Oberhofbeamten lebhaft unterhielten.

Man konnte diesen Zusammenfluß einer solchen Menge der verschiedensten Uniformen wohl mit einer großen Börse vergleichen, wo jeder die Neuigkeiten des Tages begierig zu erforschen und für sich irgendeinen Gewinn daraus zu ziehen strebt. Ohngefähr eine Stunde ging auf dieses glänzende Leben hin, bis die Masse der Erschienenen sich allmählich zerstreute. Nun folgten die verschiedenen Audienzen, die der Kaiser Alexander oder die Könige gaben, die Aufwartungen, welche einzelne Fürsten annahmen, die mehr oder minder zahlreichen Frühstücke bei den Fürstlichkeiten. Dann fanden gewöhnlich Revuen oder Paraden, Ausfahrten oder Ausritte der Monarchen statt. Die Zeit von 12 bis 3–4 Uhr war den Geschäftsbesuchen gewidmet. Um 5 Uhr speiste der Kaiser Alexander bei dem Kaiser Napoleon, wozu gewöhnlich nur 5–6 der anwesenden Fürsten eingeladen waren. Etwas später eröffneten sich die Mittagstafeln, welche der Obermarschall Duroc und der Minister Champagny alltäglich, die Prinzen von Benevent und Neuschatel sehr oft, mitunter auch einzelne deutsche Fürsten gaben. Gleich nach 7 Uhr abends strömte alles in das französische Theater, was oft bis 11 Uhr dauerte. Dann fuhr Napoleon noch jedesmal mit dem Kaiser Alexander in dessen Hotel und blieb gewöhnlich bei ihm bis nach Mitternacht.

So war denn nun auf einmal das an sich so stille Erfurt der wichtigste Punkt in der ganzen damaligen politischen Welt geworden, auf den die Blicke aller Kabinette Europas gerichtet waren. Hier schien die große Schicksalsurne zu sein, aus der die zwei mächtigsten Monarchen der Welt die Lose so vieler Völker und Staaten herausziehen würden. Denn nicht um Geringes, nicht um bloß vorübergehende Zwecke konnten so große Anstrengungen, so große Aufwände gemacht sein, und alle die Könige und Fürsten, alle die Minister und

Gesandten, die sich um Napoleon und Alexander gruppierten, sahen in höchster Spannung jedem neuen Morgen entgegen; die einen im Hoffnungstraum günstiger Ergebnisse, die andern nicht ohne Sorgen und bange Zweifel. Man wußte, daß die französischen Armeen in Spanien große Verluste erlitten und daß sie Portugal zu räumen genötigt seien. Noch auf dem Wege von Mainz nach Erfurt hatte der Kaiser einen Kurier aus Spanien bekommen, dessen Depeschen ihn so zornig machten, daß er sie auf der Stelle zerriß. Rußland, nach der Eroberung von Finnland mit einer neuen Aufstellung seiner Armeen beschäftigt, schien von Tag zu Tag die nachteiligen Folgen mehr und mehr zu fühlen, welche die Sperrung seiner Häfen gegen England und die dadurch hervorgerufenen Repressalien für seinen Handel mit sich brachten. Österreich, sowohl mit Rußland, als mit Frankreich mehr oder weniger gespannt und schon seit einiger Zeit sich im stillen rüstend, konnte nur mit Mißtrauen auf die Verbindung blicken, die sich in Erfurt zwischen dem Norden und dem Süden noch weit fester als bisher zu knüpfen schien, zumal die Teilnahme des Kaisers von Österreich an diesem Kongreß ausdrücklich abgelehnt worden war. Preußen, zum größten Teil noch von französischen Truppen besetzt und unter der Last der ihm auferlegten furchtbaren Kontribution fast erliegend, setzte seine letzte Hoffnung auf Minderung derselben in die Verwendung des Kaisers Alexander. Fast alle größere oder kleinere Fürsten Deutschlands hatten Beschwerden oder Wünsche anzubringen, schwebten mehr oder weniger in Ungewißheit über ihre Zukunft. Und das alles, wähnte man, sollte in Erfurt friedlich besprochen, erwogen, ausgeglichen werden. Ein verhängnisvoller Schleier verhüllte die Verhandlungen und das große politische Schauspiel, das sich hier eröffnete. Ohnerachtet aller glänzenden Erscheinungen, die sich zusammenfanden,

ohnerachtet aller anziehenden Zwischenspiele des Augenblicks,
konnte man doch eine gewisse Schwüle in der Atmosphäre
nicht verkennen.

In den ersten Tagen des Oktober traf der Prinz Wil=
helm von Preußen, Bruder des Königs, ein. Er wurde aufs
freundlichste empfangen und sogleich zu Napoleons Mittags=
tafel eingeladen. Auch viele preußische Offiziere und Ge=
schäftsmänner fanden sich nach und nach ein, mit blutendem
Herzen über die qualvolle Lage ihres Vaterlandes und mit
dem tiefsten Haß gegen seine Überwinder. Sie fanden alle
bei dem Präsidenten von der Recke, der diese Stelle schon unter
preußischer Herrschaft bekleidet hatte und geborner Preuße
war, die gastlichste Aufnahme, was gleichwohl nicht hinderte,
daß er und seine Gemahlin jeden Abend nach dem Theater
die kleinen Räume, über die sie noch disponieren konnten,
den Notabilitäten jeder Nation und jeder Partei aufs ge=
selligste öffneten. Hier fand sich sehr bald ein Kreis der an=
gesehensten, durch Bildung, Sitte und öffentliche Stellung
ausgezeichneten jüngern und ältern Männer zusammen, die
nach den Sorgen und Zerstreuungen des Tages in der liebens=
würdigen Nähe der Hausfrau und unter den jovialen und
witzigen Gesprächen ihres Gatten heitere Erholung genossen.
Prinzen und Minister, Diplomaten und Militärs, Fremde
jedes Landes drängten sich gleich gern im engsten Raume zu=
sammen, um die Eindrücke zwanglos auszutauschen, welche
die Neuigkeiten oder Vermutungen des Tages und das mäch=
tig aufregende französische Theater zurückgelassen hatten.
Frau von der Recke besaß allerdings schon von Natur die
seltene Gabe, ohne alle Absicht und Wortaufwand, lediglich
durch die Anmut und sanfte Würde ihres Wesens, jeden,
der sich ihr nahete, zu verbinden und zu erfreuen. In ihrem
Benehmen konnten Stern und Ordensband, Jugend oder

Alter der Gäſte nie die geringſte Unruhe oder Veränderung
bemerkbar machen; das gleiche Wohlwollen, die gleiche Auf=
merkſamkeit wurde jedem zuteil; ihr vorgeſtellt zu werden,
an ihrem Abendkreiſe teilnehmen zu dürfen, galt ſchon für
Auszeichnung genug. Der Miniſter Maret, dem, wie ich ſchon
oben bemerkte, der größte Teil ihres Hauſes eingeräumt
wurde, wußte ihre Geſellſchaft ſo ſehr zu ſchätzen, daß er,
wenn die andern gewöhnlich gegen 1 Uhr des Nachts ſich all=
mählich entfernten, meiſt noch bis 2, ja 3 Uhr blieb und
unter anziehenden Wechſelgeſprächen und Erzählungen den
Stundenlauf unbemerkt ließ. Der Miniſter Champagny hatte
mich ebenfalls erſucht, ihn bei Frau von der Recke einzu=
führen, und war ſehr erfreut, daß ſie ſich bewegen ließ, einige=
mal bei ihm zu ſpeiſen. Einſt, als der Marſchall Soult
neben ſie zu ſitzen kam, machte ihre Nähe auf den rauhen,
wortkargen Krieger einen ſo lebhaften Eindruck, daß er alles
hervorſuchte, um ſie zu unterhalten, wobei denn freilich ſeine
ſchroffe Weiſe gegen das feine graziöſe Weſen ſeiner Nach=
barin nicht wenig abſtach.

Das franzöſiſche Theater gab hintereinander dreizehn
Trauerſpiele der franzöſiſchen Klaſſiker: Cinna, Rodogune
und den Cid von Corneille; Andromaque, Britannicus,
Mithridate, Iphigenie von Racine; Phèdre, Zaire, Mahomet
von Voltaire; Manlius von La Foſſe; Rhadamiſte von Cre=
billon. Welchen Eindruck dieſe Stücke, geſpielt mit dem
höchſten Pathos von Talma, Lafond, St. Brix, der Raucourt,
Ducheonois, Bourgoin und andern ausgezeichneten Künſtlern
der franzöſiſchen Bühne, machten, iſt unbeſchreiblich. Wohl
fiel die ungewohnte Leidenſchaftlichkeit, ja oft Übertrieben=
heit in Deklamation und Bewegung uns deutſchen Zuhörern
gewaltig auf, doch gab es an Anſtand, Gemeſſenheit und
Würde des Vortrags vieles zu bewundern. Talma beſon=

ders bezauberte die Zuschauer durch sein herrliches Organ,
durch den ergreifenden Ausdruck innerster Empfindungen
auch bei stummem Spiel und durch die großartige Auffassung
und Durchdringung seiner Rollen.

Daher war es wohl sehr natürlich, daß ein ungeheurer
Zudrang zu den Freibilletts stattfand, welche der erste Kam=
merherr Napoleons, Herr von Remusat, an die angesehensten
Fremden ausgab. Er übersandte mir jeden Morgen zehn Bil=
letts zu meiner Privatdisposition (das Gefolge der Fürstlich=
keiten bedurfte ohnehin keiner Billetts). Allein diese zehn
Billetts genügten bei weitem nicht, die zuströmende Menge
meiner Freunde oder der mir besonders Empfohlenen zu befrie=
digen. Durch meine nähere Bekanntschaft mit dem Obermar=
schall Duroc und mit den Adjutanten des Kaisers gelang es
mir, täglich noch ein Dutzend, mitunter auch noch mehr, an=
dere Billetts zu erlangen. Aber es war keine geringe Last und
Plage, den zahllosen Anforderungen, die noch dazu von
meinem Hofe öfters dringend unterstützt waren, zu genügen,
oder sie wenigstens bis auf die nächsten Tage zu beschwich=
tigen. Nicht selten langten erst zu Mittag unangemeldet noch
ganze Wagen voll weimarischer Damen an, die in Verzweif=
lung gerieten, wenn ich ihnen keine Billetts mehr verschaffen
konnte. Das Innere des Schauspielhauses bot jederzeit einen
höchst imposanten Anblick dar. Ganz vorn im Parkett saßen
auf Lehnstühlen die beiden Kaiser in traulicher Nähe, etwas
weiter zurück die Könige und nach ihnen die regierenden
Fürsten und die Erbprinzen. Im ganzen Parterre sah man
nichts als Uniformen, Sterne und Ordensbänder. Die Par=
terrelogen waren mit Stabsoffizieren und den angesehensten
Personen der kaiserlichen Bureaus besetzt. Die obere Haupt=
loge nahmen die Fürstinnen ein, dann saßen zu beiden Seiten
die fremden Damen. Vor dem Eingang zum Theater war

eine starke Wache von Grenadieren der kaiserlichen Garde
aufgestellt. Sobald die Wagen der beiden Kaiser ankamen,
wurde dreimal, bei jedem Könige nur einmal die Trommel
gerührt. Da geschah es denn, daß einstmals die Wache,
durch das Äußere des Wagens des Königs von Württem=
berg getäuscht, die dreifache Begrüßung eintreten ließ, der
kommandierende Offizier aber zornig Einhalt gebot mit den
Worten:

„Taisez vous, ce n'est qu'un roi.“

Mit dem Minister Champagny war auch der mir stets
wohlwollende Staatsrat Labesnardière von Paris nach Er=
furt gekommen. Ich besuchte ihn oft und unterließ nicht,
ihm und auch dem Minister selbst und Herrn Talleyrand
die weimarischen Angelegenheiten von neuem zu empfehlen.
Bei der innigen Vertrautheit, die zwischen dem Kaiser
Alexander und dem Kaiser Napoleon herrschte, schienen für
Weimar die günstigsten Sterne zu leuchten. Napoleon be=
handelte den Herzog und den Erbprinzen überaus freundlich
und lud die Herzogin mehrmals aufs verbindlichste zur
Mittagstafel und zum Theater nach Erfurt ein, wobei er ihr
jedesmal die höchste Achtung und Aufmerksamkeit bewies.
Dem russischen Botschafter in Paris, Grafen Tolstoi, war
der erste Botschaftsrat, Graf Nesselrode, nach Erfurt gefolgt,
bei dem ich, wie schon früher in Paris, die aufrichtigste Teil=
nahme an dem weimarischen Interesse fand. Auch dem russi=
schen Reichskanzler, Grafen Romanzow, ward ich vorgestellt
und von ihm freundlich aufgenommen.

Der Herzog wollte gar zu gern die diplomatische Be=
kanntschaft Labesnardières machen, dem jedoch seine strenge
Zurückgezogenheit nicht erlaubte, dem Herzog aufzuwarten.
Da suchte ihn der Herzog selbst auf und erlaubte mir, Zeuge
der Unterredung zu sein. Diese bestätigte nur die große Ach=

tung, die der Herzog schon vorher aus meinen Berichten für
den ausgezeichneten Mann gefaßt hatte. Labesnardière ver=
hehlte nicht, daß ein günstiger Beschluß in den blankenhaini=
schen und anderen weimarischen Angelegenheiten unschwer zu
erlangen sein dürfte, sobald Rußland sich ernstlich dafür ver=
wende. Schon Talleyrand hatte gegen mich darauf hinge=
deutet, aber in bezug auf das freundliche Benehmen des
Kaisers gegen den Herzog mir die merkwürdigen Worte gesagt:

„Nous disons de belles choses à ceux que nous n'aimons pas, mais à ceux que nous aimons, nous disons,
moquez vous de tout cela!"

Um diese Zeit befand sich auch der ehrwürdige Herzog
von Oldenburg, den der Kaiser Alexander wie einen Vater
ehrte, in Erfurt.

Er hatte wichtige Anliegen in betreff seiner Auseinander=
setzung mit dem Königreich Holland hinsichtlich der Herr=
schaft Varel und des Elsflether Zolles und war in Ver=
legenheit über das Ausbleiben seines Ministers von Hammer=
stein. Der Herzog von Weimar schlug ihm vor, einstweilen
die französischen Behörden durch mich besprechen zu lassen.
Der Herzog von Oldenburg ging darauf ein, und so hatte
ich mehrere Unterredungen mit ihm und den französischen
Geschäftsmännern über die fraglichen Gegenstände. Fran=
zösischerseits zeigte man sich ganz geneigt, sobald nur der
Herzog in einige Gebietsaustauschungen mit vollständiger
Entschädigung willigen wollte. Da aber der letztere solches
durchaus ablehnte, so zerschlug sich die Sache, noch ehe der
Minister von Hammerstein anlangte.

Eines Tages sprach man sich französischerseits ganz offen
gegen mich über die Besorgnisse aus, die der nie rastende
Unternehmungsgeist Napoleons und besonders seine aus=
schweifenden Pläne auf Spanien und Portugal erregen müß=

ten, und wie wünschenswert es für Frankreich sei, daß Kaiser
Alexander sich nicht allzu nachgiebig und bereitwillig zeigen
möchte. Napoleon bedürfe jetzt gar sehr der Freundschaft des
Kaisers Alexander und würde daher wohl bewogen werden
können, von manchem Vorhaben abzustehen und gemäßigtere
Entschlüsse zu fassen, wenn der Kaiser Alexander ernstlich
darauf hinwirkte.

Mir erschienen diese vertraulichen Mitteilungen von
höchster Wichtigkeit; der Herzog von Weimar hielt es jedoch
nicht für angemessen, sie persönlich dem Kaiser Alexander zu
hinterbringen, sondern für besser, den Herzog von Oldenburg
darum zu ersuchen. Dieser hatte nun eine lange Unterredung
mit dem Kaiser, der die gemachten Eröffnungen sehr ver=
dankte und versicherte, daß sie ganz mit dem übereinstimmten,
was er selbst aus geheimen Berichten wisse. Er deutete aber
auf wichtige Gründe hin, die ihn abhielten, sein Benehmen
gegen Napoleon zu ändern, und schloß mit den Worten:
„C'est un torrent qu'il faut laisser passer". Man mußte
also wohl annehmen, daß, für jetzt wenigstens, große Inter=
essen Rußlands vorlägen, die den Kaiser Alexander abhielten,
den geringsten Zweifel über seine Anhänglichkeit in Napoleon
aufkommen zu lassen, und daß er auf der andern Seite sich
zur Maxime gemacht habe, keine zu andringende Verwendung
für die ihm verwandten Fürstenhäuser eintreten zu lassen,
deren günstigem Erfolg der Kaiser Napoleon späterhin den
Schein einer Verpflichtung zur Dankbarkeit geben könnte.

Unter den fremden Fürstlichkeiten zeichnete sich besonders
der König Max Joseph von Bayern durch heitern Humor
und gradsinnige Unbefangenheit in seinem Benehmen aus.
Ich hatte öfters die Ehre, mit dem Herzog von Weimar bei
ihm das Frühstück einzunehmen, und lernte so auch den geist=
vollen Minister Grafen Montgelas kennen, einen der umsich=

tigsten und schlauesten Staatsmänner seiner Zeit. Seine
Unterhaltung war stets so gehaltvoll als pikant, und es ge=
währte mir das lebhafteste Interesse, ihn über die früheren
Zustände Bayerns, über die Maßregeln von höchster Schwie=
rigkeit, z. B. Aufhebung der Klöster, die er durchgesetzt, und
über die großen Verlegenheiten, die er glücklich überwunden,
sprechen zu hören. Jeder Zug seines Gesichts kündigte den
seinen und welterfahrenen Staatsmann an; dabei war es
aber ganz eigentümlich, daß der Blick seiner beiden Augen,
während er sprach, nie geradeaus, sondern fest auf die Spitze
seiner eigenen Nase gerichtet war. Mit dem badischen Ge=
sandten von Dalberg und dem österreichischen Gesandten,
General Baron Vincent, beide mir schon von Warschau her
genau bekannt, soupierte ich zuweilen bei dem Prinzen von
Benevent in der Gesellschaft der berühmten Schauspielerin
Duchesnois, die der Prinz höchlich schätzte. Da fehlte es denn
nicht an lebendigen und witzigen Tischgesprächen, die sich oft
bis lange nach Mitternacht fortsetzten. Kam ich dann nach
Hause, so war ich immer noch sicher, den Minister Maret
bei Herrn und Frau von der Recke anzutreffen. Später in
der Nacht hatte ich auch noch nach Weimar zu berichten
oder dieses oder jenes Memoire aufzusetzen, so daß ich in der
Tat während des ganzen Erfurter Aufenthaltes nur wenig
des Schlafes genoß, zumal ich jeden Morgen schon um acht
Uhr mich bei dem Herzog einfinden und, nach den nötigen
Besprechungen, ihn zum Lever des Kaisers Napoleon be=
gleiten mußte.

Durch den russischen Generalkonsul zu Frankfurt, Moritz
von Bethmann, kam ich mit dem russischen Staatsrat von
Gervais, mit dem Grafen Ozaroffsky und mehreren andern
vom Gefolge des Kaisers Alexander in nähere Berührung
und hatte mich oftmals ihrer anziehenden Unterhaltung und

vielfacher Gefälligkeiten zu erfreuen. Der Herzog berief in diesen Tagen unsern Goethe nach Erfurt, der, nach seiner eigentümlichen Sinnesweise, sich bisher ganz ferngehalten hatte.

Es war mir gelungen, eine bequeme Wohnung in der Nähe des Herzogs aufzufinden, und Goethe blieb mehrere Tage in Erfurt. Das französische Theater gewährte ihm unsäglichen Genuß, und es war höchst interessant, ihn nach jeder Vorstellung noch stundenlang bei dem Herzog über die Eigentümlichkeiten der französischen Tragiker und dramatischen Künstler sprechen zu hören. Er war dabei stets in der höchsten Aufregung, voll Feuer und hinreißender Beredsamkeit. Bei Frau von der Recke lernte er den Minister Maret kennen, auf den er einen außerordentlichen Eindruck machte, und der davon dem Kaiser erzählte, worauf Napoleon ihn sogleich am 2. Oktober zu sich einladen ließ. Die Audienz dauerte fast eine volle Stunde. Ich hatte Goethe bis ins Vorzimmer begleitet und harrte da seiner Rückkehr. Nur Talleyrand, Berthier und Savary waren bei dieser Audienz gegenwärtig. Gleich nach Goethes Eintritt in das kaiserliche Kabinett kam auch noch der Generalintendant Daru hinzu.

Der Kaiser saß an einem großen runden Tische frühstückend. Zu seiner Rechten stand Talleyrand, zu seiner Linken Daru, mit dem er sich zwischendurch über die preußischen Kontributionsangelegenheiten unterhielt. Er winkte Goethe, näher zu kommen, und fragte, nachdem er ihn aufmerksam betrachtet hatte, nach seinem Alter. Als er erfuhr, daß er im sechzigsten Jahre stehe, äußerte er seine Verwunderung, ihn noch so frischen Aussehens zu finden, und ging alsbald zu der Frage nach Goethes Trauerspielen über, wobei Daru Gelegenheit nahm, sich näher über sie auszulassen und überhaupt Goethes dichterische Werke zu rühmen, namentlich auch

feine Übersetzung des Mahomet von Voltaire. „Das ist kein
gutes Stück," sagte der Kaiser und setzte umständlich aus=
einander, wie unschicklich es sei, daß der Weltüberwinder von
sich selbst eine so ungünstige Schilderung mache. Werthers
Leiden versicherte er siebenmal gelesen zu haben [1] und machte
zum Beweise dessen eine tief eindringende Analyse dieses Ro=
mans, wobei er jedoch an gewissen Stellen eine Vermischung
der Motive des gekränkten Ehrgeizes mit denen der leiden=
schaftlichen Liebe finden wollte. „Das ist nicht naturgemäß
und schwächt bei dem Leser die Vorstellung von dem über=
mächtigen Einfluß, den die Liebe auf Werther gehabt. Wa=
rum haben Sie das getan?"

Goethe fand die weitere Begründung dieses kaiserlichen
Tadels so richtig und scharfsinnig, daß er ihn späterhin oft=
mals gegen mich mit dem Gutachten eines kunstverständigen
Kleidermachers verglich, der an einem angeblich ohne Naht
gearbeiteten Ärmel sobald die fein versteckte Naht entdeckt.

Dem Kaiser erwiderte er: es habe ihm noch niemand
diesen Vorwurf gemacht, allein er müsse ihn als ganz richtig
anerkennen; einem Dichter dürfte jedoch zu verzeihen sein,
wenn er sich mitunter eines nicht leicht zu entdeckenden Kunst=
griffs bediene, um eine gewisse Wirkung hervorzubringen,
die er auf einfachem, natürlichem Wege nicht hervorbringen
zu können glaube.

Nun auf das Drama zurückkommend, machte Napoleon
mehrfache sehr bedeutende Bemerkungen, die den Beweis lie=
ferten, daß er die tragische Bühne mit der größten Aufmerk=
samkeit, gleich einem Kriminalrichter, betrachte, und die deut=

---

[1] In der Tat finden sich Werthers Leiden in Bouriennes Memoiren unter dem Verzeichnis der wenigen Bücher aufgeführt, die
Napoleon mit nach Ägypten nahm.

lich genug zeigten, wie tief er das Abweichen des französischen Charakters von Natur und Wahrheit empfinde. Auf die Schicksalsstücke übergehend, mißbilligte er sie höchlich: „Sie haben einer dunklern Zeit angehört. Was will man jetzt mit dem Schicksal? Die Politik ist das Schicksal!“

Hierauf sprach er lange mit Daru über die Kontribu=tionsangelegenheiten, währenddessen der Marschall Soult hereintrat, den der Kaiser scherzend über einige unangenehme Ereignisse in Polen besprach. Auf einmal stand Napoleon auf, ging auf Goethe zu und fragte mit gemäßigterer Stimme nach Goethes Familie und seinen Verhältnissen zu den ver=schiedenen Personen des herzoglichen Hauses. Die Antworten, die er erhielt, übersetzte er sich sogleich nach seiner Weise in entschiedenere Urteile. Doch bald wieder auf das Trauerspiel zurückkommend, sagte er: „Das Trauerspiel sollte die Lehr=schule der Könige und der Völker sein, das ist das Höchste, was der Dichter erreichen kann. Sie z. B. sollten den Tod Cäsars auf eine vollwürdige Weise, großartiger als Voltaire, schreiben. Das könnte die schönste Aufgabe Ihres Lebens werden. Man müßte der Welt zeigen, wie Cäsar sie beglückt haben würde, wie alles ganz anders geworden wäre, wenn man ihm Zeit gelassen hätte, seine hochsinnigen Pläne aus=zuführen. Kommen Sie nach Paris, ich fordere es durchaus von Ihnen. Dort gibt es größere Weltanschauung! dort wer=den Sie überreichen Stoff für Ihre Dichtungen finden.“

Jedesmal, wenn er über etwas sich ausgesprochen hatte, setzte er hinzu:

„Qu’en dit Monsieur Goet?“

Als nun Goethe endlich abtrat, hörte man den Kaiser bedeutsam zu Berthier und Daru sagen:

„Voilà un homme!“

Goethe beobachtete lange ein tiefes Schweigen über den

Hergang bei dieser Audienz, sei es, weil es überhaupt in
seinem Charakter lag, sich über wichtige, ihn persönlich be=
treffende Vorgänge nicht leicht auszusprechen, sei es aus Be=
scheidenheit und Delikatesse. Daß aber Napoleons Äuße=
rungen ihm einen mächtigen Eindruck hinterließen, konnte
man ihm sehr bald abmerken, obschon er selbst den Fragen
seines Fürsten nach dem Inhalte der Unterredung auf ge=
schickte Weise auszuweichen verstand. Die Einladung nach
Paris insbesondere beschäftigte ihn noch geraume Zeit recht
lebhaft. Er fragte mich mehrmalen nach dem ohngefähren
Betrag des Aufwandes, den sie wohl erfordern würde, nach
den verschiedenen für ihn nötigen Einrichtungen in Paris,
Zeitabteilungen usw. Späterhin mochte ihn wohl die Er=
wägung so mancher nicht zu beseitigender Unbequemlichkeiten
in Paris von dem Vorhaben abgebracht haben.

Erst lange nachher teilte er mir nach und nach die Einzel=
heiten jener Unterredung mit, aber erst kurz vor seinem Tode
konnte ich ihn bewegen, darüber die — immer noch sehr lako=
nische — Niederschrift zu machen, die im 20. Bande seiner
nachgelassenen Werke (60. Band der sämtlichen Werke) ge=
druckt ist und die ich oben aus seinen mündlichen Mittei=
lungen treu zu ergänzen mich bemüht habe. Während Goethes
Anwesenheit in Erfurt wurde ich eines Tages mit ihm von
dem Marschall Lannes (Herzog von Montebello) zum Früh=
stück geladen. Lannes hatte im Jahre 1806 und später hatte
auch seine Gemahlin bei ihrer Rückkehr von Warschau bei
Goethe gewohnt. Er hegte die größte Achtung für ihn.

Die Unterhaltung war sehr lebhaft, und namentlich er=
zählte uns Lannes ausführlich den Hergang bei der Schlacht
von Friedland, zu deren Entscheidung er bekanntlich am
meisten beigetragen hat. Das Gespräch fiel auch auf unsere
weimarischen Angelegenheiten, da nahm Lannes auf einmal

einen Ring vom Finger und ſagte zu mir: „Wie wenn ich
dieſen Ring jetzt an Ihren Finger ſtedte, ſo würde der Kaiſer
Napoleon die Grafſchaft Blankenhain in die Hand des Her=
zogs von Weimar legen, wenn nur der Kaiſer Alexander
ein Wort ſpräche."

Ganz im ähnlichen Sinne hatten auch andere Perſonen
vom Gefolge des Kaiſers zu mir geſprochen. Was ſchien auch
natürlicher, als daß das vertrauliche Zuſammenſein der bei=
den Kaiſer nicht ohne Frucht für Weimar bleiben würde?

Napoleon hatte ſchon mehrmalen den Wunſch blicken
laſſen, daß die Herzogin von Weimar ihm und ſeinem kaiſer=
lichen Gaſt einen Ball zu Weimar geben möchte. Der Her=
zog überlegte hin und her, welche noch weitere Feſtlichkeiten
und Anordnungen ſchidlicherweiſe getroffen werden müßten,
wenn ſo hohe Gäſte nach Weimar kämen. Es verſtand ſich
von ſelbſt, daß auch die anweſenden Könige und Fürſten ein=
zuladen wären. Aber es war keine geringe Aufgabe, alle
dieſe hohen Perſonen und ihr zahlreiches Gefolge anſtändig
unterzubringen und zu verſorgen. Daraus ging denn auch
für mich eine Unzahl von mündlichen Aufträgen und Ver=
handlungen in Erfurt, wie von Korreſpondenzen und An=
fragen nach Weimar hervor. Der Herzog forderte Goethe
auf, auszuſinnen, was etwa am würdigſten zur Verherr=
lichung der bevorſtehenden merkwürdigen Tage in Weimar
geſchehen könnte. Goethe gab auch wirklich mehre höchſt
großartige und impoſante Ideen an. Teils aber hätte ihre
Ausführung zu viel Zeit erfordert, teils erſchienen ſie in der
Tat zu gigantiſch. Der Herzog beſchloß daher, ſich außer
einem Feſtmahle und Hofballe auf eine große Hirſchjagd am
Ettersberg für den erſten Tag der kaiſerlichen Anweſenheit,
und für den andern Tag auf eine andere große Jagd auf den
Bergen gegen Jena hin, zu beſchränken, da Napoleon ge=

wünscht hatte, dem Kaiser Alexander das Schlachtfeld von
Jena zu zeigen.

Der sechste und siebente Oktober wurden zu diesen Festen
bestimmt. An der Hauptmittagstafel sollten nur die beiden
Kaiser, die vier Könige, die Königin von Westfalen, der
Großfürst Konstantin von Rußland, der Prinz Wilhelm von
Preußen, der Herzog von Oldenburg, der Fürst Primas, der
Erbprinz von Mecklenburg-Schwerin, der Herzog und die
Herzogin von Weimar, der Erbprinz und die Prinzessin
Karoline von Weimar (die Frau Erbprinzessin-Großfürstin
war damals noch in Petersburg) und die Prinzen von Bene-
vent und Neufchatel speisen. [1]

Der Herzog befahl mir, mit dem Prinzen von Benevent
zu sprechen, ob es nicht schicklich sei, auch die Fürstin von
Taxis zu der Mittagstafel einzuladen. Dieser erwiderte: „Der
Herzog hat sehr unrecht, wenn er sich deshalb Skrupel macht.
Wen er als Herr in seinem Schlosse einladet, der muß dem
Kaiser Napoleon recht sein. Man muß ihm's nicht gerade
nach seiner Pariser Etikette einrichten. Wenn er zum Besuch
bei einem auswärtigen Fürsten sich befindet, so kann er sich
wohl gefallen lassen, nach der Sitte dieses Hofes behandelt
zu werden."

Aus besonderer Artigkeit gegen die Herzogin von Weimar hatte Napoleon beschlossen, am 6. Oktober sein ganzes
Hoftheater nach Weimar zu senden, damit es dort la mort
de César von Voltaire aufführe. Goethe eilte daher schon
am 4. Oktober zurück, um die nötigen Voranstalten zu treffen.

Am 6. Oktober war der Weg von Erfurt nach dem Ettersberg von früh an mit unzähligen Wagen, Reitern und Fuß-

---

[1] Der König von Westfalen und der Großfürst Konstantin blieben in der Folge wegen Unpäßlichkeit weg.

gängern bedeckt. Es war der schönste, klarste Herbsttag, kein
Wölkchen am ganzen Himmel. In der Nacht vorher waren
mehre hundert Hirsche und Rehe aus dem Ettersburger
Walde gegen einen großen freien Rasenplatz zusammengetrie=
ben und umzäunt worden. In der Mitte dieses freien Platzes
hatte man einen ungeheuern Jagdpavillon errichtet, 450
Schritte lang und 50 Schritte breit, mit drei Abteilungen,
wovon die mittlere für die beiden Kaiser und für die Könige
bestimmt war. Der Pavillon ruhte auf mit Blumen und
Zweigen umschmückten Säulen. Dicht dabei sah man große
freistehende Balkons, von denen bequem das Ganze über=
schaut werden konnte. Ringsumher liefen Buden und Zelte
mit Erfrischungen. An der Waldgrenze hin gruppierten sich
um große Feuer zur Bereitung von warmen Speisen und
Getränken eine Unzahl von Landleuten, die das Zusammen=
treiben des Wildes die ganze Nacht hindurch ermüdet hatte.
Dazwischen ertönten muntere Jagdhörner und Gesänge.

Die Monarchen, an der Landesgrenze von dem Herzog
und der ganzen Jägerei zu Pferde empfangen, langten mit
ihrem Gefolge unter dem Schalle der Jagdfanfaren gegen
1 Uhr mittags an. Nun wurde in einzelnen Abteilungen
das Wild aus dem umzäunten Walde heraus und so getrie=
ben, daß es am großen Pavillon in Schußweite vorüber
mußte. Napoleon ergötzte sich ungemein an diesem Schau=
spiel und schien überhaupt sehr vergnügt. Um vier Uhr en=
digte die Jagd, nicht der geringste Unfall hatte sie getrübt.
Ich war in Erfurt zurückgeblieben und beauftragt, dem Kai=
ser Napoleon noch vor seiner Abfahrt aufzuwarten, worauf
ich mich eiligst nach Weimar verfügen sollte. Es war fünf
Uhr, als die Monarchen unter dem Geläute aller Glocken in
Weimar einzogen. Wie Napoleon sich in die für ihn berei=
teten Zimmer begab, war ich zufällig der erste, auf den seine

Blicke im Vorzimmer trafen. Er ging sehr freundlich auf
mich zu, tat mir mehre Fragen, und ich mußte ihm einige
umstehende, ihm noch nicht bekannte Personen vorstellen.
Eine Stunde darauf ging es zur kaiserlichen Tafel. Unfern
davon war in einer großen Galerie die Marschallstafel von
mehr als 150 Personen bereitet. Ich hatte dem Minister
Staatssekretär Maret und dem Marschall Soult die Honneurs
zu machen, bei denen ich saß. Aber wir waren noch kaum
bis zur Hälfte des Diners gekommen, als gemeldet wurde,
daß die Monarchen im Begriff seien, sich von ihrer Tafel zu
erheben. Nun strömte alles dahin. Napoleon liebte bekannt=
lich sehr rasch zu speisen, doch hatte er sich dabei sehr lebhaft
mit seiner Nachbarin, der Herzogin von Weimar, unterhalten.
Nach kurzer Pause fuhr man in das Theater, wohin der Wa=
gen der beiden Kaiser von weimarischen Husaren eskortiert
wurde.

Vor dem Schlosse stand ein 60 Fuß hoher Obelisk, ge=
schmackvoll erleuchtet, auf dessen Spitze eine helle Flamme
loderte. Das ganze Schloß und seine Umgebungen, sowie
alle Straßen bis zum Schauspielhause waren illuminiert;
die innere Einrichtung und Verteilung der Sitze im Theater
ganz wie die zu Erfurt.

Die französischen Schauspieler führten, wie ich schon
oben erwähnt, la mort de César von Voltaire auf.

Unbeschreiblich war der Eindruck. Talma als Brutus
übertraf sich selbst. Bei der Stelle am Schlusse des ersten
Aktes, wo Cäsar dem Antonius, der ihn vor den Senatoren
warnt, antwortet:

„Je les aurais punis, si je les pouvais craindre;
Ne me conseillez point de me faire haïr.
Je sais combattre, vaincre et ne sais point punir,
Allons, n'écoutons point ni soupçons ni vengeance,
Sur l'univers soumis régnous sans violence"

war es, als ob ein elektrischer Funke mächtig alle Zuschauer
durchzucke. Niemand vermochte unerschüttert zu bleiben.
Gleich nach dem Schlusse des Theaters begann der festliche
Hofball im großen Saale des Schlosses. Dieser war reich
geschmückt, am reichsten durch die große Zahl juwelenstrah=
lender Fürstinnen und anderer ausgezeichneter Damen. Alles
aber überstrahlte die edle hohe Gestalt des Kaisers Alexander,
der, wie der gute Genius des Festes, durch sein liebenswür=
diges Benehmen alle Zuschauer bezauberte.

Napoleon trug die einfache Uniform seiner Gardejäger.
Er bemühte sich, jeder Dame, die in seine Nähe kam, durch
einige Worte seine Aufmerksamkeit zu bezeigen; doch gelang
es ihm nicht sonderlich, ja manche seiner Fragen und Äuße=
rungen konnten schroff und wenig freundlich erscheinen. Eine
einzige Dame machte Ausnahme hiervon; als er hörte, daß
sie von Erfurt sei, sagte er ihr: „Ich hätte nicht geglaubt,
daß es in Erfurt so schöne Frauen gäbe. Aber sind Sie denn
auch eine geborne Erfurterin?"

„Nein, Sire, ich bin zu Stettin geboren!"

„Also Preußin?"

„Ja, Sire, und Preußin von Herz und Seele!"

„Gut, man muß seinem Vaterlande anhängen," womit
er sich mit einem verbindlichen Gruße von Frau von der
Recke – denn sie war es – entfernte. Nachdem er sich hierauf
eine Zeitlang mit Goethe unterhalten hatte, kam er plötzlich
auf mich zu und fragte: „Wo ist denn Wieland? warum
führt man mir ihn nicht zu?" Ich erwiderte, daß sein hohes
Alter ihn von Bällen zurückhalte, ich würde aber sogleich
veranlassen, daß er erscheine. Der Herzog ließ ihn alsbald
durch einen Wagen abholen. Wieland war sehr über=
rascht, doch währte es nicht lange, so konnte ich ihn zu
Napoleon führen. Dieser stand gerade an einer der hinteren

Säulen, die den Durchgang zu den offenen Nebenzimmern
bilden.

Ich hielt mich einige Schritte zurück, so jedoch, daß ich
das ganze Gespräch Wort für Wort hören konnte. Nach eini=
gen freundlichen Eingangsworten fragte ihn der Kaiser, wel=
ches seiner Werke er wohl für das vorzüglichste halte? „Sire!"
— erwiderte der ehrwürdige Greis — „ich lege auf keines der=
selben einen großen Wert. Ich habe geschrieben, wie mir es
ums Herz war."

„Welches aber" — fuhr der Kaiser fort — „ist doch das=
jenige Ihrer Werke, welches Sie mit der meisten Vorliebe ge=
schaffen haben?" Worauf Wieland Agathon und Oberon
nannte.

Nun ging der Kaiser auf Gegenstände der Weltgeschichte
über und stellte die nämliche Frage, die er schon vor zwei
Jahren nach der Schlacht bei Jena an Johannes Müller zu
Berlin gestellt hatte: „Welches Zeitalter er (Wieland) wohl
für das glücklichste der Menschheit halte?" Johannes Müller
hatte bekanntlich die Regierung der Antonine dafür erklärt;
Wieland aber antwortete: „Das ist schwer, entscheidend zu
bestimmen. Die Griechen hatten oft glückliche Zeiten, wenn
man nur auf Bildung und bürgerliche Freiheit sieht. Rom
hatte, neben vielen schlechten Kaisern, auch mehrere vortreff=
liche, die es wohl verdienen, Genien der Menschheit genannt
zu werden. Auch andere Völker und Staaten können sich mit=
unter weiser und milder Herrscher rühmen; aber im ganzen
scheint mir die Weltgeschichte sich in einem großen Kreis=
laufe zu bewegen. Das Gute und das Schlechte, Tugend und
Laster wechseln immerfort ab, und es ist die Aufgabe der
Philosophie, überall das Beste hervorzusuchen und durch
Hervorhebung des Guten das Üble erträglich zu machen."

„Schön" — sagte der Kaiser — „aber es ist nicht recht,

alles ins Schwarze zu malen, wie Tacitus getan hat. Wohl ist er ein geschickter Maler, ein kühner und verführerischer Kolorist, doch es war ihm nur um Effekt zu tun. Die Geschichte will keine Illusionen; sie soll aufklären und belehren, nicht bloß eindrucksvolle Gemälde entwerfen. Tacitus hat die Ursachen und die inneren Motive der Begebenheiten nicht genugsam entwickelt. Er hat das Mysterium der Handlungen und Gesinnungen, ihre wechselseitige Verkettung nicht tief genug erforscht, um ein gerechtes und unbefangenes Urteil der Nachwelt zu begründen. Ein solches Urteil muß die Menschen und die Völker nur so nehmen, wie sie in Mitte ihrer Zeit und aller der Umstände, die ihre Handlungsweise bedingten, sein konnten. Man muß klar sehen können, wie jede Handlungsweise sich unter den gegebenen Umständen entwickelte und bedingte. Die römischen Kaiser waren lange nicht so schlecht, als Tacitus sie uns schildert. In dieser Hinsicht ziehe ich den Montesquieu bei weitem vor. Er ist billiger und der Wahrheit getreuer." Hierauf ging der Kaiser auf die christliche Religion und ihre Geschichte über, vorzüglich auf die Gründe ihrer schnellen Verbreitung. „Ich finde", äußerte er, „darin zunächst eine bewundernswürdige Reaktion des griechischen Geistes gegen den römischen.

Griechenland, durch physische Stärke überwunden, eroberte sich die geistige Herrschaft wieder, indem es jenen wohltätigen Keim in sich aufnahm und pflegte, den jenseits des Meeres die Vorsehung zum Glück der Menschheit ausgestreut hatte. Übrigens" — und hier trat er ganz nah an Wieland heran und hielt die Hand vor, so daß niemand als ich es hören konnte — „übrigens ist es noch eine große Frage, ob Jesus Christus jemals gelebt hat?"

Wieland, der bisher bloß aufmerksam zugehört hatte, erwiderte rasch und lebhaft: „Ich weiß wohl, Sire, daß es

einige Unſinnige gab, die daran zweifelten, aber es kommt
mir ebenſo töricht vor, als wollte man bezweifeln, daß
Julius Cäſar gelebt und Ew. Majeſtät leben;“ worauf der
Kaiſer Wieland auf die Schulter klopfte und „wohl, wohl“
ſagte. Darauf fuhr er fort: „Die Philoſophen quälen ſich
ab, Syſteme aufzubauen, aber ſie ſuchen vergeblich ein beſſeres
als das Chriſtentum, durch welches der Menſch mit ſich ſelbſt
verſöhnt und zugleich die öffentliche Ordnung und die Ruhe
der Staaten gleich ſtark verbürgt wird, wie das Glück und
die Hoffnung der Individuen.“ Napoleon ſchien die größte
Luſt zu haben, noch länger fortzuſprechen, allein Wieland
ließ deutlich merken, daß ihm das lange Stehen allzu be=
ſchwerlich werde, daher er denn freundlichſt beurlaubt wurde.

Ob es dem Kaiſer mit jener merkwürdigen Frage wirk=
lich Ernſt geweſen, oder ob er Wieland, den er oft den deut=
ſchen Voltaire hatte nennen hören, nur auf die Probe habe
ſtellen wollen, muß ich unentſchieden laſſen, doch iſt mir das
letztere wahrſcheinlicher. Deutlich bemerkt aber habe ich, daß
ihn Wielands Antwort ſehr frappierte und wohlgefiel.

Der Kaiſer ſprach während des Balles noch einmal mit
Goethe und drückte ihm ſein lebhaftes Intereſſe an Vered=
lung der tragiſchen Kunſt aus. Er wiederholte dabei, daß
man das Trauerſpiel nicht nur für die würdigſte Schule der
Fürſten und Staatsmänner achten müſſe, ſondern daß es in
gewiſſer Hinſicht ſelbſt weit über der Geſchichte ſtehe. Erſt
um 1 Uhr zog er ſich vom Ball zurück. Ich hatte einmal
während deſſelben Herrn Talleyrand vermißt und fand ihn
zuletzt am Ende einer langen Reihe von offenen Zimmern,
die zu dem Schlafzimmer des Kaiſers führten. Hier ſaß er
einſam und nachdenkend auf einem Sofa und richtete alſo=
bald den Wunſch an mich, daß ich ihm doch ein Memoire
über die Unterredungen des Kaiſers mit Goethe und Wie=

land aufsetzen möchte, was ich jedoch abzulehnen suchte. Am andern Morgen (7. Oktober) fand die zweite große Jagd zu Ehren der Monarchen statt und zwar zwischen Apolda und Jena auf dem Plateau des Landgrafenberges, wo man in das ganze Saaltal bei Jena hineinblickt und wo Napoleon in der Nacht vor der Schlacht von Jena biwakiert hatte. Hier war ein Tempel mit Säulen errichtet, mit einer In= schrift im Fronton; vor dem Tempel zwei Altäre. Am Fuße des Berges waren Zelte aufgeschlagen, in deren größtem die Kaiser und Könige, in den übrigen die andern Fürsten früh= stückten. Auch an diesem Morgen war das Fest von dem herrlichsten Wetter begünstigt und von einer unzähligen Menge Zuschauer umwogt. Deputationen der Akademie und der Stadt Jena wurden beiden Kaisern vorgestellt und aufs gnädigste empfangen. Napoleon ließ sich insbesondere die traurigen Zustände und Verluste der Stadt Jena bei der Schlacht von Jena schildern und fragte nach allen Einzeln= heiten. Dies hatte kurz nachher die Folge, daß Jena eine Entschädigung von 300 000 Francs aus dem kaiserlichen Schatz zuteil wurde; der Geheime Hofrat Stark aber, der sich um die französischen Verwundeten sehr verdient gemacht hatte, sodann der erste Bürgermeister, Kammerrat Vogel, und der französische Geistliche Professor Henri das Kreuz der Ehrenlegion erhielten.

Gegen Mittag, nach beendigter Jagd, ritten beide Kaiser nach Weimar zurück und fuhren von da alsobald wieder nach Erfurt.

Hatte die Aufführung des französischen Trauerspiels la mort de César immerhin etwas seltsam Ominöses gehabt, so mußte es auf diejenigen, die persönlich diesen Abend er= lebt hatten, noch lange nachher einen erschütternden Eindruck machen, als sie erfuhren, wie wenig gefehlt hatte, daß diese

Aufführung wirklich zum größten Trauerspiel der neueren
Weltgeschichte geworden wäre. Es hatte sich nämlich eine
kleine Anzahl verwegener preußischer Offiziere, das Unglück
und den trostlosen Zustand ihres Vaterlandes tief empfin=
dend und vom glühenden Haß gegen dessen Unterbrücker er=
füllt, verschworen, den Kaiser Napoleon bei seinem Heraus=
treten aus dem Theater zu erschießen. Sie hatten die Lokalität
aufs genaueste erkundigt, Voranstalten zu ihrer eiligen Flucht
nach vollbrachter Tat getroffen und sich zum größten Teil
in Weimar unbemerkt versammelt, als noch im letzten Mo=
ment einer der Mitverschworenen ausblieb. Sei es, daß
dieser Umstand die übrigen abschreckte, oder daß sie Reue
empfanden, genug, das Vorhaben unterblieb. Welche Ver=
wirrung, welche Greuel das Gelingen so grausiger Tat un=
mittelbar und zunächst für Weimar nach sich gezogen hätte,
ist kaum zu ermessen.

Am zweiten Tage nach der Rückkunft der beiden Kaiser
nach Erfurt, am 10. Oktober 1808, wurde zwischen ihnen
ein geheimer Traktat unterzeichnet, der die hochwichtigen Be=
stimmungen enthielt, daß Frankreich in die Einverleibung
der Moldau und Walachei an Rußland willige, Rußland
dagegen alle Veränderungen und Einrichtungen, die Napo=
leon in Spanien getroffen, oder noch treffen werde, anzuer=
kennen und dem Kaiser Napoleon durchaus beizustehen sich
verpflichte, wenn es zwischen ihm und Österreich zum Krieg
kommen sollte. Wie schlau und aufmerksam auch der öster=
reichische General, Baron Vincent, war — er hatte die Mon=
archen mit nach Weimar begleitet und unterhielt, besonders
mit Talleyrand, stets das traulichste Vernehmen —, so war
der Schleier über diesem Geheimnis doch zu dicht, als daß
er etwas davon entdecken konnte.

Ein am 12. Oktober in Erfurt unterzeichnetes kaiserliches

Dekret sprach die Auflösung der großen Armee aus. Nur zwei Armeekorps sollten in Deutschland bleiben, eins unter dem Marschall Davoust als Rheinarmee und eins unter dem Prinzen von Ponte=Corvo, als Armee des Gouvernements der hanseatischen Städte. Davoust sollte seinen Sitz in Er= furt, der Prinz Ponte=Corvo den seinigen in Hamburg haben. Der Vertrag, den Prinz Wilhelm von Preußen schon kurz vorher in Paris über den Abzug der französischen Truppen aus den preußischen Staaten abgeschlossen hatte, wurde jetzt in Erfurt ratifiziert und an der auferlegten Kontribution wurden 30 Millionen erlassen.

Vignon in seiner Geschichte Frankreichs unter Napoleon spricht von einem Aufsatze Napoleons, den er zur Übersicht aller ihm damals disponiblen deutschen Länderstriche und Domänen in Erfurt eigenhändig niedergeschrieben habe und worin die Überlassung von Baireuth und Regensburg an Bayern, von Fulda an Westfalen, von Hanau an den Fürsten Primas, sowie von einigen Enklaven an Württemberg und Darmstadt schon damals bestimmt gewesen, aber noch nichts über die Souveränität von Erfurt, wohl aber, daß die dazu= gehörigen Pertinenzien, je nachdem sie von weimarischem, gothaischem oder westfälischem Gebiet umschlossen, an diese Staaten fallen sollten.

Mit dem Generalintendanten Daru arbeitete Napoleon aufs eifrigste eine genaue Übersicht aller der Forderungen aus, die ihm noch an Preußen, Sachsen und Westfalen ver= blieben, sowie der Summen, die der Verkauf oder die Zession der Domänen in den verschiedenen eroberten deutschen Län= dern einbringen sollten.

Die unausgesetzte Beschäftigung mit so großen und viel= seitigen Gegenständen, die er durchaus alle noch vor seiner Abreise von Erfurt abmachen wollte, drängte die sämtlichen

Reklamationen und Anträge der verschiedenen deutschen Für=
sten in den Hintergrund. Zwar kam die Frage, ob der Herzog
von Weimar nicht noch persönlich die Verwendung des Kai=
sers Alexander wegen Blankenhain ansprechen sollte, wieder=
holt in Anregung, der Herzog hielt es jedoch für würdiger
und diskreter, es zu unterlassen, auch um nicht den Schein
zu erregen, als habe den weimarischen Festen gewinnsüchtige
Absicht zugrunde gelegen. Die einzige Gunst, die sich für
Weimar, und zwar durch den Prinzen von Neufchatel, er=
ringen ließ, war die, daß der schon anbefohlene Abmarsch
des weimarischen Bundeskontingentes nach dem Lager zu
Boulogne auf unbestimmte Zeit verschoben wurde.

Die 300000 Francs, welche der Kaiser der Stadt Jena
schenkte, und die kleine Domäne Mohrenthal im Blanken=
hainischen, die er der Universität Jena überließ, sind kaum
hierher zu rechnen. Übrigens blieb die Tagesordnung zu
Erfurt vom 9. bis zum 14. Oktober ganz dieselbe wie vorher.

Am 10. Oktober trafen noch der Erbgroßherzog und die
Erbgroßherzogin Stephanie von Baden ein.

Es gelang mir noch, durch den Minister Maret die Er=
füllung eines lebhaften Wunsches der Herzogin von Weimar
durchzusetzen, dem nicht geringe Schwierigkeiten entgegenzu=
stehen schienen.

Miß Emily Gore, die seit langen Jahren mit ihrem
Vater und ihrer Schwester in Weimar lebte und wegen ihrer
geistigen Vorzüge und ihres edlen Charakters von der Her=
zogin ungemein geschätzt wurde, hegte nach dem Tode von
Vater und Schwester das lebhafte Verlangen, sich zu ihrer
noch übriggebliebenen Schwester Lady Cowper nach Florenz
zu wenden. Bei den strengen Dekreten Napoleons gegen alle
in Deutschland lebenden Engländer war es bisher unmöglich
gewesen, ihr einen französischen Paß dahin zu verschaffen.

Doch aus besonderer Rücksicht auf die Herzogin bewilligte der Kaiser die ersehnten Pässe. Noch lange nachher, als ich im Jahre 1829 nach Florenz kam, sprach Miß Gore mir ihr dankbares Andenken an Weimar lebhaft aus.

Goethe und Wieland wurden jeder noch einmal zu Napoleon gerufen, während er frühstückte. Auch jetzt wieder behandelte er sie mit Wohlwollen und Auszeichnung; die Unterhaltung beschränkte sich jedoch auf Persönlichkeiten und Lebensverhältnisse beider Männer, ohne das große Interesse darzubieten, welches die früheren Unterredungen hatten.

Der Fürst Primas gab ihnen und dem Prinzen von Benevent ein großes Diner, dem ich beizuwohnen die Ehre hatte und bei welchem insbesondere der Prinz von Benevent sich bemühte, Wieland zu lebhaften Gesprächen zu veranlassen, der jedoch dabei seiner eigentümlichen kaustischen Weise durchaus treu blieb.

Am 13. Oktober schloß sich mit dem Trauerspiel Bajazet die französische Bühne in Erfurt.

Unmittelbar nachher ließ mich der Minister, Staatssekretär Maret zu sich rufen und händigte mir für Goethe und Wieland die ihnen vom Kaiser verliehenen Insignien der Ehrenlegion aus, welche Maret mit zwei überaus schmeichelhaften Schreiben begleitete.

Am Vormittag des letzten Tages gab der Kaiser dem russischen Ambassadeur, Grafen Tolstoi, und dem österreichischen Gesandten, Baron Vincent, feierliche Abschiedsaudienzen, worauf der Kaiser Alexander, von Napoleon auf dem Wege nach Weimar zu Pferde bis zu der Stelle, wo er ihn empfangen hatte, begleitet, unter dem Donner der Kanonen Erfurt verließ und Napoleon unverzüglich die Rückreise nach Paris antrat. Der Kaiser Alexander verweilte noch den 15. Oktober in Weimar. Der Erbgroßherzog von

Baden und seine Gemahlin, die Prinzessin Stephanie, der
Erbgroßherzog von Hessen-Darmstadt und viele andere Für=
sten waren ihm dahin gefolgt. Auf seinen Wunsch führten
Talma und seine Gattin im Schlosse noch einige Szenen
aus Othello und Macbeth, nach der Bearbeitung von Ducis,
auf, die mit dem lebhaftesten Beifall und mit kaiserlicher
Freigebigkeit belohnt wurden. Die Aufführung des Don
Carlos im weimarischen Hoftheater und hierauf ein glän=
zender Hofball, den Kaiser Alexander mit der liebenswürdigen
Erbgroßherzogin von Baden eröffnete, schlossen die drei=
wöchentliche Reihe dieser merkwürdigen Tage.

Fünfter Abschnitt
1809 bis Oktober 1813

Die Anwesenheit des Marschalls Davoust als Gouverneur zu Erfurt während des ganzen Winters 1808—1809 war für Weimar höchst lästig. Sein Spionierungs= system erstreckte sich auf alle, selbst die kleinsten Vorfälle im Weimarischen. Briefe, die über Erfurt gelaufen waren, tru= gen sehr oft die Spuren verletzten Postgeheimnisses, besonders solche Briefe, die an den Herzog gerichtet waren. Der Mar= schall und seine Agenten wußten auf alle Weise auszuspüren, wenn Nachrichten oder Druckschriften nach Weimar gelangten, die dem französischen Interesse nicht zusagten, namentlich wenn sie die Kriegsereignisse in Spanien und die Lage der dortigen Angelegenheiten betrafen. Einst wurden dem Her= zog über Frankfurt von unbekannter Hand mehre gegen Frank= reich gerichtete Aufrufe und Manifeste zugeschickt. Darüber machte nun Davoust gewaltigen Lärm. Gegen die Autori= täten des Landes benahm er sich im hohen Grade barsch und insolent, ja er drohte zuletzt dem Kanzler der eisenachischen Regierung, von Dammnitz, mit persönlicher Verhaftung, weil er seinen Anträgen auf Auslieferung eines ihm verdäch= tig gewordenen Individuums sich nicht fügen wollte. Es war gerade im Moment vor Ausbruch des Krieges mit Öster= reich zu Anfang des Aprils 1809. Der Herzog fühlte sich so erzürnt und beleidigt, daß er mich sofort mit einem ener= gischen Beschwerdeschreiben an den Marschall Davoust ab= ordnete. Dieser hatte aber plötzlich sein Hauptquartier nach Bamberg verlegt, wohin ich ihm nacheilte, ohne ihn weder dort noch in Nürnberg zu treffen. Er sollte nach Regensburg abgegangen sein, allein schon in Neumark erfuhr ich, daß er sich nach Ingolstadt gewendet habe. Das Fortkommen auf

den bodenlosen Wegen dahin war äußerst schwierig. Einzelne
Truppenabteilungen, Munitions- und Bagagewagen, Kuriere, Kriegs- und Proviantkommissäre im bunten Gewirre
überströmten die Straßen. Zum Glück gelang es mir, einen
französischen Offizier, welcher der Armee nacheilte, in meinem Wagen aufzunehmen, der mir die Überkunft nach Ingolstadt erleichterte. Ich traf bei dunkler Nacht ein, und es ist
schwer, ein treues Bild der Aufregung und Verwirrung zu
geben, die dort herrschte. Der österreichische Feldherr Fürst
Schwarzenberg war soeben in München eingezogen und hatte
den größten Teil von Bayern besetzt. Der Gasthof, in welchem ich — nicht ein Unterkommen, sondern nur momentane
Aufnahme in der Wirtsstube fand, war von Flüchtlingen
aus München und der Gegend umher überfüllt, die von
Augenblick zu Augenblick sich noch mehrten. Man sprach un-
gescheut, selbst in Gegenwart französischer Offiziere von den
großen Vorteilen, welche die Österreicher durch ihren schnellen
Einfall in Bayern bereits errungen hätten, und wie die
Franzosen ganz unfehlbar zu schleunigem Rückzuge genötigt
seien. Davoust habe sich links gewendet und es werde mir
unmöglich sein, zu ihm zu gelangen, da stündlich ein Zu-
sammenstoß mit den Österreichern zu erwarten sei. Der französische Kommandant, den ich aufsuchte, bestätigte mir dieses
und fügte hinzu, daß höchstwahrscheinlich am nächsten Morgen die Brücke über die Donau, auf der ich nach Ingolstadt
gekommen, gesperrt werden würde. Unter solchen Umständen
mußte es mir einleuchten, daß der Moment durchaus unge-
eignet sei, meine Beschwerden bei dem Marschall Davoust
anzubringen, und daß mir nichts übrig bleibe, als noch in
dieser Nacht über die Brücke zurückzureisen. Dies geschah
denn auch um 1 Uhr des Morgens, und am späten Abend
erreichte ich Ansbach. Ich fand hier den französischen General

Royer, der die Division kommandierte, zu der unser weima=
risches Bundeskontingent gehörte. Meine Besprechungen mit
ihm bestätigten, daß über die Kriegsvorfälle in Bayern große
Besorgnis herrsche. Auf meiner weitern Rückreise begegnete
ich zu Würzburg vielen Schiffen, die mit Blessierten und
Effekten, die man in Sicherheit bringen wollte, den Main
hinabschwammen. Eine Menge Kennzeichen deuteten an,
daß die Franzosen sich in einem sehr kritischen Moment be=
fänden, der große Vorsichtsmaßregeln fordere, um auf alle
Fälle gefaßt zu sein. Aber noch ehe ich selbst Weimar wieder
erreichte, war schon mit Blitzesschnelle die Kunde von dem
Siege der Franzosen bei Abensberg eingetroffen, der alles
umgestaltete. Rasch folgten sich nun die Schlachten von Eck=
mühl und Regensburg und wenige Wochen darauf die Ein=
nahme von Wien. Neue Hoffnungen erweckte die für die
österreichischen Waffen so glorreiche Schlacht bei Aspern,
Hoffnungen, welche leider durch die Tage bei Wagram und
Znaym grausam vernichtet wurden. In der Schlacht von
Wagram focht der damals erst 17 jährige Prinz Bernhard
von Weimar an der Spitze eines sächsischen Gardebataillons
so tapfer, daß Napoleon ihn eigenhändig mit dem Orden
der Ehrenlegion schmückte und am Tage nach der Schlacht
ihn mit Berthier zu seiner Tafel einlud. Noch bewahrt man
im Schlosse zu Weimar den von Kugeln durchlöcherten Hut
auf, welchen er in dieser blutigen Schlacht trug.

Der kurze Feldzug, den der König Jerome von Westfalen
um diese Zeit nach Sachsen gegen das österreichische Armee=
korps, welches über Dresden vorgedrungen war, unternahm,
führte den König selbst und sein Armeekorps nach Weimar.
Alle Gesandten in Kassel folgten seinem Hauptquartier, und
zwar zu Pferde. Auf solche Weise genoß ich unvermutet die
Freude, meinen verehrten Freund, den Grafen Reinhard, da=

maligen französischen Gesandten in Kassel, wiederzusehen. Auch wurde mir die interessante Bekanntschaft des Grafen von Fürstenstein, Ministers der auswärtigen Angelegenheiten des Königreichs Westfalen. Fürstenstein war ein schöner und stattlicher Mann, kaum noch von mittlern Jahren, der den feinsten Anstand mit ungemeiner Freundlichkeit und Behaglichkeit im Umgang verband. Unsern Goethe kennen zu lernen, dem Reinhard ihn zuführte, war ihm von großem Wert. Die Nachricht von dem kurz nach der Schlacht von Wagram geschlossenen Waffenstillstand beendigte rasch diesen ziemlich unblutigen westfälischen Kriegszug, der für den Herzog von Weimar nur den Schmerz zurückließ, einen Prinzen von Hessen-Philippsthal an der Spitze der westfälischen Garde-Lanciers haben sehen zu müssen.

In der Mitte Oktobers wurde ich durch eine Staffette gewaltig überrascht, die mir der General Rapp aus dem kaiserlichen Hauptquartier zu Schönbrunn sandte. Er meldete mir, daß er so glücklich gewesen, den Kaiser von einem Mordanschlag zu retten, den ein junger Mann aus Naumburg, namens Staps, während einer Parade auszuführen im Begriff gewesen. Der Kaiser habe gewünscht, ihn begnadigen zu können; da aber der Fanatismus des Staps so weit gegangen, zu versichern, daß er bei jeder Gelegenheit sein Vorhaben wieder auszuführen streben werde, so sei nichts übrig geblieben, als ihn erschießen zu lassen. Nun aber möchte ich doch möglichst genaue Nachricht über die Familie des Staps und über seinen frühern Lebenswandel einziehen, damit beurteilt werden könne, ob sich etwa auf weitere verbrecherische Verzweigungen schließen lasse. Diese Erkundigungen ergaben jedoch durchaus nichts Verdächtiges, und es war mir sehr lieb, durch meine Mitteilungen an General Rapp zu erwirken, daß gegen die Familie des Unglücklichen

nicht im geringsten weiter eingeschritten wurde. Merkwürdig
aber bleibt es, daß Napoleon gegen Rapp den Verdacht ge=
äußert hat, daß Staps wohl von Weimar oder Berlin zu
seinem Unternehmen veranlaßt sein möchte, ein Verdacht,
den Rapp lebhaft bekämpfte.

Gleich zu Anfang des nächsten Jahres 1810 trat ein
ebenso wichtiges, als überraschendes Ereignis ein, die Ver=
mählung des Kaisers Napoleon mit einer Erzherzogin von
Österreich. Der Baron Senft von Pilsach, bisher sächsischer
Gesandter in Paris, jetzt als Minister der auswärtigen An=
gelegenheiten nach Dresden berufen, teilte uns auf seiner
Durchreise durch Weimar die näheren Umstände hinsichtlich
dieser, politisch so wichtig scheinenden Verbindung mit und
zugleich die neuesten Veränderungen, die Napoleon in dem
öffentlichen Zustande Deutschlands getroffen hatte, nament=
lich die Errichtung des Großherzogtums Frankfurt.

Man hätte glauben sollen, daß durch jene enge Verbin=
dung Frankreichs mit Österreich der Kontinentalfrieden auf
lange gesichert sei; aber schon sehr bald zeigten sich Spuren
wachsenden Mißverständnisses mit Rußland. Die auffallen=
den Vorschritte Napoleons gegen Oldenburg und die Be=
setzung der Hansestädte mußten notwendig in Petersburg
große Verstimmung hervorbringen. Deutschland empfand
immer mehr und mehr den drückenden Übermut der fran=
zösischen Behörden. Jede Veröffentlichung freimütiger Mei=
nungen wurde aufs schärfste überwacht und, wo es nur irgend
geschehen konnte, unterdrückt. Insbesondere richtete sich die
argwöhnische Aufmerksamkeit der französischen Agenten und
Spione auch auf die deutschen Theater. Die Aufführung
eines Stücks, das diesen Auflaurern nur im geringsten an=
stößig schien, ja oft schon die kleinsten Anspielungen der
Bühne auf politische Zustände, führten die widerwärtigsten

Nachforschungen herbei. Unter solchen Umständen wollte
Goethe als Chef des Weimarischen Hoftheaters nicht länger
die alleinige Verantwortlichkeit für die Aufführungen über=
nehmen. Er bat den Herzog, mich ihm in der Art zur Seite
zu stellen, daß jedes aufzuführende Stück von uns gemein=
schaftlich geprüft und jede in politischer Hinsicht bedenkliche
Stelle unterdrückt werde. Und so habe ich denn ein paar
Jahre lang diese höchst unangenehme Funktion geübt. Bei
der Nähe der französischen Behörden zu Erfurt, die oftmals
unser Theater besuchten, war möglichste Vorsicht doppelt
nötig; es gelang uns jedoch, jeden Anstoß zu vermeiden.
Nicht immer so glücklich waren wir in polizeilicher und
kameralistischer Hinsicht. Mit dem französischen Intendanten
de Vismes wurden wir häufig in die unangenehmsten Strei=
tigkeiten verwickelt. Alte längst schlummernde Prätensionen
wurden von ihm wieder hervorgesucht, die erfurtischen und
blankenhainischen Archive durchwühlt, um diese oder jene
weimarische Hoheits=, Jurisdiktions= oder Jagdgerechtsame
anzufechten. Wir waren mit der erfurtischen Administration
im immerwährenden Kriegszustand. Durch öftere Reisen nach
Erfurt und mündliche Besprechung gelang es mir jedoch in
den meisten Fällen, unsern Besitzstand aufrechtzuerhalten
und namentlich einst bei einer Konferenz mit den französi=
schen Behörden zu Saalborn eine weit aussehende Irrung
gänzlich zu beseitigen.

Zu Anfang des Jahres 1812 wurde uns plötzlich von
Paris angekündigt, daß der Kaiser beschlossen habe, bei den
herzoglich sächsischen Höfen einen außerordentlichen Gesandten
und bevollmächtigten Minister zu akkreditieren, der in Weimar
seinen Sitz habe. Es war unverkennbar, daß Napoleon dabei
zunächst die weimarischen Verhältnisse zu dem Petersburger
Hof im Auge hatte und bei der immer größern Wahrschein=

lichkeit eines Bruchs mit Rußland einen passenden Mittel=
punkt der Beobachtung gründen wollte. Glücklicherweise fiel
die Wahl des Kaisers zu diesem Posten auf den Baron von
Saint Aignan, einen Schwager des Oberstallmeisters Cau=
lincourt, Herzogs von Vicenza. Da der letztere während seiner
Ambassade in Petersburg sich die Gunst und das Vertrauen
des Kaisers Alexander erworben hatte, so mochte man wohl
den Baron Saint Aignan am geeignetsten halten, um dieser
Mission eine günstige und zutrauliche Aufnahme bei dem
Weimarischen Hofe zu sichern. Saint Aignan traf zu An=
fang Februar in Weimar ein und hielt am 10. Februar 1812,
abends 6 Uhr, seine feierliche Auffahrt bei Hofe, auf welche
große Cour und Souper folgten. Sein Wagen wurde von
einem Fackelzuge begleitet; ich weiß nicht mehr, aus welchen
Gründen der Herzog eine so ungewöhnliche Stunde zur Au=
dienz bestimmt und ein so eigentümliches Zeremoniell an=
geordnet hatte; aber wohl erinnere ich mich, daß, von den
Fenstern des Schlosses aus gesehen, der langsam heran=
kommende Fackelzug einen wahrhaft tragischen und ominösen
Eindruck machte.

Mitten in der Ungunst der Zeiten, mitten unter den
äußerst kritischen Verhältnissen, in denen Weimar zu Na=
poleon stand, ist es wohl für einen ausgezeichneten Glücks=
fall zu achten, daß der Kaiser gerade einen solchen Ehren=
mann, wie den Baron von Saint Aignan, uns zusandte.
Denn dies war er im hohen Grade. Jeder andere französi=
sche Diplomat, der minder zartfühlend, minder wohlwollend
und diskret gewesen wäre, hätte uns gar leicht Verderben
bereiten können, während Saint Aignan — wie die Folge
dieser Blätter zeigen wird — sich unsägliche Verdienste um
Weimar erwarb und alles aufbot, um den Argwohn und
das Mißtrauen des Kaisers zu beschwichtigen. Wo er manches

Unangenehme nicht abzuwenden vermochte, wußte er doch
stets durch die Freundlichkeit seiner Mitteilungen es zu mil=
dern. Seine einnehmende Persönlichkeit verband die feinste
Sitte mit dem edelsten Anstand. Stets gemessen und achtungs=
voll im amtlichen Verkehr, war er im geselligen Kreise durch
vielseitige Bildung und anspruchslose Teilnahme wahrhaft
liebenswürdig. Während des Krieges mit Rußland, dessen
anfängliche Erfolge das Herz der Erbprinzessin=Großfürstin
so tief verwunden mußten, wußte sein richtiger Takt alles
sorgsam zu vermeiden, was einer russischen Prinzessin die
Anwesenheit eines französischen Gesandten peinlich machen
konnte; daher er denn auch unter allem Wechsel der Ereig=
nisse stets im Besitz ausgezeichneter Achtung des herzoglichen
Hofes blieb, der ihn unausgesetzt aufs zutraulichste behan=
delte. Herr Talleyrand hatte mir ihn und mich ihm gleich
bei seiner Hierherkunft angelegentlich empfohlen, und es ent=
spann sich gar bald ein wahrhaft freundschaftliches Verhält=
nis zwischen uns. Ich führte ihn bei Goethe ein, der die
aufrichtigste Zuneigung für ihn faßte. Da Herr von Saint
Aignan ein großer Kunstliebhaber war, so bat ihn Goethe,
alle Sonntage vormittags mit mir zu sich, wo er dann
Kupferstiche und Handzeichnungen aus seiner reichen Samm=
lung vorlegte und aufs interessanteste erläuterte. Wie über=
aus angenehm und lehrreich diese gemütlichen Morgenstunden
für uns wurden, läßt sich leicht denken.

In dieser Zeit kantonierte der nachherige Marschall,
General Sebastiani mit seiner Division Kavallerie im er=
furtischen Gebiete und besuchte oftmals Weimar, wo er sogar
nachmals sein Hauptquartier hatte. Unter seinen Befehlen
stand auch der brave und liebenswürdige General Berkheim,
der einer weimarischen Familie verwandt war. Ich lernte
Sebastiani bei Saint Aignan kennen und man konnte wohl

aus seinem Benehmen schließen, daß er einem nahen Aus=
bruch des Krieges mit Rußland voll Siegeshoffnung ent=
gegensah. Wie bitter wurde ihm diese Hoffnung getäuscht.

Bald nachdem Napoleon den Rückzug aus Moskau an=
getreten hatte, verbreiteten sich dunkle Gerüchte von den
großen Verlusten und dem üblen Zustand seiner Armee.
Doch war man weit entfernt, diese in dem Grade zerrüttet
zu halten, wie es sich nachher zeigte.

Mehrmalen traf ich bei Saint Aignan mit nach Frank=
reich eilenden Offizieren zusammen, deren zerstörtes Aus=
sehen und Niedergeschlagenheit wohl erraten ließen, daß sie
den Stand ihrer Kriegsangelegenheiten für äußerst schlimm
hielten. Aber nichts kann der Überraschung gleichen, als am
15. Dezember von der Post gemeldet wurde, daß der Kaiser
Napoleon mit dem Oberstallmeister Caulincourt soeben in
einem Schlitten angekommen sei und eiligst weiter wolle. Man
konnte diese Meldung kaum für richtig halten, so unglaub=
lich schien sie. Der Herzog sandte sogleich den General und
Oberstallmeister von Seebach auf die Post; aber im Mo=
ment, als dieser ankam, fuhr auch der Kaiser, dicht in Pelz
verhüllt, schon wieder weg. Zwei sächsische Küraffiere standen
hinten auf dem Schlitten, der Mameluck Ruftan saß vorn.
Selbst der Gesandte Saint Aignan konnte den Kaiser erst
in Erfurt erreichen und ließ ihm dort seinen Wagen zur
weitern Reise.

Nun war also der Schleier plötzlich gefallen, der bisher
noch die ungeheure Katastrophe verdeckte, welche seit anfangs
November über die große Armee und ihren bisher sieggekrön=
ten Kaiser hereingebrochen war. Das 29. Bulletin verkün=
dete sie klar genug dem erstaunten Europa.

Als am 2. April 1813 die Division holländischer und
deutscher Truppen des Generals Durutte sich über Jena zu=

rückzog und einen Rasttag daselbst halten wollte, war ihr
mutloser Zustand und ihre panische Furcht vor den Kosaken
so groß, daß sie, einige dieser Gefürchteten auf der Spitze des
nahen Hausbergs zu erblicken glaubend, unverweilt und in
ziemlicher Unordnung ihren Rückzug fortsetzten. Es verbrei=
tete sich das Gerücht, daß einige mutwillige Studenten sich
verkleidet und diesen Alarm veranlaßt hätten. Auch später
habe ich indessen nicht in Erfahrung gebracht, wer die Ur=
heber eigentlich waren. Das weimarische Bundeskontingent
hatte zuletzt bei Wilna gestanden und war bei der Auflösung
der großen Armee nach Danzig beordert worden, also bei
Wiedereröffnung des Feldzugs für den aktiven Dienst des
Kaisers so gut wie verloren. Er befahl daher, daß Weimar
schleunigst ein neues Kontingent aufstellen solle. Es wurde
mit größter Anstrengung zusammengebracht und mußte sich
nahe bei Eisenach zu Ruhla zusammenziehen, um dort die
Ankunft des französischen Heeres zu erwarten. Aber schon
am 13. April wurde es von einer preußischen Streifpartie
Husaren und Jäger überfallen und gefangen genommen.
Währenddessen war der General Blücher bis Altenburg vor=
gerückt, und schon schwärmten kleine Abteilungen seiner leich=
ten Reiterei bis an den Thüringer Wald heran. Der fran=
zösische Gesandte Saint Aignan zog sich daher von Weimar
nach Gotha zurück, der Herzog autorisierte mich jedoch, mit
ihm noch länger in Briefwechsel zu bleiben. Es schien, daß
in den nächsten Tagen ein großer Teil des Blücherschen
Armeekorps bei Jena und im Saalgrunde eintreffen würde,
während die vom Rhein und Main heranrückenden neu ge=
sammelten französischen Streitkräfte sich bei Erfurt und Wei=
mar vereinigen möchten, wo alsdann der jenaische Landes=
teil von Weimar ganz abgeschnitten sein würde. Der Herzog
sandte mich daher am 8. April 1813 mit unumschränkter

Vollmacht nach Jena, um die Einquartierung und Ver=
pflegung der zu erwartenden Truppen zu leiten. Ich traf zu
Jena bereits eine Eskadron Blücherscher Husaren, von dem
Major von Blücher kommandiert, die gleich darauf nebst
einer Anzahl freiwilliger Jäger zu Pferd nach Weimar vor=
rückten. Bald erfuhr ich, daß eine Streifpartie Kosaken über
Rudolstadt und Arnstadt sich bis Gotha gewagt und dort
in der Nacht Baron Saint Aignan überfallen habe. Er rettete
sich, kaum halb angekleidet, durch den Garten seiner Woh=
nung nach Eisenach, während die Kosaken sich seines Sekre=
tärs und seiner Papiere und Effekten bemächtigten. Wider
Vermuten trafen größere Abteilungen des Blücherschen Korps
weder in Jena noch bei Weimar ein. Am 18. April früh
morgens erhielt ich plötzlich Nachricht, daß tags vorher die
Avantgarde des Marschalls Ney unter dem General Souham
sich bei Erfurt gezeigt habe. Der Major Blücher hielt sich
gleichwohl noch sicher genug in Weimar und schickte sich eben
an, mit mehreren seiner Offiziere am Hofe zu speisen, als
ihm gemeldet wurde, daß französische Truppen in vollem
Anmarsche gegen Weimar seien. In größter Eile warf er
sich nun ihnen mit seinem ganzen Detachement entgegen. Es
kam nahe bei der Stadt und selbst auch in den Straßen von
Weimar zu einem heftigen Gefecht; allein da die französische
Avantgarde neben einem Regiment badischer Dragoner auch
mit Infanterie und Kanonen heranstürmte, so sah sich Blücher
bald genötigt, nach Jena zu retirieren, wo er mit vielen
Blessierten bei Anbruch der Nacht ankam und jenseits der
Saalbrücke biwakierte. Seine Leute wurden auf meine Ver=
anstaltung von Jena aus schnell möglichst verpflegt und ver=
ließen uns am andern Morgen in der Richtung nach Alten=
burg. Von Weimar aus erhielt ich Nachricht, daß General
Souham noch am Abend vorher eingezogen sei, doch übrigens

mit den weimarischen Behörden im freundlichsten Verständ=
nis stehe. Als ich aber des Nachmittags eben damit beschäf=
tigt war, die Rechnungen für die nächtliche Verpflegung der
Blücherschen Husaren festzustellen und mit der Jenaischen
Polizeikommission, die aus dem Hofrat und Professor
Schweitzer, nachherigen Staatsminister, und dem Landrat
von Lynker bestand, weitere Maßregeln zu beraten, wurde
ich plötzlich hinausgerufen, weil ein aus Weimar angekom=
mener Mann mich ohne Zeugen sprechen wolle. Es war
mein treuer Bediente Gernhard, der sich auf Nebenwegen
hierher geschlichen hatte und mir eröffnete, daß er Weimar
vor wenig Stunden in großer Aufregung verlassen habe und
daß es sehr schlimm stehen müsse, weil zwei Mitglieder der
Landespolizeidirektion, der Geheime Regierungsrat von Voigt
und der Kammerherr von Spiegel, auf Befehl des Generals
Souham arretiert seien, der auch mich in meiner Wohnung
habe aufsuchen, diese mit Wache besetzen und meine Papiere
versiegeln lassen. Ja man schwebe selbst wegen der persön=
lichen Sicherheit des Herzogs in großer Besorgnis. Gewiß
würden die Franzosen mich sehr bald in Jena gefangen neh=
men, und es sei mir daher gar sehr zu raten, unverzüglich
zu entfliehen.

War ich von dieser überraschenden Nachricht wie von einem
Blitzstrahl betroffen, so mußte mir doch sogleich beifallen, daß
der unglückliche Vorfall in Weimar kaum einen andern Grund
haben könne, als daß ein Brief des Herrn von Spiegel oder
des Herrn von Voigt an mich aufgefangen worden und, da
er vielleicht in der von uns für Notfälle verabredeten Chiffre
geschrieben gewesen, dadurch Verdacht erregt habe. Ich konnte
jeden Augenblick das Eintreffen französischer Truppen in
Jena, um von ihnen arretiert zu werden, erwarten, und es
war höchst wahrscheinlich, daß ich alsdann mit meinen beiden

weimarischen Freunden vor ein Kriegsgericht gestellt werden würde, dessen rasches Verfahren in ähnlichen Fällen bekannt genug war. Das Sicherste schien also, nach Altenburg in das Hauptquartier des Generals Blücher zu eilen und von dort aus meine Verteidigung zu führen. Allein in Betracht, daß meine Entfernung als das Anerkenntnis einer Verschuldung ausgelegt werden und die Lage der Dinge in Weimar gar sehr verschlimmern würde, entschied ich mich sogleich, in Jena zu bleiben und die Ereignisse abzuwarten. Der nächste Morgen verging, kein Franzose ließ sich in Jena sehen, und doch kam auch von Weimar nicht die geringste Nachricht. Des Nachmittags aber erschien mein treuer Bediente abermals und verkündete zwar, daß die Herren von Voigt und von Spiegel bereits am Abend vorher nach der Festung Erfurt transportiert worden seien, sagte mir aber zugleich, daß einige meiner Freunde ihn auf dem Bureau der Polizei=Direktion aufgefordert hätten, zu mir zu eilen, damit ich mich möglichst schnell in Weimar einfinden möge, was auch der Herzog sehr wünsche. Dazu war ich augenblicklich entschlossen; allein groß war die Schwierigkeit, wie durchzukommen wäre, da ebenso=gut preußische, als französische Vorposten auf dem Wege nach Weimar aufgestellt sein konnten und keiner derselben ohne Legitimation mich durchlassen würde. Waren es preußische, so konnte ich mich allenfalls durch mein weimarisches, vom Herzog selbst unterzeichnetes Kommissorium ausweisen; wie aber, wenn es französische wären?

Da fiel mir bei, den französischen katholischen Pfarrer Henri zu Jena, dem Napoleon das Kreuz der Ehrenlegion verliehen hatte und der ein gewandter Sprecher und mir in mancher Hinsicht verpflichtet war, zu meiner Assistenz mitzu=nehmen, und so fuhren wir unverzüglich auf gut Glück ab. Mein weimarisches Kommissorium wurde für den Fall, daß

ich auf französische Vorposten stieße, in eine verborgene Stelle
des Wagens versteckt. Es war schon dunkel, als wir auf der
Höhe bei der Kötschauer Schenke, anderthalb Stunden von
Jena, von einem dort postierten Husaren angehalten wurden.
Sein blauer Dolman konnte ebensogut für preußische, als für
französische Bezeichnung gelten. Er rief „qui vive!" aber
wie erschrat ich, als er auf meine französische Antwort sich
sofort als Preuße zu erkennen gab und sich lachend freute,
mich angeführt zu sehen und nun arretieren zu können. Doch
ich äußerte augenblicklich meine große Freude, statt eines
Franzosen einen guten Preußen zu finden, indem ich nur
aus Furcht, daß er ein Franzose sei, ihm in derselben Sprache,
mit der er mich angeredet, geantwortet habe. Zugleich holte
ich eine Flasche Wein aus meinem Wagen heraus und bat
ihn, mit mir ein Glas auf des Generals Blücher Gesundheit
zu leeren, wobei ich noch mancherlei zur Bestätigung meiner
preußischen Gesinnung hinzufügte. So ließ mich denn der
gutmütige Husar passieren. Schärfer aber war das Examen,
als wir eine Stunde weiter bei Süßenborn auf einen starken
französischen Wachtposten stießen. Ich verlangte sogleich, zu
dem mir wohlbekannten[1] General Souham gebracht zu wer=
den, und unter Beihilfe des Pfarrers Henri gelang es mir
auch, hier ohne weitere Legitimation durchzukommen. In
dunkler Nacht zu Weimar angelangt, traf ich den General
Souham im Wittums-Palais einquartiert und schon zum
Schlafe auf einer Matratze zu ebener Erde ausgestreckt. Sou=
ham war ein großer baumstarker Mann, barschen Wesens
und gewaltig stotternd. Nachdem ich ihn an mein früheres
Zusammensein mit ihm in Bamberg erinnert und die viel=
fachen Beziehungen, die ich in neuerer Zeit zu Frankreich ge=

---

[1] Ich hatte nämlich im November 1800 zu Bamberg im Namen
der damaligen Reichsritterschaft mit Souham verhandelt.

habt, kürzlich angebeutet hatte, sagte ich ihm, wie ich bloß zur Aufklärung des bei Arretierung meiner Freunde ohne Zweifel obwaltenden Mißverständnisses von Jena herüber= gekommen sei und mich infolge reinsten Bewußtseins frei= willig vor ihm stelle. Das letztere verfehlte nicht, günstigen Eindruck auf ihn zu machen. Er eröffnete mir ziemlich freund= lich, daß seine Vorposten gestern vormittag einen weimari= schen Husaren angehalten und bei ihm einen Brief an mich gefunden hätten, in welchem auf verhüllte Weise mir Nach= richt von der Stärke seiner Truppen und des Marschall Ney= schen Korps hätten gegeben werden sollen. Da nun ohnehin in einem Moment, wo man dem Feinde so nahe gegenüber= stehe, jede Korrespondenz über die Vorposten hinaus streng verpönt sei und aus dem Briefe sich auf Verbindungen schließen lasse, die der Sicherheit der französischen Avant= garde Gefahr drohten, so sei es bringende Pflicht gewesen, die beiden Verfasser des Briefes arretieren und auf die Fe= stung nach Erfurt in Sicherheit bringen zu lassen. Es sei nun lediglich Sache des Marschalls Ney, das Weitere zu verfügen.

Ich setzte ihm auseinander, auf wie unschuldige Weise alles zugegangen, wie die Chiffre, in der der Brief geschrie= ben, bloß deshalb zwischen mir und meinen Freunden ver= abredet worden, um, wenn durch die Preußen alle Kommu= nikation zwischen Jena und Weimar gehemmt werden würde, die in administrativer Hinsicht nötigen wechselseitigen Mit= teilungen zu erleichtern, und daß ja schon mein freiwilliges Erscheinen bei ihm der sprechendste Beweis sei, wie wenig die Sache auf sich habe.

Souham erwiderte, daß er mir nur raten könne, gleich morgen zu dem Marschall Ney nach Erfurt zu reisen und bei diesem meine Vorstellungen geltend zu machen. Dies geschah denn auch, nachdem ich nur noch vorher die Familien von

Voigt und von Spiegel, welche in verzweiflungsvoller Besorgnis schwebten, sowie meine eigene Familie möglichst zu
beruhigen gesucht hatte.

Der Marschall Ney empfing mich in der Statthalterei zu
Erfurt (in demselben Zimmer, in welchem ich wenige Tage
später eine so merkwürdige Audienz bei Napoleon haben sollte).
Er war ein überaus kräftiger, ziemlich starker Mann von
mittlerer Größe und dunkelbraunem Haarwuchs. Seine Worte
waren kurz und bündig, doch nicht eben unfreundlich. Sein
ganzes Wesen verriet unerschütterliche Festigkeit; er erschien
mir ganz wie aus Bronze gegossen; allenthalben aus seinem
Benehmen leuchtete eine gewisse trotzige Sicherheit und der zu-
versichtlichste Glaube an Napoleon und sein Siegesglück hervor.

Meine Vorstellungen hörte er ruhig an, versicherte aber,
daß die Sache zu wichtig sei, als daß er darin etwas tun
könne; der Vorfall sei bereits an den Kaiser berichtet; einzig
von diesem hänge alles Weitere ab. „Je ne suis,“ sagte er,
„qu'un atôme devant le grand homme; je suis un fusil
chargé, l'empereur commande et le coup part.“

Auf meine Bitte, die gefangenen Weimaraner besuchen
und in Gegenwart eines französischen Offiziers sprechen zu
dürfen, erwiderte er, daß mir nicht verwehrt sei, auf die
Festung zu gehen und zu versuchen, ob der Kommandant mir
erlauben werde, die Gefangenen zu sehen. Ich eilte sofort
dahin; allein der Eintritt in das Gefängnis wurde mir nicht
gestattet, jedoch durfte ich mit dem Bedienten des Herrn von
Spiegel sprechen. Dieser sagte mir, daß beide Gefangenen
leiblich behandelt würden und ihre ganze Hoffnung auf mich
setzten, um ihre Unschuld an den Tag zu bringen. Ich
ließ ihnen wissen, daß der Marschall Ney mich lediglich an
den Kaiser verwiesen habe und daß ich diesem entgegenzureisen im Begriff sei.

Da ich die Wiederanwesenheit des Gesandten, Baron von Saint Aignan in Gotha erfuhr, so machte ich mich auch gleich dahin auf den Weg, um je nach dessen Äußerung von Gotha aus die Genehmigung meines Fürsten zur Weiterreise zu erbitten. Herr von Saint Aignan billigte vollkommen meinen Vorsatz, doch möchte ich abwarten, bis ihm sichere Nachricht über die Ankunft des Kaisers bei der Armee zukommen würde. — Zwei Tage darauf teilte er mir mit, daß der Kaiser ohne Zweifel tags darauf in Fulda eintreffe, und zugleich erhielt ich von Weimar die Autorisation zur Fortsetzung meiner Reise; der Herzog besorgte jedoch, daß der Kaiser wegen meiner Verwicklung in der Voigt-Spiegel-schen Sache mich vielleicht gar nicht vor sich lassen möchte, und sandte mir daher den damaligen Kanzler, nachherigen Oberkammerherrn von Wolfskeel zu, damit wenigstens dieser im Auftrag des Herzogs sich Audienz erwirken könne. Wir reisten noch am nämlichen Abend nach Eisenach und von da nach kurzer Ruhe am 25. April ganz früh weiter. Es war ein wunderschöner Sonntagsmorgen, ganz schon wie im Mai, und es mochte ungefähr 8 Uhr sein, als kurz vor der Brücke bei Vacha ein Gendarmerie-Posten uns anhielt, weil die Passage für den Kaiser Napoleon freibleiben müsse, der in wenig Minuten herankommen und hier umspannen lassen werde. Wir sprangen sogleich aus unserem Wagen, in größter Spannung den Kaiser erwartend. Es dauerte nicht lange, so verkündete ein über die Brücke sprengendes westfälisches Reiterdetachement seine Ankunft. Napoleon saß mit Berthier in dem ersten Wagen, Caulincourt und Duroc in dem zweiten. Baron Saint Aignan hatte mir einige empfehlende Zeilen an seinen Schwager Caulincourt mitgegeben, die ich sogleich überreichte, aber von ihm hörte, daß der Kaiser soeben im Wagen schlafe und die gewünschte Audienz uns erst zu Erfurt

erteilen könne, wir möchten nur eilen, dahin nachzukommen.
Dies war aber bei der Schnelligkeit, mit der der Kaiser reiste,
fürwahr keine leichte Sache; inzwischen trafen wir doch noch
in Gotha in demselben Moment ein, als er eben wieder abfuhr.
Eine Menge Volks und tausendstimmiger Jubelruf umwogte
seinen Wagen; denn infolge eines Fußfalls der Hofrätin
Becker hatte der Kaiser ihren Mann soeben begnadigt, der
wegen politischen Verdachts schon einige Jahre in Magde=
burg gefangen saß. Mir schien dieser Zufall von günstiger
Vorbedeutung. Auf dem Wege nach Erfurt mußten wir die
ganze Kolonne französischer Garden passieren, was uns so
sehr aufhielt, daß wir erst in dunkler Nacht zu Erfurt ein=
trafen. Das weimarische Geleitshaus, in welchem wir ab=
stiegen, war von Offizieren und Soldaten überfüllt; kaum
fanden wir noch in einem Billardzimmer mühseliges Unter=
kommen. Am andern Morgen – 26. April – versprachen mir
zwar Caulincourt und Duroc, uns möglichst baldige Audienz
zu verschaffen; es währte aber doch bis 2 Uhr nachmittags,
ehe wir dazu berufen wurden. Ich hatte also Zeit genug,
nochmals zu überdenken, welche Beschwerden gegen Weimar
Napoleon etwa führen und nach seiner eigentümlichen Weise
bei der Audienz zur Sprache bringen könnte. Zuerst ohne
Zweifel die vor wenig Tagen zu Ruhla durch ein kleines
Detachement preußischer Husaren bewirkte Gefangennehmung
unseres Bataillons. Die heftigen Ausfälle Napoleons gegen
mich über den Herzog im Jahre 1806 zu Berlin lagen mir
noch in treuem Gedächtnis, und wie er nur widerwillig,
hauptsächlich bloß in Rücksicht auf die Herzogin, in die Auf=
nahme des Herzogs in den Rheinbund gewilligt. Der Herzog
hatte augenscheinlich vermieden, damals zeitig nach Berlin,
später nach Posen oder Warschau – wie der Kaiser gewünscht
– zu kommen. Der Herzog hatte ferner seine treue Anhäng=

lichkeit an das königlich preußische Haus und dessen Interessen nie verleugnet und den edlen Mut gehabt, zweien seiner
früheren preußischen Waffengefährten[1] ansehnliche Stellen
in seinen Diensten zu verleihen, andere fortwährend bedeutend unterstützt. Freimütige Äußerungen des Herzogs, mündliche und briefliche, mochten wohl nicht selten dem Kaiser
kund geworden sein, die, je treffender sie waren, nur noch
mehr verwunden mußten. Einen so ungebeugten Sinn, eine
so hochherzige, uneigennützige Verachtung jeder Anbequemung
an Grundsätze und Absichten, die auf Deutschlands Erniedri-
gung hinzielten, hatte der Kaiser noch nie gefunden, mußte
sie, aus seinem Standpunkte, unverzeihlich finden. Hatte er
doch bei dem Mordanschlag zu Schönbrunn alsobald gearg-
wohnt, daß auf Staps von Weimar oder Berlin eingewirkt
sein möchte! Dazu die neuesten Vorfälle in Jena und Weimar — alles dieses mußte mir wohl gerechte Besorgnis einflößen und für das Ergebnis der vorstehenden Audienz mehr
fürchten, als hoffen lassen.

Nie werde ich den Moment vergessen, als die Flügeltüren
jenes großen mit einem Erker versehenen Zimmers der Statthalterei sich öffneten und nun der Kaiser Napoleon in seiner
Chasseur-Uniform langsamen Schrittes auf mich zukam und,
ganz ruhig, aber mit zusammengezogenen Augenbrauen ver-
bissenen Unwillens, mich mit der lakonischen Frage ansprach:
„Où est votre contingent?"

Ich hatte diese unheilschwere Frage kaum durch eine
kurze Darlegung der besonderen Umstände, unter welchen
dieses Kontingent vor wenig Tagen von den Preußen über-
rumpelt und gefangengenommen worden war, beantwortet,
als der bis dahin zurückgehaltene Zorn des Kaisers losbrach

---

[1] Die nachmaligen Generäle von Müffling und von Ende.

und wie ein Strom, der seinen Damm zerreißt, über mich
hereinstürzte. „Wie, Ihr bildet Euch ein, ein ganzes Batail=
lon lasse sich ohne Schwertstreich von einer Handvoll Husaren
gefangennehmen? Wie, Ihr wollt mir glauben machen, ein
solcher Skandal lasse sich ohne vorherige verräterische Verab=
redung denken? Ich weiß gar zu wohl, daß Euer Herzog
mein abgesagter Feind ist und nie aufgehört hat, mit allen
meinen Feinden zusammenzuhängen. Hat er nicht preußi=
sche Offiziere in seinen Diensten und in seinem Solde? Hat
er nicht fortwährend mit der Kaiserin von Österreich, meiner
Schwiegermutter, korrespondiert, die von Wien aus giftige
Netze für mich spinnt? Aber fürwahr, man betrügt mich nicht
so leicht! Ich habe sie alle gelesen, diese Briefe; die Kunst,
zu entziffern und unmerkbar Briefe zu öffnen, ist unglaublich
weit gediehen! Euer Herzog ist der unruhigste Fürst in ganz
Europa (votre prince est le plus remuant de toute l'Eu-
rope). Und Euer Tugendbund, die frechen und revolutio=
nären Reden Eurer Jenaischen Professoren, der revolutionäre
Samen, den sie überall unter die Jugend ausstreuen! Sind
nicht die Vorposten des Generals Durutte zu Jena durch als
Kosaken verkleidete Studenten alarmiert worden? —"

Alles was ich gegen diesen Strom von Beschuldigungen
aufbringen konnte und mit möglichster Unerschrockenheit auf=
brachte, als der Kaiser einen Augenblick schwieg, schien keinen
Eindruck zu machen.

„Ich muß", fuhr der Kaiser fort, „ein abschreckendes
Beispiel von Bestrafung geben; noch diesen Abend wird das
5. Armeekorps in Jena einziehen; dort auf meinem Schreib=
tisch liegt die Ordre an den General Bertrand, die Stadt
niederzubrennen; ich bin eben im Begriff, sie zu unterzeichnen."

Man kann denken, welchen erschütternden Eindruck diese
Worte auf mich und Herrn von Wolfskeel machen mußten.

Mit verdoppelter Lebhaftigkeit stellte ich das grausame Un=
recht dar, welches durch die Ausführung dieses Beschlusses
an so viel hundert Unschuldigen begangen würde. Ich stellte
vor, wie großes Unglück Jena schon durch die Schlacht am
14. Oktober 1806 erlitten, so daß der Kaiser selbst zu einiger
Entschädigung dafür sich bewogen gesehen habe, und daß er den
unsterblichen Ruhm, den diese Schlacht ihm gebracht, jetzt
durch so grausame Tat für immer in den Augen der Nach=
welt beflecken würde. Ich beteuerte, daß wir nichts von
einem Tugendbunde wüßten und ebensowenig von aufrühre=
rischen Reden der Professoren, und stellte die Beteiligung der
Studenten bei dem auf ein bloßes Gerücht hin angenom=
menen Vorfall mit dem General Durutte in Abrede.

Hierauf sprang der Kaiser an die Tür und rief seinen im
Vorzimmer befindlichen Gesandten Saint Aignan herein.
Mit Heftigkeit auf ihn zustürzend, rief er ihm zu: „Est-il
vrai ou non que les avantpostes du général Durutte ont
été alarmés par les étudiants de Jena?"

Saint Aignan geriet in große Verlegenheit und suchte
ausweichend zu antworten; die Ungeduld des Kaisers ließ
aber nicht zu, ihn anzuhören, sondern, die geballte Faust ihm
vor das Gesicht haltend, wiederholte er mit gesteigerter Heftig=
keit: „Oui ou non? Oui ou non?"

Saint Aignan, wohl ahnend, welches furchtbare Gewicht
seine Antwort in die Wagschale legen würde, hatte den edeln
Mut, zu erwidern: „Sire, ce qui est bien vrai c'est que je
n'en ai reçu aucun rapport," und alsobald stürzte ich auf
Napoleon mit den Worten zu: „Votre Majesté voit donc, que
sa réligion a été trompée," und was ich noch sonst zur Unter=
stützung dieser Behauptung hinzufügte. Der Kaiser schien
sich einen Augenblick zu besinnen und sagte dann: „Eh bien,
ce ne seront donc que les maisons des professeurs qui

doivent être brulées. " Endlich aber gelang es mir durch die einleuchtende Vorstellung, daß dies unmöglich, ohne die Stadt selbst zu zerstören, ausführbar sei, ihn auch davon ab=zubringen. Er zerriß die Ordre an den General Bertrand und fuhr dann ruhiger wieder fort:

„Mais qu'on fasse une bonne et bien sévère leçon à ces Messieurs de Jena, afin qu'ils se mettent bien dans l'esprit que d'un clin d'oeil je peux détruire pour jamais toute l'uni-versité. – Et en effet que veulent donc tous ces idéologues, tous ces radoteurs? Il veulent la révolution en Allemagne, ils veulent s'affranchir de tous les liens qui les attachent à la France. Savez-vous, vous autres Allemands, ce que c'est qu'une révolution? Vous ne le savez pas ; mais moi, je le sais. J'ai vu ces torrents de sang inonder la France, j'y ai sur-nagé. et je ne veux pas souffrir que ces terribles scènes se renouvellent en Allemagne. Mais certainement, Messieurs, vous aurez la révolution, si je n'y mets pas bon ordre. La Prusse a joué de perfidie avec moi; il lui en coûtera cher. J'ai été beaucoup trop généreux envers elle, j'ai remis le roi sur son trône. et voilà qu'il me paye d'ingratitude. "

Bis hierher hatte ich noch kein Wort über die Arretierung der Herren von Voigt und von Spiegel anbringen können und auffallenderweise hatte auch Napoleon diesen Gegen=stand noch nicht berührt. Jetzt, wo der Fluß seiner Rede zu stocken schien, setzte ich in möglichster Kürze die wahre Be=wandtnis der Sache und die Unschuld meiner Freunde aus=einander. Napoleon hörte sehr gelassen zu und sagte dann ganz trocken: „La chose est fort simple, ils se sont avisés de correspondre en présence de l'ennemi au delà des avant-postes, donc ils doivent être fusillés. "

Ich bot noch einmal alles auf, um die Unschuld meiner Freunde darzutun. „Nun," sagte ich zum Schlusse, „wenn sie schuldig sind, so bin auch ich es ebensogut, denn an mich ist ja der Brief geschrieben, der so großen Verdacht erregt! Warum aber arretiert man nicht auch mich?"

„Je ne veux rien de Vous," versetzte der Kaiser, „je Vous connais depuis longtemps, depuis Berlin, Posen et Erfourt."

„Auch Herrn von Spiegel kennen Ew. Majestät," erwiderte ich. „Als Sie in den Tagen von Erfurt Weimar mit Ihrem Besuche beehrten, genoß er als Kammerherr das Glück, den Dienst bei Ihnen zu tun und damals Beweise gnädigster Zufriedenheit von Ew. Majestät zu empfangen."

Das Wort „Kammerherr" mochte ihm auffallen. Ebenso trocken, wie vorher, sagte er: „Ah, monsieur, je ne vois pas du tout, pourquoi un chambellan ne pourrait pas être pendu!"

Dieser furchtbare Lakonismus reizte mich grenzenlos auf. Herr von Wolfskeel, aufs tiefste erschüttert, brach in Tränen aus, während ich, in der Verzweiflung alles aufs Spiel setzend, ungestüm auf Napoleon eindrang, der, wie bei der gleichgültigsten Sache, mit den Händen auf dem Rücken im Zimmer auf- und abging. „Nein, Sire," rief ich leidenschaftlich aus, „Sie können, Sie werden solche Greueltat niemals vollführen, Sie können es nicht! Sie werden nicht den Glanz Ihres Ruhms auf immer verdunkeln und unschuldig Blut kalt vergießen!"

Napoleon, frappiert von meiner Heftigkeit, trat einen Schritt zurück und legte die Hand an den Degen, und in demselben Augenblick fühlte ich mich von Saint Aignan am Rockschoß gepackt und zurückgezogen. Er gestand mir nachmals, daß er das äußerste für mich gefürchtet habe und kaum begreife, wie der Kaiser meinen Ungestüm habe verzeihen können.

Nach dieser heftigen Explosion trat eine kleine Pause ein. „Vous êtes bien téméraire," sagte der Kaiser, „mais je vois que Vous êtes un fidèle ami; finissons, je vais charger Berthier d'examiner cette affaire; voyons, quel sera le résultat de cette enquête."

Diese Worte hauchten mir neues Leben ein; denn ich wußte, daß Verthier gerecht und dem Herzog, von Erfurt her, freundlich zugetan war. Der Kaiser ging an seinen Schreibtisch und entließ uns ohne ein Wort weiter. — Ich flog zu Verthier, der ebenfalls in der Statthalterei wohnte, und hinterbrachte ihm die letzten Worte des Kaisers.

„Seien Sie ruhig," sagte dieser, „nun einmal der Kai= ser die Sache in meine Hände gelegt hat, haben Sie nichts mehr zu befürchten; aber sagen Sie dem Herzog, daß er un= verzüglich hierhereile und dem Kaiser aufwarte."

Als wir die Treppe hinabkamen, fanden wir eine Menge Volks versammelt, die das ungemein laute Sprechen während meiner Szene mit dem Kaiser herbeigezogen hatte. Wir eilten so rasch als möglich nach Weimar zurück, noch ganz betäubt von den Eindrücken der letzten Stunde, die uns wie ein böser Traum vorkam. Es war schon ganz dunkel, als wir am Schlosse zu Weimar anlangten. Wir fanden die Herzogin bei dem Herzog; beide in gespanntester Erwartung. Ich er= zählte treulich das Vorgefallene und bat bringend, daß der Herzog, obgleich es inzwischen Nacht geworden, sogleich nach Erfurt abreisen möge. Mehre der hinzugekommenen Personen machten auf die Gefahr aufmerksam, welcher der Herzog sich aussetze, in so später Stunde unbeschützt durch die in Marsch begriffenen französischen Truppen zu reisen. Auch werde er gewiß den Kaiser heute nicht mehr sprechen können.

Allein der Herzog war augenblicklich entschlossen, und die Herzogin billigte diesen Entschluß gar sehr. So fuhr er denn, auf seiner gewohnten offnen und nur zweispännigen Droschke gegen 9 Uhr abends, bloß von dem General von Seebach begleitet, nach Erfurt ab; ein einziger Husar ritt

mit der Fackel voraus. Ich vertraute den guten Sternen
meines teuren Fürsten, doch konnte ich mich einer großen
Beklommenheit nicht erwehren und eilte, die Familien der
gefangenen Freunde vorläufig zu beruhigen. Am andern
Morgen lief die Audienz des Herzogs bei Napoleon weit
glücklicher ab, als zu vermuten gewesen war. Napoleon zeigte
sich ganz freundlich und versprach sogar, gegen Mittag bei
seiner Durchreise durch Weimar der Herzogin einen Besuch
abzustatten; im Bezug auf die Voigt-Spiegelsche Angelegenheit ließ er sich jedoch nicht näher heraus, sondern sagte bloß:
„Nous verrons ce qu'il y aura à faire."

Bei seiner Ankunft im Schlosse zu Weimar war ich
unter den Empfangenden. Er begab sich sogleich mit dem
Herzog und der Herzogin in ein besonderes Zimmer und
sprach sehr wohlgelaunt über den beginnenden Feldzug und
die jetzigen politischen Umstände. „Sie haben", sagte er zu
dem Herzog, „diesen Morgen bei Ihrer Rückkehr von Erfurt
meine Armee gesehen und haben leicht urteilen können, daß
sie weit über 100 000 Mann stark ist, ohne die einzelnen
Korps, die noch seitwärts marschieren. Schreiben Sie alles,
was Sie gesehen, unverweilt dem König von Sachsen nach
Prag. Er soll, lasse ich ihm raten, sich alsbald von Prag
losmachen und nach Dresden zurückkehren, was der Kaiser
von Rußland und der König von Preußen schon in diesem
Augenblick verlassen haben oder doch in wenig Tagen verlassen werden. Außerdem würde es mir leid tun, seine Staaten als feindliche behandeln zu müssen."

Hierauf ergriff die Herzogin das Wort, die Freisprechung
unserer beiden Gefangenen in Erfurt zu erbitten. „Je le veux
bien et je suis fort charmé de pouvoir faire une chose qui
Vous soit agréable, Madame!"

Sogleich rief er Berthier herbei und befahl ihm, den

Befehl zu geben, daß die Loslassung noch heute erfolge. — Die Akademie Jena hatte, von Weimar aus in der Nacht von der üblen Stimmung des Kaisers gegen sie unterrichtet, eine Deputation an ihn abgesendet, die jetzt erschien. Napoleon machte ihr bittere Vorwürfe über das bisherige Benehmen der Akademie und fügte die ernstlichsten Vermahnungen hinzu.

Zu unbedeutenden Gegenständen ganz munter übergehend, fragte er die Herzogin, ob sie die Memoiren der Prinzessin von Wallis gelesen, mit denen er sich unterwegs amüsiert habe? Als die Herzogin es verneinte, ließ er dieses Buch durch Caulincourt aus seiner Wagentasche holen und bat die Herzogin, es zum Andenken zu behalten.

Hierauf bestieg er sein Pferd und ritt, von dem Herzoge begleitet, nach Eckardtsberga, um daselbst für die Nacht sein Hauptquartier zu machen. Er war unterwegs sehr aufgeräumt, ja dazwischen ganz scherzhaft und sang zu wiederholten Malen: „Marlborough s'en va-t-en guerre". Unter anderm kam er auch auf die Reformation durch Luther zu sprechen und sagte: „Karl V. würde klug getan haben, sich an die Spitze derselben zu stellen. Nach der damaligen Stimmung der Gemüter würde es ihm leicht geworden sein, dadurch zur unumschränkten Herrschaft über ganz Deutschland zu gelangen."

In Eckardtsberga angelangt, speiste er mit dem Herzog und Berthier, entließ dann den erstern und gab ihm einen Rittmeister und 25 Dragoner zur Eskorte mit.

Gleich am andern Morgen sandte der Herzog infolge des Auftrags, den ihm der Kaiser an den König von Sachsen gegeben hatte, einen Kurier an denselben nach Prag. Sein Schreiben an den König enthielt lediglich die Worte, welche der Kaiser ausgesprochen hatte, und er hütete sich wohl, irgend etwas beizufügen, was für ein eigenes Urteil oder für

einen Rat hätte angesehen werden können. Das Schreiben
des Herzogs machte gewaltigen Eindruck auf den König, und
die Königin sowohl als der Graf Marcolini drangen lebhaft
in ihn, baldmöglichst nach Dresden zurückzukehren. Dies
hieß aber allen mit Österreich getroffenen Verabredungen
geradezu zuwiderhandeln und sich freiwillig in eine Lage be=
geben, deren Gefahren und weit aussehende Folgen gar nicht
berechnet werden konnten.

Der Minister, Graf Senft von Pilsach, der alle Ver=
handlungen mit dem österreichischen Hofe geleitet hatte, die
dahin hinausliefen, daß der König die Ereignisse in Prag
ruhig abwarten und dagegen versichert sein sollte, daß Öster=
reich unter allen Umständen das Interesse des Königs wie
sein eigenes ansehen, wahren und schützen werde, hielt sich
verpflichtet, dem König die lebhaftesten Vorstellungen zu
machen und namentlich hervorzuheben, daß die Rückkehr des
Königs nach Dresden keineswegs die Leiden und Notstände
abwenden oder auch nur mindern würde, welche für Sachsen
nun einmal unter den jetzigen Umständen unvermeidlich
wären, und daß vielmehr der Abfall von Österreich, je nach
dem Gang der Kriegsereignisse, für die ganze königliche Fa=
milie von unübersehbar traurigen Folgen sein könnte.

Als aber alle Vorstellungen fruchtlos waren und die
Kunde von den für Napoleon günstigen Schlachten von Lützen
und Bautzen ein neues mächtiges Gewicht in die Wagschale
legte, und der König seinen entschiedenen Willen, nach Dres=
den zurückzukehren, aussprach, so hielt es Graf Senft für
unverträglich mit seiner Ehre, sein Ministerium der aus=
wärtigen Angelegenheiten beizubehalten. Vergebens wurde
ihm ein anderes Ministerium, je nach seiner Wahl, angeboten.
Graf Senft beharrte bei seinem Entschluß und zog sich zurück.

Unterdessen hatten die Durchmärsche französischer Trup=

penkolonnen durch das weimarische Land fortgedauert. Ich wurde daher wieder nach Jena gesendet, um in dem dortigen Landesteil alle nötigen Anordnungen für die Verpflegung der Truppen und für möglichste Aufrechterhaltung der Ordnung zu treffen. Zu meiner persönlichen Sicherheit gab mir der Herzog eine von ihm ausgestellte offene Urkunde mit, worin er erklärte, daß er alles, was von mir geschehen und noch ge= schehen werde, billige und mich in dieser Hinsicht allenthal= ben vertreten wolle. Dies wurde um deswillen für nötig ge= halten, damit ich auch für den Fall, daß das Kriegsglück sich wende, nicht in Gefahr und verdrießliche Verlegenheit käme.

Ich fand zu Jena den Marschall Oudinot, Herzog von Reggio, mit seinem Generalstab, der jedoch sehr bald weiter vorrückte. Nun folgten von Tag zu Tag bald kleinere, bald größere Truppenabteilungen nach. Die Aufbringung der großen Zahl Pferde, die zur Fortschaffung der Artillerie und Munition, sowie der übrigen Armeebedürfnisse nötig war, machte zwar sehr oft große Schwierigkeiten, doch gelang es, sie zu überwinden und jeder Unordnung, sowie Mißhandlung der Einwohner vorzubeugen. Die Hauptlast der Einquar= tierung lag auf der Stadt Jena. Von Weimar aus konnten die Gelder zur tarifmäßigen Bezahlung der Einquartierungs= billetts nicht so geschwind erfolgen, als das Bedürfnis der ärmern Klasse der Einwohner nötig machte. Ich autorisierte daher den Stadtrat, auf seinen eigenen Kredit Kapitalien aufzunehmen, die späterhin aus der Landeskasse ersetzt wur= den. Auf solche Weise gelang es, dem augenblicklichen Not= stand jedesmal abzuhelfen und insbesondere auch die Mittel zum Ankauf der benötigten Fouragen zu gewinnen. Nun begannen aber bald nach der Schlacht von Lützen preußische berittene Streifpartien, namentlich vom Lützowschen Frei= korps, sich von Altenburg her in das Saaltal und in die

Gegend von Neustadt an der Orla zu werfen, die bis nahe
an Jena streiften und die französische Militärstraße von Jena
nach Altenburg gewaltig unsicher machten. Fast täglich er=
hielt ich Meldungen von überfallenen französischen Wagen
und einzelnen französischen Detachements. Das von Wäldern
und Schluchten durchschnittene Terrain, um die kleinen
Städte Roda und Kahla herum, begünstigte solche waghalsige
Unternehmungen dieser kühnen Reiterscharen. Sie erschienen
unvermutet bald an diesem, bald an jenem Orte und ver=
schwanden wieder fast spurlos ebenso schnell, als sie herein=
gebrochen waren. Es fehlte durchaus den Franzosen an einer
mobilen Kolonne, welche die Militärstraße nach Altenburg
gegen sie sichern und jenen preußischen Streifpartien nach=
drücklich hätte begegnen können. Der französische Gesandte zu
Weimar war über diesen Übelstand, der von Tag zu Tag
dem Rücken der französischen Armee immer bedrohlicher
wurde und ihre Zufuhren abschnitt, fast in Verzweiflung
und verlangte von mir aufs nachdrücklichste, daß ich einen
Landsturm aufbieten und die Wälder und Schluchten, die
zum Versteck der feindlichen Reiter dienten, unausgesetzt durch=
streifen lassen sollte. Es kostete mir viele Mühe, ihn von der
Unzulänglichkeit unserer Mittel hiezu zu überzeugen und
den Verdacht abzuwehren, daß die preußischen Streifpartien
vom weimarischen Gebiet aus begünstigt würden. Zahllos
aber waren die Verlegenheiten, die zu Jena von Tag zu Tag
durch den unaufhörlichen Wechsel der militärischen Stellungen
und Bewegungen eintraten.

Derselbe Ort, in welchem heute eine Abteilung Fran=
zosen einquartiert werden mußte, wurde oft, kaum nachdem
diese abmarschiert waren, von einem Trupp des preußischen
Freikorps überfallen und alle Verbindung mit jenen abge=
schnitten. Wenn ich des Nachmittags bei anscheinend größter

Ruhe nach Drackendorf (1½ Stunde vor Jena) zu einem
Besuche bei der mir befreundeten Familie von Ziegesar ge=
ritten war und die dahinführende Brücke über die Saale
ganz unbesetzt fand, so begegnete es mir oftmals, daß ich
beim Heimritte dieselbe Brücke von einigen preußischen Hu=
saren eingenommen antraf, die mir die Passage verweigerten,
so daß ich genötigt war, einen sehr bedeutenden Umweg zu
machen, um nur Jena wiederzugewinnen. Ein Depot spani=
scher Kavallerie wurde mit einem Divisions= und Brigade=
General nach Jena gelegt, deren Unterbringung und Ver=
pflegung vielfache Sorge machte. Da die Studentenschaft
und die Mehrzahl der Professoren sehr preußisch gesinnt
waren, so fehlte es nicht an unangenehmen Reibungen mit
den durchmarschierenden Franzosen, und es wurde mir oft
sehr schwer, solche zu beseitigen und die Verdächtigungen zu
widerlegen, die gegen einzelne Akademiker vorgebracht wur=
den. Aber schmerzlicher als alles dieses wurde mir in diesen
Tagen der Tod meines inniggeliebten Freundes und Kol=
legen, des Geheimen Regierungsrats von Voigt. Als seine
Entlassung aus der Festungshaft erfolgte, war er durch die
erfahrene gewaltige Gemütserschütterung und durch die Ein=
flüsse seines Kerkers, in welchem sich kurze Zeit vorher ein
Nervenfieberkranker befunden hatte, bereits so krankhaft er=
griffen, daß er wenig Tage darauf in ein Nervenfieber ver=
fiel, welches gar bald seinen Tod herbeiführte. Hatten die
geistigen Vorzüge Voigts, die edlen Gesinnungen und seine
gesellige Liebenswürdigkeit mich längst an ihn angeschlossen,
so teilte ich nun, wo eben erst die gleiche Gefahr uns bedroht
hatte, nur um so lebhafter den tiefen Schmerz seiner ehrwür=
digen Eltern, die in dem geliebten Sohn die Stütze ihres
Alters und alles, was das Leben ihnen noch lieb und wert
machen konnte, verloren.

Endlich trat im Juni der Waffenstillstand ein und machte bald darauf meine Rückkehr nach Weimar tunlich. Zu Ende August hatten wir den unglücklichen Ausgang des Angriffs zu vernehmen, den die Alliierten von Böhmen aus gegen Dresden unternommen hatten, und bald darauf wurden viele tausend gefangene Österreicher durch Weimar gebracht. Das wechselnde Kriegsglück erhielt uns bis Mitte Oktobers fort= während in großer Spannung; von Tag zu Tag konnte man eine entscheidende große Schlacht in der Umgegend von Leip= zig erwarten. Vom 16. Oktober an bis zum 19. schlug von ferne her fortwährend dumpfer Kanonendonner an unsere Ohren, ohne daß wir den Ausgang der Schlacht erfuhren. Da erschienen plötzlich in der Nacht vom 19. Oktober mehrere hundert Kosaken in Weimar, deren Anführer unverzüglich aufs Schloß zu dem Herzog gebracht zu werden verlangte. Als der Herzog geweckt wurde, gab sich dieser Anführer als der russische Obrist von Geißmar zu erkennen, verkündete den siegreichen Ausgang der Schlacht von Leipzig und eröff= nete dem Herzog, daß er von dem Kaiser Alexander abge= schickt sei, die herzogliche Familie zu beschützen und in Sicher= heit zu bringen, wenn ihr, wie hoch wahrscheinlich, bei dem Rückzug der französischen Armee Gefahr drohen sollte. Der Herzog, sehr überrascht durch diese Eröffnung, konnte sich anfangs des Mißtrauens nicht erwehren, daß der Erscheinung und dem Ansinnen des durch kein schriftliches Dokument legitimierten Offiziers ein französischer Anschlag zugrunde liegen könnte, den Herzog durch einen Gewaltstreich schnell von Weimar wegzuführen. Allein als Herr von Geißmar sich zu seiner Legitimation auf den Kammerherrn von Spiegel bezog, der aus Westfalen sein Landsmann und Jugendfreund sei, und dieser, unverzüglich herbeigeholt, alles bestätigte, schwand sogleich jeder Argwohn und an die Stelle desselben trat die lebhafteste Freude über die Siegesnachricht und die erhabene Fürsorge des Kaisers Alexander. Der Herzog be= schloß, sich vorerst nicht von Weimar zu entfernen, bis er durch Geismars nach allen Seiten auszusendende Patrouillen über Annäherung feindlicher Korps nähere Nachricht haben würde. Die Kosaken, welche Geismar bei sich hatte, ein ganzer Pulk von 7—800 Mann, biwakierten auf dem Markte, und ihre unbeschreibliche Rührigkeit und Wachsamkeit schien ihre Zahl in jedem Augenblicke zu verdoppeln.

Obrist von Geismar unternahm mit kleineren Detache= ments mehrere Streifzüge um Weimar herum, bei denen er auf verschiedene feindliche Posten stieß, die er teils vernich= tete, teils verjagte, ohne noch sichere Auskunft über die Reti= rade der französischen Armee und ihre Stellung erlangen zu können.

Endlich am 21. Oktober sah man gegen Mittag eine starke feindliche Kolonne über den Ettersberg herab in der Richtung gegen Weimar ziehen. Obrist von Geismar sprengte ihr sofort mit seinen Kosaken entgegen und verteilte diese so geschickt in mehrere Haufen an beide Ufer der Ilm, daß die Franzosen auf weit größere Massen zu stoßen glaubten muß= ten. Es war der französische General Lefebvre=Desnouettes, der die Kolonne befehligte, die einen Teil von Napoleons Arrieregarde bildete. Er hatte von Eckardtsberga her die Militärstraße über Buttelstedt nach Erfurt zu eingeschlagen, war aber von Buttelstedt aus links ab gegen Weimar mar= schiert, wo er ein stärkeres Korps aufgestellt wähnte, um den französischen Rückzug gegen Erfurt zu beunruhigen. In dieser Voraussetzung ließ er Kanonen auffahren und gegen die öst= liche hinter Weimar belegene Anhöhe (die sogenannte Alten= burg) richten, auf welcher er den Feind aufgestellt glaubte. Eine Anzahl französischer Füsiliere und Jäger zu Pferde

drang bis in die Vorstädte von Weimar, in die auch einige
Haubitzen geworfen wurden. In diesem Moment der höchsten
Gefahr erschienen zu unserer Rettung drei Reiterscharen der
alliierten Armee. Es waren mehrere Pulks Kosaken unter
dem Hetman Platow, dann eine Legion preußische freiwillige
Jäger zu Pferd unter dem General Thielemann und eine
Abteilung österreichischer Dragoner unter dem General Bubna.
Diese Truppen, von einer Batterie reitender Artillerie be=
gleitet und von der Eckardtsberger Chaussee in vollem Trab
heraneilend, richteten sofort ein lebhaftes Feuer auf die heran=
gedrungenen Franzosen und hieben auf dieselben von allen
Seiten her mit solchem Ungestüm ein, daß sie alsbald aus=
einandergesprengt und zur schleunigsten Flucht gezwungen
wurden. Als die siegenden Reiter sich vor der Stadt aufge=
stellt hatten, empfingen die Bewohner sie mit dem lautesten
Jubel. Noch entsinne ich mich lebhaft, welchen begeisternden
Eindruck die preußischen freiwilligen Jäger auf uns machten,
die geschmückt mit frischen grünen Zweigen, voll Jugend=
frische und Siegeslust heranzogen und uns mit den mutigsten
und heitersten Kriegsliedern begrüßten.

Wenige Tage darauf ward bei Hofe der Kaiser Alexander
von Rußland mit großem Gefolge angekündigt und alles zu
einem großen Mittagsmahle vorbereitet. Auch ich war unter
den Eingeladenen; kurz vor der Tafel eröffnete mir aber eine
vertraute Freundin, daß ihr ein früherer guter Bekannter, der
vorhin in weimarischen Diensten gestandene, jetzt preußische
General von Müffling diesen Morgen vertraulich mitgeteilt
habe, ich würde wohl tun, mich in den nächsten Tagen mög=
lichst zurückgezogen von allen Personen des russischen Haupt=
quartiers zu halten. Denn unter den Papieren des franzö=
sischen Gesandten Saint Aignan, die bekanntlich zu Gotha
im April d. J. in russische Hände gefallen, habe man Briefe

von mir an denselben gefunden, die durch Mitteilung über Personen des weimarischen Hofes, insbesondere die Frau Erbgroßherzogin = Großfürstin und deren beabsichtigte als= baldige Abreise nach Schleswig, äußersten Verdacht erregt hätten; weshalb auch gleich damals Befehle an das russische Hauptquartier ergangen, mich, sobald ich zu treffen sein würde, einzuziehen. Er, der General von Müffling, wisse zwar nicht, ob diese Befehle noch beständen, es sei aber doch sehr möglich, daß dies noch der Fall sei und mir, wenn die Sache zur Sprache käme, viele Unannehmlichkeiten erwachsen könnten. Nun war ich mir zwar wohl bewußt, daß die weni= gen und durchaus unverfänglichen Briefe, die ich an Herrn von Saint Aignan während seines Aufenthaltes in Gotha mit Genehmigung des Herzogs und lediglich um das freund= schaftliche Verhältnis zu ihm nicht erkalten zu lassen, ge= schrieben, nicht das geringste enthielten, was mich irgend kompromittieren könnte; ich hielt es jedoch für nötig, die ver= trauliche Eröffnung des Herrn von Müffling sofort dem Herzog zu hinterbringen und seine Befehle über mein Ver= halten einzuholen. Der Herzog, bei dem ich den Prinzen Phi= lipp Wilhelm von Hessen=Homburg antraf, versprach sogleich, den Kaiser Alexander über mein Verhältnis zu Herrn von Saint Aignan aufzuklären und sich für die Arglosigkeit desselben zu verbürgen, riet mir aber, bis zu dieser Eröffnung, die schwer= lich im Augenblick der Ankunft gleich möglich sein werde, je= des Begegnen des Kaisers zu vermeiden. Demgemäß hielt ich mich von der Hoftafel zurück; gleich nach derselben ergriff aber der Herzog den ersten passenden Moment, um dem Kaiser Alexander die ganz unschuldige Bewandtnis jener Briefe zu versichern; und so war von einer Sache keine Rede mehr, die mich doch ohne die Dazwischenkunft des Herzogs gar leicht in die unangenehmsten Verwickelungen hätte verflechten können.

In den beiden nächsten Tagen gingen auch der Kaiser von Österreich und der König von Preußen durch Weimar und speisten am Hofe. Ersterer aber nahm sein Hauptquartier in Tannroda. Es war mir höchst interessant, im Gefolge dieser Monarchen ihre Minister, die Grafen Metternich und Nesselrode, mir aus dem Jahre 1807 von Paris her bekannt, sowie den preußischen Staatskanzler Fürsten von Hardenberg und den Minister Freiherrn von Stein wiederzusehen, welche sämtlich ein paar Tage in Weimar verweilten. Stündlich vergrößerte sich daselbst die Zahl der anwesenden auswärtigen Diplomaten, unter denen ich mit mehreren in den Abendkreisen bei Goethe zusammentraf, die er durch Witz und Heiterkeit auf das anmutigste zu würzen wußte. Von den preußischen Geschäftsmännern wurde das Frühstück gewöhnlich in dem herzoglichen Wittumspalais, welches dem Fürsten Hardenberg eingeräumt war, eingenommen. Ich war gewöhnlich zu demselben eingeladen, und erneuerte dort die interessantesten Bekanntschaften, die mir nachmals im Laufe des Lebens immer wichtiger wurden. Ich nenne davon nur den Geschäftsvertrauten des Fürsten Hardenberg, Geheimen Staatsrat von Jordan, der nachmals viele Jahre lang Gesandter in Dresden und Weimar war, sodann den mir schon von Berlin (1806) aus bekannten Grafen Bombelles, den Staatsrat Hippel und den nachmaligen preußischen Generalkonsul zu Rom Bartholdy, meinen alten akademischen Freund von Erlangen vom Jahre 1797 her. Nach einigen Wochen zog sich der ganze Kreis der Fürsten, Minister und Diplomaten nach Frankfurt a. M., wohin auch der Herzog von Weimar sich begab, um hier vorerst die weitere Entwicklung der Kriegserfolge abzuwarten.

Inhalt